〈文化〉としての
インド仏教史

奈良康明［著］

大正大学出版会

緒　　言

　本書『＜文化＞としてのインド仏教史』は，奈良康明博士を講師に仰ぎ，平成25年（2013）年10月から翌年1月にかけて10回にわたって開催された，大正大学綜合佛教研究所の特別講座「インド仏教文化史論」をベースとして，博士ご自身が修正加筆して原稿化されたものである。特別講座の各回の題目は以下の通りであった。

第1回	平成25年10月2日	はじめに（仏教でない仏教？）
第2回	10月9日	仏教とは何か
第3回	10月23日	「文化」としてみた仏教
第4回	11月6日	業・輪廻の本義と仏教化
第5回	11月27日	業の出世間化への営み
第6回	12月11日	仏教伝承における「功徳」観念の変遷
第7回	12月18日	死後の世界
第8回	平成26年1月8日	仏教呪術の実態と昇華
第9回	1月15日	祈願儀礼と治病
第10回	1月22日	『アヴァダーナ＝シャタカ』にみる両レヴェルの習合

　博士の研究分野は，広くインド思想・文化の全般におよび，仏教に関しても最初期から後期密教まで，広範囲かつ多岐にわたるものであった。この講座は，博士の広汎なご研究のすべてを披瀝して下さったと言ってよい構成となっている。本書の目次と対照すると，第1回から第3回までが本書第Ⅰ篇の第1章「仏教とはなにか―問題提起―」，第4回・第5回が第Ⅱ篇の第1章「業と輪廻」および第2章「縁起と業」，第6回が同第4章「功徳観念の展開」，第8回・第9回が同第3章「呪術と祈願儀礼」ならびに第5章「仏教の密教化に関する一視座」に，おおむね対応している。

　博士は，この講座に寄せたメッセージにおいて，仏教伝承は出世間と世間の両方のレヴェルが複雑に関わり合って「文化変容をへて発展してきたもの」で

緒　言　　*i*

あるにもかかわらず、「民俗信仰研究は悟りレヴェルの宗教に関心がなく、仏教教理学は民衆レヴェルの宗教を無視している」という、今日の仏教学研究の状況を批判し、インド仏教を中心として「出世間」と「世間」の「両レヴェルの関係を文化史研究の立場から明らかにしたい」という構想を述べておられる。各回の題目を一見して分かるように、まさしく博士の意図された通りの内容であり、4ヶ月で10回という、大学の通常授業並のペースの講義日程にも博士の強い意欲が窺われる。

仏教は「出世間」の悟りを目指すものであるが、「世間」とかけ離れていたのでは社会に受容されることはない。仏教の弘通には、「出世間」レヴェルと「世間」レヴェルの宗教的融合が不可欠であったはずである。しかもインド仏教であるからには、インド文化の文脈を離れて存在することはあり得ない。まさしくこの講座は、そして本書は、博士の壮大な構想を現実化する第一歩であった。

本書をご準備されながら、はからずもご逝去なされた博士のご遺志をくんで、多くの方々よりご協力を頂き、本書を刊行することが叶った。博士の一周忌に御霊前にお供えすることができ、何よりのご供養ができたと信じている。本書出版に向けてご尽力を賜ったすべての方々に深く感謝申し上げ、謹んで博士の仏果増進を祈念する次第である。

平成30年11月

大正大学綜合佛教研究所

所長　野　口　圭　也

は　じ　め　に

　本書はインド仏教思想，教理の研究書ではない。仏教文化史をテーマとする。

　仏教の本義は釈尊のひらかれた悟りにある。自我をふりまわしている自己を見つめ，その自我的自己をも支えている自己の真実，それは宇宙万物の真実に他ならず，それにしたがって生きるところに，「苦」の克服がはかられるものであろう。真実に生きる道が悟りであり，仏教の本義であり，生きる道であろう。生きる道の中に思想，教理がある。逆ではない。

　だからこそ仏教学研究は思想，教理，そして修行を中枢として発展してきた。その成果はすばらしく，日本の仏教学研究は世界をリードしている。

　しかし，仏教伝承は思想，教理のみで成り立っているものではない。教団がなければ仏教伝承はありえない。しっかりした教団があるからこそ，修行者は学び，行じ，思索し，知的活動を続けることが出来る。

　そして教団には在家信者が多く含まれている。彼らは教えをうける信者として教団を護持している。信者なき教団はありえない。その上で僧侶と信者の生活のあり方，パターンは大きく異なっている。出家者は悟りを求めて学び，行じなくてはならない。しかし，在俗信者に悟りはない，とされている。悟りの理念をうけがいつつ社会生活の中で，それなりの仏教徒としての信仰，倫理的に生きようとする。

　当然，ここには伝統的な民俗信仰的な観念と儀礼，慣習が行われている。民俗のない社会生活はありえないものであろう。葬儀，祖先崇拝，通過儀礼，大なり小なり呪術的な祈願儀礼，それぞれの職業にかかる諸儀礼などはなくてはならない。原始教団以来，「仏教徒」たちはそれを，エリートの出家者が仏典にことばとして記そうと，記すまいとにかかわらず，行ってきた。

　そうした民俗信仰は次第に，仏教の教理がかぶせられ仏教徒の（生活）文化として色づけされてくる。教理と信仰は，さまざまな機会で，並列し，重層化し，融合されてきた。民俗の仏教化といってもいいであろう。教理として理解されるものもあるが，教理が民俗にひかれたものもある。両者は混然として機能しあい，判然と分けることは難しい。そしてここに重要なことは教理と民俗

はじめに　　*iii*

とは宗教レヴェルを異にしていることである。教理は自我を抑制する。宗教的「出世間」レヴェルといってよいであろう。これに対して民俗は「自我の充足」をはかる。人生の困難に際して，あくまでもやさしく，希望にそうように働く。自我・欲望の対応の仕方が正反対なのである。

　そして教団の指導者であるエリートたちには，「仏教とはあくまでも出世間レヴェルのものである」とする姿勢があった。これは原始仏教以来の伝統である。例えばカトリックなどには見られない姿勢といっていい。カトリックにおいては，実存的な信仰と民族的な信仰が見事に融和されて説かれている。

　しかし，仏教では，指導者の間に出世間と世間レヴェルの差が常に問題とされている。仏教伝承の全体を通じて出世間と世間とは反発しながら融合されて，それは教理と民俗との相互のチャレンジといってよいのではないか。

　これこそが，仏教伝承の実態であり歴史である。これを明らかにし，再考慮することが，現代の教団を前向きに展開していくことに連なると考えている。

目　　次

緒　言　野口圭也

はじめに

第Ⅰ篇　序論　インド社会と仏教

第1章　仏教とはなにか―問題提起― ………………………………… 3

1　仏教でない「仏教」がある　*3*

2　仏教でない「仏教」の正体　*7*
(1) 仏教学研究における仏教　*7*
(2)「仏教」研究に欠けている分野　*10*

3　仏教「文化」という視座　*13*
(1) 仏教を「文化」として捉える　*13*
(2) 本書における「文化」の意味　*14*
(3) 東南アジアにおける「仏教」の宗教複合　*16*

4　本義としての仏教―悟りと出世間―　*18*
(1) 釈尊の悩み―自我の問題―　*19*
(2) 宗教体験　*19*
(3) 自洲法洲―悟りと認識―　*22*
(4) 自我的自己　*23*
(5) 自我的自己と真の自己　*25*
(6) 如実知見　*27*
(7) 自己凝視・「出世間」レヴェル　*29*

5　自我充足・「世間」レヴェル　*31*

6　「出世間」と「世間」の関係―教団の実態―　*32*

第2章　仏教を支えたヒンドゥー世界の社会と文化 ……………… 37

1　ヒンドゥー世界　*37*

2　釈尊時代の社会状況　*39*

目　　次　*v*

3　バラモン教とヒンドゥー教　*41*

　　4　カースト・ヴァルナ制度　*42*

　　5　仏教徒の社会　*45*

第3章　平等思想 ……………………………………………… *51*

　　1　仏教と人間平等　*51*

　　⑴　問題の所在　*51*

　　⑵　職業的行為としての業　*52*

　　⑶　有徳の行為としての業　*54*

　　⑷　真のバラモン　*56*

　　2　仏教教団とヴァルナ　*58*

第Ⅱ篇　本論　インド仏教の儀礼と文化

第1章　業と輪廻 …………………………………………… *63*

　　1　業と輪廻説の受容　*63*

　　⑴　問題の所在　*63*

　　⑵　業・輪廻説の基本構造と機能　*65*

　　⑶　業・輪廻説と悟りの関係　*69*

　　⑷　業・輪廻説は民俗信仰　*72*

　　⑸　業理論からの逸脱　*78*

　　⑹　まとめ　*86*

　　2　無我説と輪廻主体の調和　*89*

　　⑴　実体でない霊魂を求めて　*89*

　　⑵　霊魂に代わる輪廻主体を求めて　*91*

　　⑶　死者霊をめぐって　*97*

第2章　縁起と業 …………………………………………… *111*

　　1　出世間からみた業・輪廻説　*111*

　　⑴　和辻哲郎の業・輪廻説　*111*

　　⑵　道元の輪廻論　*115*

　　2　業・輪廻説の仏教的展開　*124*

　　⑴　輪廻説の仏教化と民俗化　*124*

⑵　自覚的業論—縁起の業論—　*128*

第3章　呪術と祈願儀礼 ……………………………………… *137*

1　呪術の否定・黙認・肯定　*137*
⑴　拒否・黙認　*137*
⑵　仏伝にみる呪術　*139*
⑶　呪的観念の容認　*141*
⑷　出世間化　*145*

第4章　功徳観念の展開 ……………………………………… *163*

1　「作功徳から生天へ」思想の展開　*163*

2　功徳の「廻施」　*170*
⑴　功徳の廻施をめぐって　*170*
⑵　餓鬼—死者（霊）・祖霊の世界—　*172*

3　功徳の「廻向」　*181*
⑴　善根功徳の廻向　*181*
⑵　廻施と廻向　*183*

第5章　仏教の密教化に関する一視座 ……………………… *189*

1　仏典に反映している宗教世界　*189*

2　仏教の密教化への一視座　*193*

おわりに ……………………………………………………………… *197*

参考文献 ……………………………………………………………… *199*

索　　引 ……………………………………………………………… *205*

あとがき　石上善應
著者略歴と主要著書

略号

AN   『増支部経典』

Av   『アヴァダーナ・シャタカ』

Divy.   『ディヴィヤ・アヴァダーナ』Divyāvadāna（ed. Cowell and Neil）

Dn   『長部経典』

J   『ジャータカ』

MA   『中阿含経』

MN   『中部経典』

MPS   『マハーパリニッバーナ・スッタンタ』Mahāparinibbāna-suttanta

Mv   Mahāvastu

Pv.   Petavatthu

PvA   Petavattu aṭṭhakathā

RMA   Ratnamālāvadāna

SM   『相応部経典』

Sn   『スッタニパータ』

T   『大正新脩大蔵経』

Thg   『テーラガーター』

Utt   Uttarajjhāyā

Vin   『ヴィナヤ』Vinaya

I 序　論

インド社会と仏教

第1章　仏教とはなにか―問題提起―

1　仏教でない「仏教」がある

　宗教文化史の視点から「仏教」をとらえるにあたり，まず，仏教とは何かというところから考察を始めたい。

　仏教とは何か，と問われると，仏教関係者は悟りとか往生，三法印や四諦八正道，縁起思想，あるいは坐禅，念仏，唱題などの行法で答えるであろう。しかし，一般の方には葬式法要と答える人が多いに違いない。前者は悟りを求めるすぐれて実存的な宗教信仰を指し，後者は民俗信仰的な観念と儀礼に深く関わっている。どちらも正しいのか，あるいはどちらも「仏教」の実態を言いあてていないのか。ここには「仏教」をどうとらえるのかという視座の差がかかわっている。

　いくつかの事例から考えてみたい。

【エピソード①】
　現実に仏教教団が受容し行っていながら，仏教ではないと理解されている観念と儀礼がある。葬祭はその一例である。

　今日，仏教教団が行っている葬祭（最近は葬儀と年回法要を合わせて葬祭という用法が定着している）は種々の批判をうけている。その影響もあって葬祭は仏教ではないし，僧侶がなすべきことではない，その証拠に釈尊は葬祭を信者に対して行うことを禁止しているではないか，という理解がある。

　その根拠としてよく言及されるのは原始仏典『マハーパリニッバーナスッタンタ』（Mahāparinibbāna-suttanta）にある一節であり，恣意的な理解が先行しているので，正確な訳をあげておきたい。

　　アーナンダよ，お前たちは如来の遺骨の供養（sarīra-pūjā）を行ってはならない。どうかお前たちは自らの（悟りを求める）目的に専念するように。

自らの目的にむかって，実践せよ。自らの目的にむかって，怠らず，熱心に努め，精進しておれ。アーナンダよ，王族，バラモン，資産者の賢者たちで如来の信者がいる。彼らが如来の遺骨の供養をなすであろう。

（MPS 5. 10）

　釈尊は自分の葬式は在俗信者にまかせて，比丘たちは修行に励めと教えたものである[1]。信者のために葬祭儀礼を行うな，といっているのではない。しかし，インド仏教では釈尊も比丘たちも信者のために葬祭を行わなかったことは事実である[2]。

　たしかに，仏教信仰は真実（法，仏法）に向き合い，真の自己実現をはかるすぐれて実存的な宗教信仰である。葬祭は民俗信仰であり，仏教の修行，生き方とは直接の関係はない。それだから，というわけで，仏教は葬祭などを行う必要はないし，してはならぬことであるという主張がしばしばなされている。さすがに教団所属の僧侶には葬祭を否定する声はないが，しかし，一般にも葬祭は本来の仏教儀礼ではないという理解は根強くある。

　筆者の体験から一例を紹介したい。ある高名な師家（禅の指導者・故人）に学生が質問した。自分はすでに得度しているし，将来師匠の跡を継いで住職になるつもりである。勉強して良い坊さんになりたい。坐禅も一生懸命に修行する。しかし葬祭で「稼いで」生活することを潔しとしない，どう考えたらいいのか。師家は答えた。「葬式法要，おおいに結構，しっかりやれ。商売，商売！」。

　悩んでいる学生に対する適切な答えであるか否かは別として，この方のいわんとする意味は明らかである。葬祭は仏教の信仰そのものではない。禅ではない。しかし，教団を保つためには葬祭は必要なのだから，それを真面目に行え，その上で仏法を学び，坐禅し修行して真面目な良い坊さんとして生きよ，というのである。同時に，学生の質問自体にも，葬祭は僧侶としてやってはならない行為なのではないか，という理解と危惧が横たわっている。

　葬祭は仏教教団が自らに受容し行っていながら，それは仏教ではないという。では何なのだろうか？

　これに対して教団側からは「民俗信仰」だという答えが普通戻ってくる。

　もしそうなら，「仏教教団」が「仏教でない」民俗儀礼を行う意味と必要性

4　　第Ⅰ篇　序論—インド社会と仏教—

が明らかにされなければならない。そこで，禅宗はじめ多くの教団は，葬祭を「教化布教の便法」だとしているし，浄土真宗系では「報恩感謝の行」と位置付けて信仰への方便とする。いずれの場合にも，葬祭儀礼そのものの持つ宗教的機能を問うところがない。だからこそ，葬祭が現実に教団の経済的基盤となり，信仰への方便という意味が（特に今日のように）薄くなってくると，仏教ではない，という理解だけが一人歩きを始める。仏教者が葬祭を行う意味が見えなくなってきている。真面目な僧侶が疑問を持つのはむしろ当然なのであり，若手の僧侶が葬祭を行うのに「忸怩たる思いを持ちながら行っている」という現状は無理ならぬことなのである。

　仏教の教理は葬祭に関して論じるところがない。しかし，葬祭は「仏教」と意義づけられ，僧侶が自信を持って行い得るものでなければならないものであろう。ではその視座はどこに求められるのであろうか。

【エピソード②】

　日本仏教界は1979（昭和54）年以来，20年余にわたって，人権問題で社会運動体から糾弾会ないし学習会などで差別にかかわる姿勢を問われてきた。これは同年の「世界宗教者平和会議」における差別発言事件が契機となり，大きな社会問題として発展したものである。

　この運動の最初期に，仏教における差別と業論を問われた仏教学者や各教団の指導者たちの多くが，仏教に差別はない，差別などは仏教とは関係のない社会現象である，と答えた。仏教を教理の面から捉えるなら，これは正論である。もっとも，その教理とは何かが問題なのだが[3]，一応，「仏教教理は差別を説かない」ことは認めていい。

　だからこそ，業問題が論じ尽くされた今日の状況下においても，「一切衆生が平等に救われると説く仏教において，差別を肯定し温存助長するような業説が説かれるはずはなく，したがってそのような業論が認められるはずもない」[4]と述べられるのである。

　ここには仏教「教団」が社会的歴史的に行ってきた差別を問われて，仏教「教理」の面から答えるというギャップがある。仏教側のいう「仏教」とは純

第1章　仏教とはなにか―問題提起―　　5

粋教理であり，宗学であり，タテマエとしての仏教である。それが無前提で仏教そのものとして理解されている。

だからこそ，それでは「教団」が差別をしてきた歴史的現実は何なのか。差別戒名は誰が付けたのか。差別的儀礼は何故生じたのか，仏教の指導者たちが被差別部落に生まれたことや，身体不自由，困窮の生活などは前世の業の宿命だから甘受せよ，と説いたのは差別ではないのか，などと追求されて，仏教教団は抗弁のしようがなくなってしまった。たとえ教理とは異なっても，教団が現実に受容し，僧侶が受容し実践している観念や慣行，儀礼は，「仏教」なのではないだろうか。特に現代では僧侶は（そして教団も）いかなる意味においても社会内存在である。昔のように社会を出た「出家者」ではない。それなりに宗教者としての社会的責任を問われている。差別などの社会の歴史的問題は「仏教」として受けとめることが必要であろう。

こうした脈絡から「仏教」を見る視座が欠けているのである。

【エピソード③】

「息子にとってひどいオヤジさんだったけど，死んでほとけさんになっちゃったんだから，もう悪口はいわない方がいいよ」。これは住職（著者）と放蕩者だった老父を失った檀家との会話であるが，死者をほとけと呼ぶ慣行は日本仏教徒の間できわめて一般的である。

ほとけとはすなわち「仏」だが，死者がなぜ「ほとけ」（あるいは「ホトケ」）なのか。仏教教理の上からは当然認められない。この問題は従来種々に論じられている。例えば，教理に重きをおく視点からは，五輪塔崇拝とかかわるという。空海の『即身成仏義』は五大（地水火風空）よりなる人間の身体は死ねば大日如来の五輪（五大）に帰するといい，鎌倉期以降に五輪塔が盛んに建立された。これは人が死ねば大日如来と一つになるということである（宮元啓一博士の著者宛書簡）。

あるいは，民俗重視の面からいうなら，文化人類学者の佐々木宏幹博士は次のように論じている。仏教の「凡夫→仏」（成仏）という図式と，日本の民俗としての「死者霊（アラミタマ）→祖先霊（ニギタマ）」いう図式の間に，「ほとけ」（「仏」ではなく「ほとけ」）という中間項があり，人間の成仏を願う仏教

本来の教えと，ご先祖様の仲間に送り届ける「民俗＋仏教」の供養儀礼が交錯して出てきた用法であるという〔佐々木宏幹1993，Ⅰ章；同2002，Ⅱ・Ⅲ章；同2004，3章〕。

その他にも解釈はあり得るであろうし，単一の理論で説明しきれるものではない。いずれにせよ，仏教の教理からは答えを出しようがない。さりとて民俗学だけでも答えは出せない。両者を併せた学際的な視座があって，はじめて両者を統合する糸口が開けるものであろう。仏教教理と民俗的信仰とは分かちがたく並列し，重層化し，種々の度合いに融合し，相互変容して（すなわち習合して）いるのであり，そうした事例は数限りなくある。

教理と民俗の習合は理屈ではない。仏教の歴史的伝承の間に習合は否応なしに生じた。

教団を支える在俗信者にとって，そして出家僧侶にとってさえも，自分が生きてきた社会の民俗的観念や儀礼はなくてはならぬものである。仏教徒という意識が強くなるにつれて，教理は民俗にかぶせられ，民俗を「仏教化」する。逆に，仏教教理は民俗に吸収され，世俗化し，「民俗化」する形で受容されたものも多い。仏教が社会に定着する際には必ずやこうした文化変容があったし，また，だからこそ定着しえたのである。それは良い悪いの問題ではなく，仏教教団の歴史的現実である。それは当然「仏教」と理解さるべきなのだが，ここにも，それを位置付ける視座が欠けているのである。

それを理解しなければ，現実の仏教はみえてこない。現実の仏教がみえない「仏教」は仏教とはいえないのである。

2　仏教でない「仏教」の正体

(1) 仏教学研究における仏教

仏教徒の生活に現実に機能していながら「仏教ではない」と理解されている例を上に見てきた。それらをどう位置付けるかという視座が確立されていないことも了解された。その問題をこそ検討したいのであるが，そのためにまず今

日これが「仏教」であると理解されている仏教をあきらかにしておきたい。結論を先にいうなら，それは仏教学研究において取り上げられている「仏教」にほかならない。

　普通に「仏教」というとき，その中核をなすのは，やはり，悟り，成仏を究極の目標とする実存的な信仰でなければならない。宗教としては高次のレヴェルの信仰であり，それがなかったら「仏教」にはならない。だからこそ，歴史的にも悟りこそが「仏教」であると重視されているし，仏教学研究もそれを中心に展開してきたことは当然であろう。しかし，その仏教学の在り方自体に，仏教を教理としてのみ捉え，教理にのらないものは「仏教ではない」と切り捨てられる遠因が潜んでいる。

　『仏教・インド思想辞典』の「仏教学」の項目で高崎直道博士は次のように解説されている。

　「（仏教学とは）仏教を研究対象とする学問，広く仏教研究というのに同じ。宗教現象としての仏教にかかわる種々の領域—仏，教理，経典信仰，儀礼，修行，教団を初め，文学，音楽，絵画，彫刻，建築，文化一般や社会慣習など—にわたり，それぞれに応じた，また種々の角度よりするアプローチがある—宗教学，文化人類学，美術史，考古学，哲学，歴史（思想史）などを含む—が，狭義には，仏教の教理・教団とそれらの展開史の研究を中心とし，方法論的には文献学を基礎とする研究を一般に仏教学の名前で呼んでいる。（下略）」。

　仏教学が仏教を研究対象とする学問であるというのは当然のことであり，ひろやかな領域とそれぞれに応じた種々な研究方法のあることが的確に述べられている。しかし，「狭義には」，教理・教団の展開の歴史を，文献学を基礎として行う研究が「仏教学」であるという。事実，今日，一般に仏教学として理解されているのは正にこの狭義の仏教学のことであるし，これはすなわち仏教を教理，教団という視点からみる研究といってよいであろう。

　この事実は，今日，仏教を教理および教団（特に嗣法の伝承と寺院の法系）という歴史的問題としてのみ捉える慣行を支えている。「狭義」の仏教だとは誰も考えていない。それこそが仏教そのものであり，それ以外は仏教ではないとする視点を提供している。

　解説は続いて，「この狭義（固有の意味）の仏教学」にはさらに「二つの流

れ」があり，一つは教学，宗学，宗乗などと呼ばれて各教団で伝統的に行っている教理研究であり，悟り，涅槃の獲得を目的とする実践的な学問である。

第二は近代ヨーロッパに成立・発展した文献学的な方法を取り入れた研究で，現在「仏教学」と通常いわれているのはこの仏教学である。それは「仏教の文献的，歴史的な真実の姿の究明を目的とするが，必ずしも仏教の体得を目標とするものではない。この点では伝統的な教学と立場を異にする」ものである。

博士は「仏教の体得を目標とするものではない」とされ，さらに別稿において，仏教研究は客観的・科学的たるべきであり，それゆえに研究者が自らの「自己の問題」を取り上げることとは峻別すべきであることをいわれる〔高崎2008〕。

すなわち，自分が生きる，という問題，端的にいえば悟りとか行（宗教的行法と同時に，広く信仰者として生きる日常としての行）の信仰面は，研究と学的関心の埒外に置かれるのである。明治期以降に欧米から導入された現代の実証的「仏教研究」としてはまさにその通りである。高崎博士の指摘は文献学的な思想研究こそ仏教だという姿勢を明快に示している。

しかし，「自分が如何に生きるか」という問題こそが，本来の「仏教」が追求するものではないであろうか。仏教とは「生きる道」であって「思想」ないし「学問研究」そのものではない。「生きる道」のなかに仏教思想，哲学はあるが，その逆ではないのである。したがって，この問題は伝統的な文献学的仏教研究では期待し得ず，例えば宗教哲学的な研究方法などで，あらたに，アプローチしていくよりほかに道はないということになろう。

一方，伝統的な教学，宗学，宗乗においては，たしかに，悟り，成仏，往生など，仏教信仰の本義であるテーマが信仰の立場から論じられ，追求されたし，その伝承は今日でも引き継がれている。あくまでも修行者や篤信の信仰者が追求する「悟り」や「往生」の世界に焦点が絞られている。それだけに，宗学，宗乗の特異な論理と独自の術語が駆使されて論じられることが多く，部外者にとってはなかなか入りにくい。いわば「閉ざされた世界」である。ここでも，それなりの素養と訓練を持てば誰にでも理解され得る宗教哲学などに代表される「開かれた世界」に門戸を解放していく必要があろう。

しかし，同時に，最近では祖師方の著わした文献，祖録も文献学的に研究さ

れるようになっている。近代的仏教学研究の知見と成果の影響によるものであり，宗学の発展の一つの形態であろう。文献資料そのものは文献学的考察を根底に持たねばならない。したがって，筆者は，高崎博士のように，狭義の仏教学の中に「文献学的仏教学」と「伝統宗学」の二つの流れをみるよりも，「文献学的な仏教学・宗学」と，「信仰の学としての仏教・宗学」の二つに分ける方が現実的であると考えている。目的も研究方法も異なるからである。しかしどちらも仏教の重要な側面であろう。

⑵「仏教」研究に欠けている分野

さて，高崎博士の仏教学の流れをうけがいつつ，筆者なりに「文献学的な仏教学・宗学」と「信仰の学としての仏教学・宗学」の二つの分野に分けてみたのであるが，実はこの両者に欠けている大きな分野があることに気がつかされる。それは社会に定着している教団の実態に対する考慮である。そして，これこそが学問研究の面においても，また，一般的な意味においても，「仏教とはなにか」を考える重要な局面でなければならない。

教理や信仰が社会に定着することは教団として定着することである。何らかの形で教団が存在しなければ，安定した環境のなかで出家修行者が法を修行し，学び，継承し，信者に生きる道を教えることは出来ない。インド仏教においても，出家修行者と在俗信者よりなる教団が成立して，仏教を伝承してきた。中国でも，日本でも，教団の形態は異なり，機能は同じではないが，とにかく仏法僧の三宝があり，教えをうけがいながら，三宝を外護する在俗信者の存在は欠かすことがなかった。

しかし，教団の立場から見るならば，出家修行者の説く仏教と社会生活をしている在俗信者の受けとめ方は乖離している。出家者は仏教の究極的目的である悟り，成仏を目指すものであるが，在俗信者にとって悟りは必ずしも人生の目的とはなっていない。出家者側の説く行法，自己節制，倫理的生活と実践，欲望の抑制などは「在るべき」仏教信仰としてその価値は認められているが，現実に十分機能しているとは言い難い[5]。

また，在俗信者の社会生活には，当然，日常儀礼がなくてはならない。人生

の成長諸段階の節目に行われる通過儀礼（Passinng Rites），すなわち（日本でいえば）命名式，お宮参り，お食い初め式，誕生日，七五三，成人式，結婚式，葬式などは欠かすことが出来ないものであろう。その他，祖先崇拝儀礼も重要であるし，農耕儀礼もある。また，多少なりとも呪術的な祈願儀礼等々は，いかなる民族，種族，部族にもあるし，社会生活において必須の宗教現象である。社会を出た出家者である比丘・比丘尼には必要なくとも，在俗信者の社会生活はこれがなければ成り立たないのである。

　したがって，教団伝承の間に，仏教を受け入れた民衆側の種々な要請，あるいは安易な理解などに応じて，仏教教理のニュアンスが変わり，意味が改変されて定着していることは稀ではない。今日の日本語で通用している「因縁」，「縁起」，「無我」，「諦める」，「他力（本願）」など，仏教本来の教理的意味をはずれた形で使用されることの多い例である。また民衆の間に行われている民俗信仰的な観念や慣行，儀礼が教団の行事として浮上して来ることもある。葬祭儀礼などはその典型的な一例である。

　「仏教教理」とこうした「仏教徒の生活に定着した観念と儀礼」は，タテマエとホンネとして対立し，歴史的伝承の間に，複雑に並列し，重層化し，融合し，相互の変容がもたらされることとなった。

　そしてここに重要な現象は，こうした教理（伝統宗学をも含む）からはずれた観念や儀礼は「仏教ではない」と理解され，そのために仏教徒として行ってはならぬものと受け取られ，中には（教団側から）そう教理的に規定されるものも生じていることである。悟りにかかわるレヴェルこそが仏教であり，その他は仏教ではないとする「悟り一点主義」がインド以来伝承されている。この姿勢については以下の論述において多くの例を指摘していく。

　だからこそ，現実に行われ，教団を支えている宗教観念・儀礼であるにもかかわらず，「非仏教」であり，「世俗化」だと切り捨てられ，したがって，その宗教的意味や機能がほとんど検討されず，ある時は仏教教団がなすべからざることをしていると非難される一因となる弊害が生じているのである。

　ここに重要なポイントがある。仏教教理の面から「仏教でない」とされたものは，何故，「仏教徒が行ってはいけない」のであろうか。迷信あるいは倫理的な儀礼，あるいは仏教徒としてなすべきでない，とされたものは別である

第1章　仏教とはなにか―問題提起―　　*11*

（例えばインド仏教における供犠は釈尊によって強く禁止された。それは不殺生の世界観に反するからである）。しかし，仏教でない，つまり悟りレヴェルの仏教信仰とは関係がないとされても，それが人びとを前向きに生きさせるものであるなら，行ってもいいのではないか。いや，好い悪いではなく行わなければ日常生活が成り立たないのである。現代日本における通過儀礼，葬祭，祖先崇拝はその一例にすぎない[6]。

　インド仏教においても同様の思考傾向が認められる。最初期の仏教伝承以来，エリート比丘たちは自らがこれぞ仏教である，と信じたもののみをとりあげて仏典に書き残した。その結果がいわゆる「原始仏典」である。簡明な教理，清澄な倫理，そして日常儀礼などを除去した世界，が展開されている。しかし，書かれていないから，現実になかったということにはならない。両者は区別されなければならない。

　渡辺照宏博士は次のように指摘する。「あらゆる神秘性を排除し，神も奇跡もなく，宗教儀礼も行わず，ただ縁起の論理を理解し，信仰の裏付けのない倫理と禁欲生活とのみを要請するような宗教に，数千の無知な大衆がどうしてついて行けたであろうか。この理由一つから見ても，仏陀の時代の仏教は現在のパーリ文聖典よりも，もっとずっと宗教儀礼や信仰の要素が多かったに違いない」〔渡辺1967，21頁〕。

　事実，後代になるにつれ，仏教徒の間に行われていた功徳観念や死後の世界，霊魂，各種儀礼や呪術的祈願儀礼などが，特にジャータカやアヴァダーナ文献，南インドのタミル文学の仏教作品のような仏教説話文学のなかに隠しようもなく浮かび上がり，叙述されている。また，エリートたちの「悟り」こそが仏教の中核であり，それ以外は価値がないといわんばかりの思考方法は，教団が許容せざるを得なくなった民俗信仰的な要素を，「最終的には悟りに導くもの」と意味づけるようになった。四向四果，生天思想と禅定の深まりの結合，次第説法など，その例である。これに関しては本書で後にあらためて触れる。

　「悟り」こそが仏教であり，日常儀礼は「仏教ではない」とする発想，「悟り一点主義」（Satori-oriented）は，仏教では歴史的なのである。

　したがって，（「文献学的仏教学・宗学」と「信仰的仏教学・宗学」の）「教理」だけでは現実の社会に定着し，機能している仏教徒の思想と生活をカバーしき

れない。過去の仏教史においても，また現代においても，社会に機能している仏教を正しく評価し，未来への展望を開くのに，教理学だけでは十分ではない。ここに，仏教を「教理」としてではなく，それをも包み込む「文化」として捉える視座が意味を持ってくる。

「教理」「文化」の意味は次に明らかにする。

3　仏教「文化」という視座

(1)　仏教を「文化」として捉える

　教団が定着し，その教えが社会に広まっていくとき，在俗の信者たち，そして出家者にとってさえ，民衆の間に現実に行われている宗教的諸観念と儀礼，習俗は無縁のものではあり得なかった。その多くは民俗信仰と深くかかわっている。葬祭，祖先崇拝，功徳を積んで良き後生を願う習俗，業・輪廻思想と功徳の観念，呪術，祈願，占星術，シャーマニズムなどがそれである。その中には仏教として許し得ないものもあるし，禁止されているものもある。

　民俗学者，五来重博士は次のようにいう。民俗は俗信である。民俗的信仰の中で社会的に容認されているものは俗信である。反社会的な実害のあるものを迷信として区別している。また，雨乞儀礼のように非科学的なものも村落社会で容認されているものは俗信であり，また葬式儀礼における種々の習俗も俗信であるとしている〔五来2010，28-29頁〕。

　民俗信仰がすべて悪であるはずもなく，それなりに民衆の心の不安を鎮め，共同体の絆を強める機能を果たしている。仏教教団が民衆のこうした宗教的要請に応える儀礼，慣行を幅広く容認している。一例に過ぎないが，功徳をつんで良き後生を願う慣行は釈尊によっても積極的に認められ，教理化され，奨励されていることでもそれは知られよう。

　歴史的に，仏教教団は「あるべき」信仰と，現実に「ある」民俗的観念・慣行との複合的な機能の上に社会に定着し存続してきた。その際，多くの場合，仏教者は仏教的世界観を民俗の上にかぶせ，種々に習合し，その意味で「仏教

第1章　仏教とはなにか―問題提起―　　*13*

化」した。しかし，仏教が民衆の側からの要請に応じて「民俗化」してしまった例もある。

　どこまでが民俗で，どこまでが仏教かを明確に分別することは困難である。しかし，現実に社会に機能している仏教を教理ないし各宗派の宗学のみで理解するのは不可能である。民俗だけで説明することも無論できない。どうしても両者を包括的に扱い，位置付け，関係を明らかにしていく視座が必要とされよう。

　以下に仏教を「文化」としてとらえようとするのは，そのための試みである。

⑵　本書における「文化」の意味

　本論において，仏教を教理としてではなく，文化として捉えたい，というときの「文化」とは文化人類学，文化学などにおいてすでに定着している概念に拠っている。一言でいえば，生活様式としての文化である。一般にそう理解されているような芸術，文学，美術，学問などに代表される文化ではない。

　文化概念についての詳しい議論はここでは避けるが，一般的にひろく受容されている定義を挙げておく。

　「文化とは，後天的・歴史的に形成された，外面的および内面的な生活様式の体系であり，成員の全員または特定のメンバーにより共有されるもの」〔蒲生・祖父江1969，8頁〕。

　キーワードを用いて纏めれば，こういうことになろう。先ず社会があり，成員がいる。その成員の全部でもいいし，特定の一部でもいいが，その成員が共有し，学習し，伝達していく生活様式，思考様式を「文化」ととらえるものである。

　あくまでも仏教徒の社会において「実際にある」信仰が重要なのであって，それが教理学の立場からみて，これは正しくないとか，「仏教ではない」とか理解されることとは別個に考えなくてはならない。例えば，先述の死者を「ほとけ」という用法は教理の立場から見ればむろん誤っている。しかし，現実に在家信者のみならず，僧職までがその用法を受容し，万人が理解を共有している。仏教の教理から見ていかに誤っているものであれ，文化論の立場からいえ

14　　第Ⅰ篇　序論―インド社会と仏教―

ば，それは明らかな仏教文化なのである。いや，むしろ，日本に仏教が定着する際に重要なハタラキをしたと思われる文化である。

したがって，仏教文化の中には仏教の本義と見なされるものもむろん含まれるが，民俗信仰的な諸観念や儀礼のように教理的には仏教の本義とは関係がないと考えられるものも等しく含まれている。

すなわち，「文化」は教理的な立場からの価値判断を斥ける。是非善悪ではなく，教理の立場からみて「仏教（的）」ということでもなく，「あるべき」すがたを抽出したものでもない。「文化」研究はあくまでも仏教徒の生活様式を現実の立場からみ，その構造と機能を検討する。特に悟りレヴェルの教理，倫理と民俗レヴェルの諸観念儀礼との相互の関係をあきらかにする必要がある。両者は宗教レヴェルを異にしているだけに，両者の習合に際しては一種の緊張関係がある。それを明らかに知るところに，仏教（文化）を統合的に理解することが可能となる。

こうした，歴史的視点に立つならば，「仏教文化」にはどうしても教理に深くかかわるものと，ひろく民俗信仰的なものとの二つの異なる宗教レヴェルにかかわる観念と行法，儀礼などが，二重構造的に機能している宗教複合として捉えるべきなのである。その上で，その相互の関係が検討されなくてはならない。

具体的にいうなら，仏教教団の歴史的伝承，仏教徒の生活「文化」の中には，三宝帰依，三法印，悟りを求めるための行法と境涯等，これぞ仏教として理解され，伝承されているレヴェルの宗教と，エリートによって仏教とは認められていない民俗信仰的な観念や習俗が含まれている。前者，つまり悟りにかかわる信仰は「あるべき」要件であり，それがなかったら仏教とはいえないものであり，「仏教の本義」である。同時に後者の民俗信仰的な諸要素は現実に「ある」要件であり，それがなかったら人々（仏教徒）の社会生活がなり立たない「必須の宗教的要請」である。教団には「あるべき」要件と，現実に「ある」要件とが混在し，習合している。「あるべき」教理だけでは教団の実態は明らかにはならない。

こうした反省から，今日，いくつかの教団はこうした問題を取り上げて，教団改革の基盤とする努力がなされている。改善さるべきとされる教団の問題を

「仏教ではない」と切り捨てるのではなく，肯定的にその歴史的，宗教的かつ思想的意味と意義を明らかにしようとしているが，いずれも，内容的には，筆者の仏教を文化として取り上げる視点と共通している[7]。

　本論のよって立つ基本的視座の「文化」とはそういう意味である。

(3) 東南アジアにおける「仏教」の宗教複合

　この問題はすでに，東南アジアの上座仏教（テーラヴァーダ仏教）における文化研究で種々な枠組みが提唱され，論じられている。そこでは「仏教」と理解されている観念・儀礼と，「非仏教」とされている宗教複合とが仏教徒の生活文化を形成している。上座仏教は釈尊の仏教，特に原始仏教のかなり忠実な発展の極みであり，その基本的な分析枠を一つだけ紹介し，例証とし，同時に参考にしたい。

　スパイロ（M.Spiro）はミャンマーの仏教徒の生活文化には「仏教」（Buddhism, Sāsana, Religion）と，「超自然崇拝」（Supernaturalism）という二つの宗教複合から成り立っているという〔Spiro1967, 1971〕。

仏 　 教	Buddhism 　（Religion） 　（Sāsana）　Nibbanic Buddhism（三宝・三学・涅槃・解脱・四諦など） Kammatic Buddhism（業・輪廻・功徳・良い後生・倫理） Apotrapaic Buddhism（防護呪〈Religion〉
	Supernaturalism （Nat 崇拝；現世利益，取引；シャーマン儀礼）

　ここの「仏教」（Sāsana, Religion）には，仏教の本義たる悟りのレヴェルの宗教（Nibbanic B.：涅槃にかかわる仏教）と，元来民俗信仰である功徳と安楽な死後を求める業・輪廻の観念・慣行，そして素朴な呪術である一連の「防護呪」（paritta）が包摂されている。それに対してナッ（ト）という精霊に対する崇拝は仏教ではないという。

　指導的立場にあるエリートは次のようにいう。「我々（上座部）の宗教は完

全に合理的であり，超自然的，あるいは神秘的なものは何もない。……（ナッ（ト）崇拝のごときは）まことに理解に苦しむ堕落である。そして我々の（政府の）指導者が，もしも神とか邪術，くだらぬ呪文や呪術的な儀礼など，迷信に類することを公の行事としてやろうというなら，それは仏教の発展にはかり知れぬ害を与えよう」〔Spiro1971, 57-58頁〕。そして一般にはナッ（ト）崇拝は仏教ではない，と信じられている〔Spiro1967, 269頁〕。

しかし，かつてミャンマーの首相であり，真摯な仏教徒であるウー・ヌー氏はいう。「仏教徒として我々は勿論ナッ（ト）の存在を認める。ナートに食物を捧げるが，それは貴方が何かを人にしてもらいたい時，食事や飲み物を饗応するようなものである。しかしナッ（ト）崇拝は宗教，すなわち，苦と再生よりの解放にかかわるものではない。（それを解放する涅槃とは）仏法僧の三宝にのみかかわるのである」〔Spiro1971, 267-68頁〕。

この二つの見解は仏教の受けとられ方のタイプを示すものとして興味深い。前者は涅槃の追求が仏教の本質であることを言いあてているものの，教団の現実には民俗信仰的な，かつ現世利益的な要素が必須のものであることを知らぬエリート性を露骨に示している。そしてウー・ヌー氏の意見は，ナッ（ト）崇拝は「仏教」ではないけれども仏教徒として当然なすべきことだといい，その本質が「とりひき」にあることを告げている。

明治期以降の日本の宗教事情に酷似している面がある。

ミャンマーばかりでなく南方仏教諸国においてひろく「仏教」と受けとられる宗教複合と，「仏教ではない」とされながらも仏教徒が事実として行っている宗教複合—それを学者は「呪術的アニミズム」（magical animism）などと呼ぶ〔Ames1964〕のであるが—この両者は共に仏教徒が信じ行なっているものである。共に仏教徒の文化なのである[8]。

こうして上座仏教諸国において仏教と非仏教の違いは明確に意識されていて[9]，この点は日本も同様であり，悟りレヴェルの仏教と民俗信仰的観念と慣行との間における微妙な違和感は仏教の特徴といってよいものであろう。

しかし事情を異にしている面もある。今日の日本では民俗信仰的な要素は非仏教であると僧侶（特に指導者層）が理解しつつも，一般大衆は「仏教」であると信じて行っている。理解の仕方には差があるが，しかし，両者ともに民俗

的観念と儀礼が現実に仏教徒により実践されている。そして民俗と悟りレヴェルの信仰とが相互補完しつつ，仏教徒の生活文化を支えていることは同様である。

東南アジアの上座仏教における宗教複合については，すでに論じたことがあるので参照して頂ければ幸甚である〔奈良1971〕。

4　本義としての仏教—悟りと出世間—

さて，今まで「教理としてとらえた仏教」と呼んできたが，実は曖昧な用法である。教理とは何かという問題が残る。しかし，「教理」として論じられている内容の根幹にあるのは釈尊の悟りであろう。仏教は釈尊の悟りから出発している。そして悟りのない仏教はない。したがって，上に仏教の本義を「教理としてとらえる仏教」といってきたのであるが，現在教理として理解されている項目の中には本来民俗信仰であったものが少なからず含まれている。以下に明らかにしていくが，悟りにかかわる信仰と，民俗信仰とは宗教的レヴェルを異にしているものである。業・輪廻思想，死後世界，功徳の観念，呪術的慣行等々は悟りとは直接にかかわりがない。しかしその中には仏教化されて悟りのレヴェルにまで昇華されたものもあって，業思想や密教における呪術的観念などがその例である。あるいは悟りへの道程として位置づけられたりもしている。こうした事例は本論において論じていくが，したがって「教理」と「民俗」とを対比するといっても，その基準を明確にしておかなければならない。

本論はあくまでも仏教の本義である悟り，その表現である教理，教学と，社会生活の中で実践されている民俗との緊張関係をみるものであり，その脈絡で「仏教とはなにか」を明らかにすることを目的とするものである。したがって，教理というよりも，それがなければ仏教とはいえない「悟り」つまり「仏教の本義」を先ず明らかにしておく必要がある。

その意味でまず釈尊の悟りの宗教的特徴から見ていくことにしたい。

18　第I篇　序論—インド社会と仏教—

(1) 釈尊の悩み―自我の問題―

　釈尊が老病死に悩んで出家したことは疑いない。その悩みは，老病死を縁としながらも，「思い通りにしたい欲望」と「思い通りにならない現実」とのギャップによるものといってよいものであろう。思い通りにしたいという欲望は自我である。そして思い通りにならない事柄を可能にしようと努力する意欲もまた自我のハタラキである。一個の人間の中で自我が鬩ぎ合っても結論は出ない。そこに自我の無益さが明らかとなる。自我が頼りにならないことが自覚されたとき，人は頼るものを失う。それはニヒリズムにほかならない。

　釈尊はみずからの悩みが自我にかかわるものであることを知っていたに違いない。自分の命運であるにもかかわらず，他人の老・病・死をみて「汚らわしく思い，そうした自分を恥じた」というエピソード〔中村1992，155-57頁〕は自我の分裂が釈尊の悩みであったことを示している。

　だからこそ，出家してからの6年（ないし7年）を通じて釈尊は徹底して自我と対決している。「四依」（樹下座・乞食・糞掃衣・陳棄薬）に代表される沙門としての生活スタイルはそのまま極限にまで自我を抑えた生活「手段」であると同時に，自我を捨てる訓練でもある。そして釈尊は苦行をも行っている。

　苦行については，釈尊は「六年苦行」したが悟りを開けずそれを捨てて菩提樹下に瞑想して悟りを開いた，と一般に理解されている。私は誤解を招く表現だと思っている。「六年苦行」と単純に一括し，それが無益であり，釈尊がそれを捨てたというと，6年間の修行の意味をすべて失わせかねない。実際的には「六年の難行（dukkarakārikā）・苦行（tapas）」というのが正しく，釈尊は徹底して自我と対決し，それをつぶしている。しかし，それでも悟りの智慧を得ることができず，菩提樹下の瞑想に依って悟りを開いた。「六年難行苦行」の修行があったからこその悟りであり，これについてはすでに詳しく論じたことがあるので，参照して頂きたい〔奈良2015b〕。

(2) 宗教体験

　釈尊の悟りとはいかなるものであったのか。悟りは宗教体験であるし，その

内容は釈尊本人でないと分からない道理である。しかし，経典の記述などから釈尊の悟りに近づいてみたい。

釈尊の悟りについて，最古の原始仏典に次のような鮮烈な句がある。

釈尊は菩提樹下の成覚の後も4週間，1週間ずつ異なる木の下で禅定を続けるが，その第1週の7日目の日没時，真夜中そして夜明けに，それぞれ1句ずつ，3つの詩が口をついて出てきたという。次のような句である。

　実にダンマ（dhamma）が，熱心に瞑想しつつある修行者に顕わになる（pātu-bhavanti）とき，そのとき，かれの一切の疑惑は消失する。というは，かれは縁起の法を知っているから。

　　実にダンマが，熱心に瞑想しつつある修行者に顕わになるとき，そのとき，かれの一切の疑惑は消失する。というのは，かれは，諸々の縁の消滅を知ったのであるから。

　　実にダンマが，熱心に瞑想しつつある修行者に顕わになるとき，そのとき，彼は悪魔の軍隊を粉砕して，安立している。あたかも太陽が虚空を輝かすごとくである。　　　　　　　　（『ウダーナ』1・1〜3，玉城康四郎訳）

ここにみえるダンマは「法」と訳される。法には多義あるが，このダンマ，法が釈尊の悟った真実であることは疑いない。そして，本文中に「縁起の法を知る」，「縁の消滅を知る」とあり，さらに，これらの句に先立つ散文部分に釈尊は十二縁起の順逆を観察したとある。したがって釈尊は「縁起の理法，十二縁起を悟った」のであり，ダンマの内容は縁起説だった，とみるのが従来の多くの理解である。

しかし，釈尊が「縁起の理法を悟った」という受けとめ方は誤解である。なぜなら，十二縁起説が教理として成立したのはずっと後のことであり，これは学問的に証明されている。また悟りという宗教体験は情動的なものであり，その際に論理的に整った縁起の教説が対象論理的に「知られる」などということはあり得ない。この句は悟った主体が「修行者に」と三人称で説かれているし，後代の仏教徒の手になるものであることは明らかである。

しかし，縁起の考え方は経典の古層に素朴な形でしばしば説かれているし，それが次第に縁起説としてまとめられてきたものである。その意味では，釈尊の悟りの内容が縁起と深くかかわるものであったことは間違いないであろう。

20　第Ⅰ篇　序論―インド社会と仏教―

釈尊の悟りを考える時，教理としてまとまった「縁起思想」を知った，という
ことと，後に縁起思想として纏められてくる「宇宙のはたらき」に生かされて
いることを悟った，ということとは区別しておく必要がある[10]。

　ちなみに，成道後の4週間の禅定の間に，真実に触れた釈尊の自覚の内容は
次第に整理され，論理化され，言語化されてきたに違いない。それが情動的な
宗教体験が言語化されてくる通常のプロセスである。そして第5週目にいたっ
て釈尊は，「私が悟った……この法（dhamma）は……深遠であり，これは世間
の流れに逆らう（paṭisotagāmin）もので……欲望にふけり，（無明の）闇に覆わ
れている人々は見ることが出来ない」（SM6・1・1・4）と説法を断念しかかる。
そこに梵天が出てきて，世間には判る人もいるのだから，と説法をすすめたと
いう。ここで梵天とは釈尊の心の内なる声とみていいものであろう。そこで釈
尊は決意し，「不死の門は開かれた。（世人よ）信を起こせ」と宣言してベナレ
スに出かけて行く。有名な梵天勧請の一幕である。

　上述の3句において，「ダンマが顕わになる」という表現は釈尊の悟りのあ
り方に関わっている。玉城康四郎博士はこのダンマを，縁起とか無常とかの具
体的な思想ではなく「形のない，いのちの中のいのち，いわば純粋生命とでも
いうべきもの」と理解している。「純粋生命」という表現の是非はさておき，
釈尊の悟りが縁起などの教理的な「言葉」でなかったことはそのとおりであろ
う。「いのち」という表現を私は受け入れている。

　また，「すべての疑惑が消滅した」というのも，釈尊の悟り体験として重要
である。原始仏典の特に古層には，悟りに関して「疑惑を超えた」とか「疑惑
がない」という表現がしばしば用いられている。これは決して対象論理の世界
における知的疑問が解決されたということではない。消え失せたのは実存的に
追求された自己についての疑問である。敢えてその内容をいうなら，ダンマに
包まれ，ハタラカされている自己存在―種々にはからっている自我をもその中
に包み込んでいる自己の全存在―の正体がはっきりしたことを，すべての疑惑
は消え失せたと表現しているものに違いない。

(3) 自洲法洲—悟りと認識—

釈尊の悟りに関して，法（dhamma）と自己（attan）との関わりについての重要な釈尊の言葉がある。

> この世で自らを洲とし，自らを拠り所として，他を拠り所とせず，法を洲とし，法を拠り所として，他を拠り所とせずにあれ。
>
> （Dn16経，「マハーパリニッバーナ経」2・26）

いわゆる「自灯明，法灯明」として有名な句である。今日では灯明は誤訳で，洲ないし島が正しいことが明らかになっている。

「拠り所」とすべき「自己」の意味は明らかで，自我欲望をふりまわしている自己は真に頼りとすべき自己とはいえず，正しい自己を求めよ，ということである。「法」は仏教の拠って立つ「真実」である。具体的に内容をいうなら，縁起，無常，無我，空などという言葉で示される，「事実」としてのハタラキである。それは人間が生まれる以前から宇宙を生成し，変化させ，存在させ続けてきたハタラキである。しかし，事実は事実でしかないものであろう。事実は人間不在でも事実である。しかし宗教的「真実」は人間がいてこそ真実である。釈尊はそうした「事実」に生かされていることを「自覚し，生きること」によって，縁起，無常を宗教的「真実」であると悟った。端的にいうなら，釈尊は縁起，無常という「事実」を宗教的「真実」として取り上げ，信仰として定着させた。それこそが真に自己を「生きること」だし，無常という「真実」を「証する」ことに他ならないものであろう[11]。

私たちは否応なしに，そうした真実の中に存在させられている。したがって，自己と法とは切り離せない。自己は否応なしに法のハタラキの中にあるから，法にしたがって生きることは真実の自己を実現することであるし，それは同時的に真実，法を「証」することでもある。

仏教伝承においては，縁起などは理法・道理・真理などとも表現されている。間違った用法ではないが，理という言葉が入ると，なにか人間が分別をもって作り上げた理論のように受け取られるおそれもある。仏法とはあくまでも釈尊が，そして代々の祖師たちが体験を通じて自覚し，真実として認識した宇宙の事実としてのハタラキである。事実としては無限の過去からハタラキ続けてい

るが，人間不在のところに宗教的「真実」はありえない。その意味で私は理法などを避けて，真実，仏法という言葉にこだわっている。信仰上の用語としては「いのち」という言葉が親しい。

(4) 自我的自己

　自我欲望を振り回している自己は真の自己ではない，といったが，まず，通常の意味での私，自己と理解されているものの正体を明らかにしておきたい。これは悟りと民俗とを区別して論じる際に重要な要点である。

　「分別」という言葉がある。原語では vikalpa（梵語），vikappa（パーリ語）であり，「分けて考える」という意味である。仏教でよく用いる「はからう」という言葉と重なっている。ものごとを対象的に見て，整理し，細かく分析し，ないし選択するものの見方であり，姿勢であるといっていいものであろう。

　すなわち，ものを「見る」という時には，みる自分とみられる対象が分離している。主・客が分離しているからこそ，みることができるのであり，分別し，考えることができる。分別は主・客分離のところではたらく。分別した結果が思考であり，知識であり，言葉である。この分別は自己とは何かという問題と密に関わっている。

　自己とは何か，という問いに対して，私たちはさまざまに答えている。自分は何某であると名前や職業で答えることもできるし，私は男だ，女だ，日本人だ，何県人だ，などと状況に応じて無数の答えがあり得る。さらに，自分は温和だとかせっかちだとか，優秀だとか愚かであるとかと，性格や能力，資質で答えることも可能であろう。あるいは，私は今絶望しているとか，幸福だとかというのも「自己とは何か」という問いに対する答えであり得る。

　それらはいずれも自己の今の在りようを説明するものであり，自己存在の種々の部分を示している。それなりに正しい答えである。だが，自己そのものを端的に示すものではない。いうなれば，「speak about（the self）」したものであり，「speak（the self）」したものではない。いずれも自己の「部分的真実」である。

　したがって一般的な意味での「自分とは何か」の答えにはいろいろあり得る

が，いずれも，自分がそう「考えた」内容にほかならない。はからい，分別した結果として，知識，言葉として作り上げられたレッテルだといってもいい。その時々の状況に応じて，自分の一部を示してはいるが，それらは事実として「今」「ここ」に生きている自己そのものではない。言葉であり，概念であり，「絵に描いた餅」の如きものであって，コミュニケーションの道具としては有用かつ必要であるが，真の自己ではありえない。

　別の言い方をするなら，そうした自己のレッテルは身にまとった着物のようなものであって，いくらでも取り替えがきく。その時々の自己の在りようを示しているが，自己そのものではあり得ない。その着物を脱ぎ去ったところに，取り替えがきかない，裸の，本当の自己があるものであろう。

　だからこそ，「これぞ私だ」と主張していた自己も別の自己に変わり得る。所詮着物であるから，絶望して自殺したいといっている青年は，明日には「喜びに満ちた」自分を見いだすかもしれない。駄目人間だと自信を失っている人も，自らに有能な才能をみつけることもあり得る。絶望とか，無能だとかの自覚などはいずれもその時々の一時の自分の在りようないし状況をいうもので，自己そのものを示しているものではない。

　私たちが普通にそう語り，理解している「私」「自己」とは，分別によって作られたレッテルである。自我が作りだした着物を身にまとって私たちは生活している。それは「自我的自己」といっていいものであろう。あくまでも自己の一部を説明したものであり，観念でしかなく，自己そのものではあり得ないのである。

　自我は，思想研究や哲学，宗教学などの領域において重要な術語で，種々多彩な意味内容を含む。しかし私はここで「経験的自我」とか「実体的な自我」などを考えているわけではない。分別と関連して「外界からの刺激，情報を整理し，区分けし，認識し，言葉としていく」ハタラキと理解している。当然，自我は各人の性質，教育，環境などに応じて個別にはたらくし，だからこそ，自己とは何か，と問われたなら十人十色の答えが出てくるものである。

⑸ 自我的自己と真の自己

　原始仏典はしきりに「自己を知れ」(attaññu, AN. IV. 113-14頁)；「自己を尋ね
求めよ」(Vin. Mahāvagga I, 13. p.23.9)；「自己を愛せ」(AN. II, p.21G.)；「自己を
護れ」(Dhammapada 379; Theragāthā 653)；「自己を浄めよ」(Dhammapada 388;
Suttanipāta 962)；「自己を制せよ」(Suttanipāta 516; 216) などという。

　しかし，同時に，「自己を滅した者」(abhinibbutatta：Sn343, 456, 469)，「自
己を捨てた者」(attanjaha：同790) が聖者であるなどともいう。つまり滅し，捨
てるべき自己があるというのである。

　自己についてのこうした在りようを，釈尊は次のように説明している。

　　自我（的自己）によって自己を見ることなく (yo attanā attānaṃ nānupassati)，
　　精神を統一し (samāhito)，姿勢正しく，自ら安立し，動揺することなく，
　　心は静かで，疑惑 (kankhā) もない。こういう境涯に至った人（如来）こそ，
　　供養を受けるにふさわしい。　　　　　　　　　　　　　　　　　　(Sn477)

これは精神を統一し，安立し，疑惑も超え，寂静に入った悟りの境涯を示し
ている。ここにみえる２つの attan は意味内容が異なっていて，私は「自我的
自己によって自己を見ない」と訳したが，注釈書も諸学者も「自我」と「自
己」とに訳し分けて理解しているし，私もそれが正しいと思う。

　すなわち，「自我によって（真の）自己は見えない」ということである。は
からい，対象的に見ている自我的自己に拠るかぎり，（真の）自己は見えない。
逆にいうなら，自我を捨てたところに真の自己があらわれる，ということであ
ろう。

　しかし，「真の自己」といっても実体的な自己などではない。自我的自己も
自己の一つの局面である。自我的自己，普通に私として理解されている自己を
含めて，この自己は「法」に生かされ，ハタライている。その「ハタライ」て
いる自己を仮に「真の自己」といっているのである。実体的な自己があるわけ
ではない。

　その「ハタライ」ている真の自己は，自己的自己を捨てなければハタラキで
ない。自己存在を含む万物（万法）を自我ではからい，分別し，対象論理的に

第１章　仏教とはなにか―問題提起―　　*25*

理解することをやめることである。（自我的）自己を無化することであり，（普通の意味での）「自己に死ぬ」ことにほかならない。

　私たちが日常的にはからい，考え，言葉にして理解している「自己」「オレ」「私」とはすなわち，自我的自己（self）なのであって，それ以外に自己は考えられていない。分別されて作り上げられた自己，その意味で自らの経験によって認識された自己，「経験的自己」がそのまま自己そのものと理解されている。自我的自己のさらに奥に，その自我のハタラキをも支えている真の自己がハタライているなどとは考えていない。

　だからこそ，禅仏教に詳しいT・マートン（Thomas Merton）神父は，〈西洋人は自我的自己（経験的自己）〜self〜のほかに「真の自己」〜person〜があることを知らない。それが仏教の解釈を単純化し誤ったものにしているのだ〉（"Mystics and Zen Masters"）と明言している。しかし敢えて注釈すれば，personというと何か実体的な自己を想定させる。上述したように真の自己とは法として「ハタライ」ている自己の在りようのことである。

　「自己の死」を仏教伝承はさまざまに表現している。

　二，三の例をあげる。禅の伝承では「百尺竿頭進一歩」という。百尺つまり30数メートルの高さの竿の先から一歩を進めろという。ビルの屋上から飛び出せということに等しい。落ちて死んでしまうといったら，「死ね」という。自殺しろということではない。自我的自己をつぶせということである。

　道元は「仏道をならうとは自己をならうなり。自己をならうという。自己をわするるなり」（『正法眼蔵』「現成公案」）という。自己をわすれるとは心理的忘却の意味ではない。自我的自己に拠らず，身体的行為（例えば坐禅）に拠って法，真実を我が身にハタラカせることだという。

　江戸期の臨済僧である至道無難が「生きながら死人となりてなりはてて　おもいのままにするわざぞよき」（『無難仮名法語』）というのも同様である。自我的自己を抜け出たところに，法に従った自由自在の行為があり，そのハタライている自己こそが真の自己である。

　「法」に順じたハタラキそのものが真の自己の在りようであり，したがってそれは言葉では表現できない。

この点を中村元博士は，ひろく仏教，宗教一般の特徴として明快にこう表現している。「自己とは何であるか。世人はこれを見失っている。（中略）（自己とは）客体的対象的に把握することはできない。これだ，といって具体的に示して見せてくれることは出来ない。それはどこまでも主体的なものであり，見れども見えざるものである。それはただ人間としてのあるべきすがたとしての法の実践においてのみ具現する。（中略）自己にたよるということは，また法にたよることにほかならない」

〔中村2009，33-34頁〕

⑹　如実知見

　自我的自己とは普通一般に私，自分と呼んでいる自己である。日常生活を行っているのはこの自己であるし，それを否定したら生きていくことはできない。しかし，人生苦を乗り越えるために，仏教はやはり自我を抑制しなければならない。自我的自己は死ななければならない。悟りとは仏教信仰の理想的境涯であり，目標であるし，容易に到達できるものではない。しかし，それが真の自己をあきらかにし，苦を乗り越えるものであるならば，日常生活もそれを理想とする方向において生きる道を模索することになろう。

　自我欲望を必然としつつも，それを抑制せよと説く仏教の生きかたは，しばしば日常性に背反する。先述の釈尊「梵天勧請」の言葉に見るように，「世間の流れに逆らう」ものである。

　これは重要な特徴であるので，いくつかの例を挙げて検討したい。

　Sn575以下に「矢」と名づけられる詩句がある。親族の死を嘆くものに対してその悲しさを克服する道を教える一節である。ここではまず死が必然であり，これを逃れるものは一人としていないこと，人々はそれを悲しむことをいう。そして，

　　　このように世間の人は老と死に傷つく。だから賢者はこの世の（真の）
　　有様を知って，悲しまない。あなたがたは（中略）（生と死の）両極を見極
　　めないで，いたずらに泣き悲しむ。迷妄にとらわれ，自分を傷つけている
　　人が，泣き悲しむことで何らかの利益があるなら，賢者もそうしてよい。
　　（しかし）泣き悲しむことによって，心の安らぎは得られない（中略）苦が

生じ，身体がやつれるだけのことである。（中略）身は痩せて醜くなる。そうしたからといって，死んだ人は帰らない。嘆き悲しむのは無益である。悲しむのをやめないと，ますます，苦悩が襲う。（中略）人が死んで亡くなったら，「もう私の力の　及ばぬものだ」と思い定めて，嘆き悲しみをされ。（中略）自分の悲しさ，妄執，憂いを除け。自らを幸福にしたい人は，自らの（煩悩の）矢を抜け。　　　　　　　　　　　　　　　　　（Sn 581-592）

　無常の事実の上に老，死は必然であり，逃れようもない矢である。これは受けないわけにはいかない。それなのに私たちはいたずらに嘆き悲しむ。嘆いたからとて事態は改善されないのだから，嘆くのは無益である。心身をよけいに傷つけるだけであり，だから，嘆くな。私たちを嘆き悲しませているのは「妄執」，つまり，欲望である。それを制御して，せめて二の矢は受けないようにしろ，というのである。

　親しい者の死に対し，あるいは自分の死に直面した時のことに当てはめてみても同様であろうが，「嘆くな」というのはきつい言葉である。非情なまでの合理主義的考え方だが，しかし，そこまで徹底しなくては悲しさと苦の真の克服がないのも事実である。釈尊の自己の問題とは，ここまで徹底して自分の置かれた状況を凝視し，心，ということは欲望だが，それを制御することにつらなる問題だったということである。つまり，釈尊は外から襲いかかる無常の矢を，それは必然のものであるから，それを歎き怨むかわりに自らの心のガードを堅め，苦を乗り越えよ，というのである。苦や悲しさそのものを物理的になくすというのではなく，心の持ち方でそれを乗り越える，というこの姿勢は原始仏典のいたるところに見いだされるし，同時にその後の仏教の一つの基本的考え方といってよいだろう。

　Sn759-760には，色，声，香，味，触，法（考えること＝意の対象となるもの）は好ましく，愛すべく，神々ならびに世人には「安楽」であると認めている。またそれらが滅びる場合には　彼らはそれを「苦しみ」であると等しく認めている，といい，ついで語る。

　（しかし）賢者たちは自分の身体を断滅することが「安楽」であるとみる。（正しく）見る人々のこの（考え）はすべての世界の人々と正反対（paccanīka）である。

他の人々の安楽というものを賢者は苦といい，他の人々の苦というもの
　　を賢者は安楽であると知る。理解しがたい。この法，真実を見よ。無知な
　　人々はここで迷っている。　　　　　　　　　　　　　　　　（Sn761-762）

　賢者とは単なる智慧のある人のことではない。自分の状況を「あるがままに
見」て自我欲望を抑制し，心の平安を得た人のことである。そして，真の心の
平安を得た人の見方は「すべての世界の人々と正反対」だというのである。

　しかし，こうした実践は口でいうほど易しいことではない。だからこそ，釈
尊は先述したように悟りを開いて4週間後に，この法は誰にもわかってもらえ
ないであろうから，と説法を断念しかかったという（SM Ⅵ,1.1.4.）。

　仏教の最初期から，釈尊を含めて指導的比丘たちは，真実を自分の生活には
たらかせ，苦や悲しさを乗り越えるのは一般の人間にとって至難の業であり，
「世間の流れにさからう」ものであることを知っていたのである。なぜなら，
人間は欲望や無知に覆われ，真実を真に見る（すなわち体験的に見る）ことは
できないものだから，というのである。

⑺　自己凝視・「出世間」レヴェル

　こうした例は原始仏典にきわめて普通に見いだされる。つまり，釈尊ないし
仏教の教えは世間の人々の思惟や希望とは相反する心の姿勢を取ることによっ
て，かえって，真の自己の主体的確立を目指す。そのためには世間の人々が当
然のこととして受容している「私」「私のもの」という観念は自我であり，そ
れを否定せよ，と教える。それは一般世俗の人には自己そのものの否定とも受
け取られるに違いない。世俗の社会生活ができるのか，という疑問もあったに
違いない。しかし，それでもなお，釈尊は，そして仏典は在俗の人にも自我の
否定を説いて止まなかった。「自己すでに自己にあらず。いわんや子は自分で
はない。財産も同様である」（ダンマパダ）といった教えは自己否定が在家信
者にも説かれたことを示している。

　在家倫理もこうした姿勢の上に説かれた。しかし，実際問題として，釈尊は
旧来のものとまったく異なる社会倫理を新しく説いたのではない。旧来の倫理
のとるべきものは取り，斥けるものは斥けた。比丘たち修行者に説くほどの徹

底さときびしさに欠け，妥協する点があるのは当然だが，しかし，在俗の人においてさえ，望ましい生き方の基本は自我，欲望を抑制する方向において説かれていたのである。

このようにみてきたときに，釈尊の悟りに基づく教え，すなわち，それがなければ仏教とはいえないという意味での「本義」は「自己の内部を凝視し，自我の否定を通して人間の究極の価値を追求する」ところにあり，その方向にある諸観念や行法，倫理を「自己凝視のレヴェル」にあるものと位置づけたい。

同時にこれは「出世間」レヴェルと呼ばれてよいものと思う。

「自己凝視」というのは叙述的にすぎ，術語としては幾分使いにくい。そこでこの「出世間」という使い古された言葉を用いるのであるが，仏典にしばしば現れる出世間（lokottara, lokuttara）にはいくつかの用例がある。

中村元『広説仏教語大辞典』の出世間の項には次のようにある。「①三界の煩悩を離れて悟りの境地に入ること。またその境地。世俗・世間の対。超越性。世俗を離れた清らかな世界。②真実を求める悟りの修行。解脱のための教え（四諦・六度など）。③仏法の領域」（他の仏教関係の諸辞典も大同小異である）。

先ほどより「教理としてとらえる仏教」といってきたが，上述①の「出世間レヴェルの仏教」を指している。それは，あくまでもひとたびは自我を否定し，それを通して自己および世界をみるという実存的姿勢であり，それは例えば民間信仰的な諸観念や儀礼が自我欲望を満足させる方向において成立している（後述）のと正反対であることを意味している。したがって，出世間とは出家者と在家信者という修行形態で分けるものではない。断食，食物制限，禁欲，出家生活などは仏教の比丘が正しく修行している限りもちろん出世間である。しかし，同じ行法でも，例えば，呪力を得るとか，功徳を積んで生天を望むとかの目的で行なう行法は「出世間」とは認めがたい。

著者はこれを仏教が本義とする宗教レヴェルである，とみてよいものと考えている。さらにいえば，「仏教」の十分条件ではないが，必要条件だと考える。実存的に自己をみつめ，自我を否定するところに真の自己をハタラカせるという「出世間」レヴェルは，ヒンドゥー教にもキリスト教にも見出すことはできよう。しかし，それが「仏教」であるためには，例えば縁起とか，無常，無我などにより示される仏教独自の世界観が信仰体系の枠組として存在すべきこと

は当然である。この枠組の中に教理，教学は時代とともに発展した。修行方法も同様である。しかし，このレヴェルが保持されているなら，それらは仏教の本義を継承しているのである。端的な一例をあげるなら，インド仏教史の後代に現れた密教のマンダラやマントラ（真言）が釈尊の時代やそれに続く時代に仏教の「文化」として存在していなかったことは明らかである。むろん，ヒンドゥー文化の世界では呪術的な観念に支えられた儀礼として存在し，それなりの発展過程をもつ。そして仏教がそれを取入れ，次第に「自己凝視」のレヴェルに「昇華」させたとき，それは仏教の「出世間」レヴェルの行法であると考える。この点については後に再び触れることにする。

5　自我充足・「世間」レヴェル

さて，上記の「出世間」レヴェルに対して，人生の諸段階を通過するときに行われる通過儀礼，祖先崇拝儀礼，大なり小なり呪術的な要素を含む種々の祈願儀礼，あるいは功徳を積んでよき後生を願う考え方などはどのように特徴づけられるのであろうか。

いずれも民俗信仰的な観念と儀礼であり，インド仏教についてみても，仏教興起以前からインドの社会に存在していたものである。これらはすべて人間の「かくありたい」という欲望を満足させる方向において成り立っている。自己を凝視し，自己否定の上に成り立つ観念と儀礼ではない。例えば，誕生式，成人式，結婚式などの通過儀礼は個人の健康，繁栄と幸福を願い，社会の中のしかるべき位置づけと人間関係の円滑さをもたらそうとする機能[12]をもっている。

葬儀も死者の死体処理のほか，遺族，近親者たちの悲しみを軽減し，傷ついた心を救う機能を持つ。上述の Sn の「矢」に見たような実存的諦念とは異なり，悲しさをそのまま受け止め，慰め，軽減させる。祈願儀礼は元来が攘災招福を願う儀礼である。多少なりとも呪術的な要素が常にかかわっているが，呪術とは「何らかの目的のために超自然的存在（神，精霊その他）の助けを借り

て種々の現象をおこさせ，環境を統御しようとする」〔吉田1970，214-15頁〕ものである。かくありたいという欲望をそのまま満足させようという方向において成立している。

　功徳を積んで死後に天に生まれ，あるいは人間界の家柄の良いところに生まれたいと望む観念もインドの原始仏教以来，今日までさまざまな形と度合において伝承されている。これは業・輪廻思想と深くかかわっていて，後章に詳しく論じるところである。基本的には現世の不条理，不平などを過去（世）の業ということで巧みに説明し，同時に今の行為が未来（世）において報いを受けるということでバランスをとる機能を果たしている。善業とは具体的には布施と戒であり，仏教でもこれを否定する必要はない。むしろあるべき行為として積極的に勧めているが，しかし，天に生まれることは輪廻の一環であり，現世の不幸を裏返した形で快楽を保証するものであり，欲望の不満の一つのはけ口である。決して悟りのレヴェルにあるものではない〔舟橋1969，229頁以下〕。

　こうして，上述の諸観念と儀礼は，自我欲望の取扱いにおいて，「自己凝視」のレヴェルとは方向が逆である。上述した原始仏典が賢者の思考と行為が世間の人々と「正反対」だというのは，この意味において，これらの儀礼，ないし，その儀礼を支えている一般的な世界観の特徴を端的に示しているといってよい。それらは「自己以外の何らかの力や存在，観念とのかかわりにおいて自我の充足をはかり，環境の統御をめざす」という意味で「自我充足のレヴェル」にあるものと理解していい。そして，これはちょうど自己凝視のレヴェルを「出世間」と位置づけたのと反対の意味で，「世間」レヴェルであると位置づけることが可能であろう。

6　「出世間」と「世間」の関係―教団の実態―

　仏教文化の諸相を「出世間」「世間」という宗教レヴェルに分けてみてきたが，両者のレヴェルの差は明らかであろう。同時に前者は仏教で，後者は仏教ではない，という意識が仏教文化の歴史においては強い。それだけに，仏教と

32　第Ⅰ篇　序論―インド社会と仏教―

いう教えが社会に定着し，教団が伝承されてきた歴史のなかで，両者は複雑に習合している。それを明らかにすることは文化史的視点から仏教信仰の実態を知ると同時に，仏教教団の歴史的展開を明らかにすることでもある。教団の未来に向けてのあるべき理念と実際とを検討する重要な資料でもあるはずである。

　他の宗教，例えばキリスト教においても同様の問題がある。プロテスタント諸派においては民俗信仰的な要素よりも神への信仰が重要視されている。しかしカトリシズムにおいて民俗的観念はおおらかに信仰体系の中に包摂されている。両者の差は日本の真宗系の新しい教団論においても参照されている。

　仏教文化研究の主要課題として，自我充足つまり「世間」レヴェルの宗教的観念と儀礼がどのように実際にはたらき，「出世間」レヴェルの教えとどのようにかかわるか，という問題は今後明らかにされなければならない。悟りに収斂する「出世間」は仏教の本義である。同時に「世間」は僧俗を含む仏教徒大衆の社会生活における必須の要請である。両者が相互に補完することによって教団は維持され，伝承されてきた。前者は主として教理学的に研究され，大きな成果をあげている。民俗的要素は民俗学において精細に検討されている。しかし両者は別個の研究テーマであり，方法論も異なるものであり，ほぼ無関係に研究されてきた。しかし仏教徒の現実の生活においては両者は複雑に反発，並列，重層化，融合，相互変容している。この視点から「出世間」「世間」両者関係，文化的緊張関係は明らかにされなければならない。それが教団の実態だからであり，ホリスティックな視点からする「仏教」だからである。

　以下の各章において，業輪廻説，良き死後への作功徳，生天思想，功徳の廻施と廻向，呪術と祈願儀礼，について検討してゆく。

註
1)　日本にも同様の例があることは良く知られている。「某，閉眼せば，賀茂河の魚に与ふべし」（親鸞・『改邪鈔』）。「わが宗門におきては，葬礼の儀礼をととのふべからず。里に捨て獣に施すべし。但し在家の者，結縁のこころざしをいたさんは，いらふにおよばず」（『一遍上人語録』）。いずれも遺言通りに行われるはずもなく，こうした発言は仏祖が弟子たちに修行の重要性を強調したものである。

2) インドの仏教徒はヒンドゥー世界に生きていたし，生来のカーストをでていない。仏教徒というカーストも形成していない。ヒンドゥー世界の一員でありつつ，生きる信仰を仏教に求めたものである。仏教は所詮ヒンドゥー世界の中の出来事なのである。したがって通過儀礼などの日常儀礼はバラモン僧が主宰していたし，仏教比丘がかかわる必要はなかったものである。仏教は「如何に生きるか」という信仰を説いたのであり，日常の宗教儀礼はヒンドゥー世界の慣行にしたがって行われていた。宗教レヴェルが違うから両立するのである。現代日本における仏教篤信者が神道儀礼を行っているのと同じである（伊藤・藤井1997，8頁）。

3) 仏典に説かれているから教理だとはいえないであろうが，しかし，多くの仏典に記されているということは当時の教団が公認している「仏教の」思想であろう。その仏典に差別的発言は少なくない。例えば，MN135経（Cūlakammavibhaṅgasutta・「小業分別経」）には，殺生者は地獄に生まれ，AN175経，『ヴィナヤ』（Ⅳ，6頁）などにも差別的な発想が当然のことのように記述されている文例は仏典に少なくない。

4) 『教学研究所紀要』5号「業問題特集」，浄土真宗教学研究所，1996

5) 東南アジアでも同様である。石井米雄博士はタイの仏教を中心として研究し，広く東南アジアに定着しているテーラヴァーダ仏教を出家者と在家者の二重構造として捉える。出家者は自らの救いが約束されていると同時に，民衆のために功徳をつませる者（福田）としてのエリート宗教者である。在俗生活の民衆は現世の幸福を追求し，功徳をつんで良き来世を求め，救いを未来に求める。「それは全く異なった原理に基づく，二つの宗教の複合によって成立する」と分析されている。（『世界の宗教8　戒律の救い』淡交社，1969）

6) 最近の研究は葬祭の宗教的・社会的救済の機能を論じ，今後の研究の新しい方向を示している。曹洞宗総合研究センター編2003など。

7) 例えば，『伝道院紀要〜習俗・俗信特集号』29〜30号，浄土真宗本願寺出版部，1984・1985。大村英照・金児暁嗣・佐々木正典『ポスト・モダンの親鸞〜真宗信仰と民俗信仰のあいだ』同朋社，1990。佐々木正典『親鸞と教団の復活』永田文昌堂，1991。佐々木宏幹・大村英昭・中村生雄『宗教時代への挑戦〜仏教カトリシズムをめざして』春秋社，1993。
前註6の浄土宗及び曹洞宗所属の研究所が関わっている葬祭に関する出版2冊も，葬祭を教理と民俗の両者から論じる視点にたっている。

8) なお，本論文については〔奈良1971〕参照されたい。

9) 前註5）の石井米雄博士の分析も参照されたい。

10) 宮坂宥勝博士は「釈尊は縁起の理法をいったのではない。縁起の理法などではなく，縁起している万象の総体をすきまなく，つぶさに，慈悲をもって見通したのであった」と言われている（『大法輪』平成11年5月号，87頁）。賛成である。

11) ただし，釈尊には「修即証」という教理はない。それは後代の大乗仏教，特に道元

までまたねばならない。

12) 『文化人類学事典』は身分が変わったことへの自覚の促し，共に儀礼に参加した者の仲間意識の助成，メンバーの死や結婚による社会関係の変化の調整，連帯感などを通過儀礼の機能としてあげている。

第2章　仏教を支えたヒンドゥー世界の社会と文化

1　ヒンドゥー世界

　釈尊はヒンドゥー教の世界に生まれ育った。ヒンドゥー世界の生活文化の中に生きつつ，従来にない新しい宗教信仰を唱道した人である。弟子や信者たちも同じくヒンドゥー世界の住人である。ヒンドゥー教徒としてのカーストに属してその慣習を守りつつ，釈尊の教えを信奉し生きていた。すなわち，仏教はヒンドゥー世界のなかに成立し発展した宗教である。ヒンドゥー世界を離れたところに独立の仏教徒の世界があったわけではない。

　「ヒンドゥー教」は宗教ではあるが単なる宗教の域を脱する。それはきわめて複雑な性格と構造をもち，簡明な定義を下すことはほとんど不可能である。仏教やキリスト教のような「世界宗教」と違って，特定の開祖はなく，それを特徴づける特定のイズムもない。というより考え得るほとんどすべてのイズム，主義，思想がヒンドゥー教の中に包摂されている。一方にウパニシャッドから六派哲学に代表される高度の哲学があり，一方には低俗な庶物崇拝からシャーマニズムもある。教義にしても，単一な形で全ヒンドゥー教徒に受容されるものはなく，最も基本的な業（カルマン）説でさえ，南インドのリンガーヤタ派では拒否する。解脱に達する方法も多様であれば，神々もまた多彩を極める。その属する社会集団，とくにカーストにより生活方式が違い，宗教的義務，責任，そして倫理も同じではない。しかもなおすべての人がヒンドゥー教徒であり，ヒンドゥーとしての一体感を保持している。

　ヒンドゥー教とは「インド人の生き方といってもよい」〔立川2014，4頁〕ものであり，「ヒンドゥー教」というよりは「ヒンドゥー世界」という方が現実に近い。

　そして，仏教はあくまでもヒンドゥー世界の中での出来事である。

　ヒンドゥー教の定義は複雑であり，視点の置き方によってさまざまに主張さ

れている。最狭義には8，9世紀以降の宗派的，学派的ヒンドゥー教諸派を指すといい，最広義には仏教やジャイナ教をも含むインド亜大陸の宗教全体を指す用法もある。また西暦320年にグプタ王朝が成立し，伝統的なバラモンの宗教観念や儀礼などが再認識され，広く行われるようになった以降をヒンドゥー教と呼びたいという説もある。そして現在，一番良く主張されているのは，前5，4世紀をおおよその境にして，それ以前のバラモンを中心とした特異な宗教・文化の体系をバラモン教といい，これが転化発展した形をヒンドゥー教と呼ぶ，というものである〔井原1943，125頁以下，金倉1934，1頁以下〕。

　しかし，最近はそれが見直されている。

　現代のヒンドゥー世界の実態をみ，その起源，成立を過去にさかのぼって求めてゆくとき，ヒンドゥー教とは前15世紀以降のアーリア人とムンダー人，ドラヴィダ人など先住民たちとの接触に始まるものとみるのが歴史的現実にもっとも即している。

　歴史的にも，また現代のヒンドゥー教においても，アーリア人に由来する文化はきわめて大きな位置を占めている。ヴェーダ文献の意義，バラモンの権威，ホーマ（護摩）儀礼，『マヌ法典』を初めとする伝統的「法典」類の影響，サンスクリット語の重要性，ヵースト・ヴァルナ制度の存在，「四姓と四住期の法（ダルマ）」，などは，多分に先住民の影響をうけているにもかかわらず，古代よりヒンドゥー教の根幹をなしている。

　同時に，今日の多彩な神〻の信仰と神話，プージャー（pūjā）を中核とする礼拝儀礼，業・輪廻の観念，ヨーガの伝統，河川崇拝や動物崇拝，さまざまな民俗儀礼などはいずれも先住民の生活文化に端を発している。これらもまたヒンドゥー教の中心的要素である。アーリア系の文化と複雑に習合し，且つ相互変容している面はあるものの，その独自性は失われていない。

　アーリア文化と先住民文化とは，接触した時点から，不断に，並列，重層化，さまざまな度合いにおける融合と相互変容のプロセスをくりかえしながら，ヒンドゥー教を発展させてきた〔奈良1967〕。そして仏教の成立と発展，伝承も，こうした古代ヒンドゥー教，ないし初期ヒンドゥー教の形成発展のプロセスの中に巻き込まれ，その姿を明らかなものとしてきている。

2　釈尊時代の社会状況

　以下に，あくまでも仏教の形成，発展の視点から，それにかかわるヒンドゥー世界発展，展開の概略をみておきたい[1]。

　前1500から1000頃の数百年（前期ヴェーダ時代）にアーリア人は西北インド，パンジャーブ地方に定着し，先住民との混血，文化的融合がすすんでいた。『リグ・ヴェーダ』には彼らが農耕文化を取り入れたことが記されている。

　つづく前1000から600年頃（後期ヴェーダ時代）にはヒンドゥー文化は北インド中央のガンジス河とヤムナー河中流域に発展，特異な文化を成立させた。他の3「ヴェーダ」（本集）も成立，ブラーフマナやウパニシャッドと称される一群の文献も成立して，広義のヴェーダ文献と称せられる。祭式と深く関わりつつ，神秘主義的な宗教信仰と思想も樹立されている。これは釈尊（前5〜4世紀：伝承により約百年の差がある）の宗教，思想を育む役割をも果たしている。少なくとも，釈尊はウパニシャッドの思想を知り，影響を受けつつ，独自の宗教思想と実践を説いている。

　この時代にはすでにアーリアという言葉はアーリア人のことではなく，アーリア人を主体としつつも豊富に先住民文化を含む上層クラスの「生活様式」を指すものとなっていた〔コーサンビー1966〕。それだけに伝統的アーリア文化の純粋性を保ち，維持したいと願うバラモンたちの動きがあり，その一つが四姓（ヴァルナ）制度の主張だった。彼らは自分たちの伝統的な社会通念と，ある程度の現実に即して，次第に四姓制度を主張し始めた。四姓の「姓」はヴァルナ（varna）で，これは皮膚の色のことである。すなわち，四姓制度にはアーリア人と先住民の皮膚の色の差が意識され，両者の系統とそれに伴う文化の差が読み込まれているものであった。

　特に最上位のバラモンたちは自らの司祭する祭式執行の呪力を練り上げ，ことさらに儀礼を複雑なものとして一般人のうかがい知ることの難しいものに仕立て上げていった。政治，経済，社会など日常生活の隅々にまで祭式は大きな影響力を持ち，それを独占するバラモンは宗教面ばかりか社会的にも強い影響力を持ち始める。ここに「祭式万能」「バラモン至上」を二大旗印とする〔辻

1953〕特異な文化が形成されてきた。

　経済や社会の面でも大きな変化がみられる。

　まず経済面ではおおよそ前800年ころに鉄の使用が始まっている。鉄の使用により農機具やその他の道具は改善され，これはジャングルの開墾や農産物の増大に大きく貢献した。手工業的な製品の増産にも役立っている。耕地は増え，土地を保有する豊かな農民層の出現に連なっていった。

　豊富に生産され，自給自足の範囲を超えた製品は商品化され，ここにそれを売りさばく商人クラスが出現する。彼らは盗賊や交通の不便さなどの困難を乗り越え，村や町の間を往来して交易を行った。次第に彼らは武力を持った王族と結び，交易路の安全をはかった。彼らは武力によって保護され，交易の利をはかると同時に，王族たちは財政的な恩恵に浴することができた。陸路や河川を利用する交通路は次第に開け，市場が出来，市場を中核として町，そして都市が形成された。こうして旧来の閉鎖的な農村社会とは異なる新しい都市社会が発達し，それなりの新しい文化と価値観が形成されることとなった。

　政治的にみれば，村落，町などのいくつかを包含して国家が成立している。最初は一部族の支配の範囲が拡大した部族国家が多かった。しかし，上述のような経済的，社会的な変革にしたがって部族国家は再編され，軍隊と官僚組織をもつ専制的な王国が登場してくる。

　仏典は釈尊の時代に「十六大国」のあったことを告げている。そのうちマガダ国（首府は王舎城），コーサラ国（首府は舎衛城）などは強力な王国だった。釈尊はこの二つの大都市の間を何遍も往復して説法している。一方釈尊の国であるシャカ族の国とか，釈尊を外護したことで知られるヴァッジ族の連合国家（首府はヴェーサーリー）は部族国家である。長老たちが集まって事を議する共和制的な運営を行っていた。

　こうした状況の下に，国家の域を越えた通商，経済行為が発達した。貨幣経済は一般化し，都市には商工業者のギルドも生じた。組合長や資本家，王族たちを中心に社会の上層部クラスが形成された。釈尊を外護したのはこうしたクラスの人たちだった。王舎城に竹林精舎を建立したマガダ国王ビンビサーラ，舎衛城近郊に祇園精舎を寄付したスダッタ長者（給孤独長者）などの名前があげられる。

40　　第Ⅰ篇　序論―インド社会と仏教―

3 バラモン教とヒンドゥー教

こうしたバラモン中心の宗教文化をバラモン教（Brahmanism）と呼ぶことも
ある。そして，これが先住民文化の影響を受けて，前6，5世紀頃に「転化」
ないし「展開」してきたのがヒンドゥー教（Hinduism）だという主張もかなり
一般的である。例えばオランダのゴンダは，前6，5〜後4世紀までを「初期
ヒンドゥー教」（yungere Hinduismus）と呼んでいる〔Gonda1960〕。

しかし，これは誤解を招きやすい表現である。なぜなら，第1に，両種文化
の融合，相互変容はアーリア人と先住民文化が接触した当初から不断に行われ
続けていたものである。バラモン教と呼ばれるものの内容を示す文献はヴェー
ダ語，サンスクリット語で書かれ，アーリア系の人たちの手になるものである。
それだけに「先住民とかれらの文化は無視されないまでも，いちじるしく従属
的なものとして扱われることが多かった。しかし視点を変えてみるならば，
「古代」という時代を，数の上では圧倒的に多かった先住民がアーリア人とそ
の文化を包み込み，渾然一体としてヒンドゥー文化を生み出していく過程とと
らえることができる」〔山崎1997，31頁〕ものであった。

アーリア人と先住民の両種文化の融合は両者の接触した時から始まっていた。
その融合の実態が文献に顕著な形で説かれるようになったのが，前6，5世紀
以降だということなのであって，この時代にバラモン教がヒンドゥー教に急に
「転化」したわけではない。長年にわたる両種文化の相互交流のプロセスその
ものは，同質のものとして，前6，5世紀以降のヒンドゥー世界の発展へとみ
ごとにつながっているのである。文献に書かれていないからといって，両種文
化の相互変容，発展の事実を否定することは出来ないものであろう。

第2に，バラモン教がヒンドゥー教に「転化」というが，ヒンドゥー教とは，
今日，人びとの社会生活から信仰，儀礼，そして思想などのすべてを含む「世
界」をひっくるめて呼ぶものである。Hinduismというと一つの思想体系のよ
うに思われるが，独自の哲学思想から庶民の民俗，生活慣行のすべてを含むも
ので，「世界」であるという方が正しい。

古代インドでも同様であって，文献に記される思想のみがヒンドゥー教なの

第2章　仏教を支えたヒンドゥー世界の社会と文化　*41*

ではない。古代インドにおいて，「バラモン教がヒンドゥー教に転化した」というなら，バラモン教とはアーリア系，先住民系の人びとの生活のすべてを含んだものと解さざるを得ないであろう。しかし，実際には，バラモン教の内容はアーリア系の文化として形成された特異な宗教文化であって，人びとの全生活を包む「世界」ではない。バラモン教とは初期ヒンドゥー教の一部である「ヴェーダの宗教」だといっていいし〔宮元2002〕，アーリア的な「宗教文化」をのみ指すものと理解することが正しい。

　そして，実は，バラモン教自体も，こうした（広義の）ヒンドゥー教，ヒンドゥー世界を成立，発展させていくプロセスを分担しているものだった。ヒンドゥー世界とは北西インドに成立した世界が拡大し，種々に異文化を飲み込みつつ展開していったプロセスの総体を呼ぶものとみていい。そしてある時代・地域のヒンドゥー世界が新しい社会グループをヒンドゥー化していった時，そのヒンドゥー化の基準となるのは「カースト・ヴァルナ」制度（次項参照）を取りいれたか否か，だったのである。

　その意味では，古代インド仏教もそうしたヒンドゥー世界の発展の一部として展開していった「文化」なのである。仏教とは単なる教理，思想体系ではない。

4　カースト・ヴァルナ制度

　仏教とヴァルナ制度も相互に深く関わっている。

　ヴァルナ制度のバラモン，クシャトリヤ，ヴァイシャ，シュードラの四姓はしばしば現代のカースト制度と同一視されるが，両者は区別して考えるのが正しい。

　カーストとは16世紀にインドに来たポルトガル人がインド人の特異な社会制度を「カスタ」という純血を意味する言葉で呼んだことに由来する。インド語ではジャーティ（jāti）といい「生まれ」を意味する。今日のカースト制度は族内婚（但し近親結婚は許されない），食事を共にする権利，世襲の職業の三者を特徴とする閉鎖的な社会集団である。この３つの特徴を支えるのは宗教的

「浄・不浄」の観念であり，不可触の習慣的ルールもある。現在，インドには二千数百のカーストがある。

　カーストの成立は釈尊よりも古い時代にさかのぼる。前10～6，5世紀にかけて，さまざまな理由から，種族，部族，職業集団などが中核となって，カースト，より正しくはジャーティ集団が成立してきた。現代のカーストと同様の特徴を備えていたことが知られている。

　一方，アーリア人の中の指導的立場にいたバラモンたちが主張し始めたのが四姓制度であって，最下位とされるシュードラは元来非アーリア系の一部族の名前で，これが一般名詞として原住民の代表とされたことは，彼らがアーリア人社会の下層にくみこまれたのがかなり古い時代だったことを示している〔コーサンビー1966〕。

　バラモンたちにとって，四姓制度は世界のあるべき社会像である。だからこそ「第五のヴァルナ」はないと断言する。そこで，現実に生じているジャーティ，つまりカーストを，彼らは四姓の間の雑婚によるものと位置付けた〔岩本1982〕。すなわち，理念としての四姓は現実のジャーティ集団を包み込む枠組みとして機能することになった。そして両者は不即不離に関わりつつ，ヒンドゥー社会を構成する骨格として今日にまで発展してきている。したがって両者は別々のものとみるのではなく，「カースト・ヴァルナ制度」として理解すべきである，とも主張されている[2]。

　北インドに成立した原始ヒンドゥー教は次第に東，西，そして南インドに展開し，新しい部族，種族をヒンドゥー世界に吸収していった。その際，ヒンドゥー化した目安はカースト化だった。バラモンについてみるなら，非ヒンドゥー，つまり非アーリアの先住民の司祭クラスがバラモンとして組み込まれた。すでにヴェーダ文献の古層にもそうした非アーリア系のバラモンの名前が知られている。また，釈尊のもとで出家した弟子たちにはバラモン・ヴァルナ出身者は少なくないが，彼らは非アーリア系の背景を持つものが多かった。十大弟子をも含む多くの仏弟子の中には，例えば，サーリプッタ（Sāri-putta,〈Sārī 女の息子〉舎利弗）やモッガリプッタ（Moggali-putta,〈Moggalī 女の息子〉・目連）のように，「何某女の息子」という名前をもっているが，これは母系制

社会の慣習であり，非アーリア系出身の恐らく「混血バラモン」であることを明らかに示している。十大弟子のうち4人はシャカ族出身のクシャトリヤであり，スブーティ（須菩提）はヴァイシャ出身である。他の5人がバラモン出身であるが，上述のサーリプッタ，モッガラーナのほか，プンナ・マンターニ・プッタ（富楼那），カッチャーヤナ（迦旃延），カッサパ（摩訶迦葉）の5人はすべて母系制社会の出身である〔岩本1989〕。

また広い地域を支配するグループは自らをクシャトリヤと称しつつ，アーリア社会に組み込まれていった。ラージプート族のように，5世紀以降に中央アジア系の種族や土着系の種族がクシャトリヤと自称しつつ発展したグループもある（『南アジアを知る事典』）。

釈尊のシャカ族がクシャトリヤだというのもこうした経緯で理解される。最近の研究ではシャカ族も，チベット・ビルマ系の人だったのではないかという説が有力になっている〔岩本1988，辛島1996，山崎1997〕。

またアーリア系，先住民系の人であっても一般の人，特に商工業，牧畜などに従事するものはヴァイシャとされた。ヴァイシャとしての「生まれ」なのではなく，人為的にそう位置付けられたのである。

シュードラに位置付けられたのは先住民系の人が多かったのはいうまでもないが，アーリア人社会から脱落した人たちのいたことも知られている。歴史的には上位3ヴァルナに隷属的地位だったが，後には主に農業に従事した人びとを指し，隷属的な意味は軽くなっている。しかし，この前600年頃より以降には，狩猟や革製品を扱う部族民たちがシュードラの下に位置付けられ不可触民の扱いを受けるようにもなっている。仏典にはチャンダーラという不可触民グループの名前がよく出てくる。

四姓制度はすぐれて差別的な身分制度である。それを端的に示すのが「四姓の法（ダルマ）」という観念である。

「四姓と四住期の法」（varṇa-āśrama，dharma）という理論がある。「四住期」とは，人間の一生を四期に分ける制度であって，勉学に専念する「学生期」，結婚して家業をつぐ「家住期」，家業を子供に譲って世俗を離れ，宗教的生活を送る「林住期」，そして一所不住の生活にはいる「遊行期」である。上位3ヴァルナ，特にバラモンとクシャトリヤという社会上層クラスを念頭においた

ものだが，それ以上に，現実に機能していた制度ではなく，理念的なものである。

このほかに「四姓と地方の法」(varṇa-deśa-dharma) ともいい，各地方および そこに住む人びとの特徴に応じた法を守ることが要請されている。インドは広大であり，人種や部族，言語，文化を異にする多くの人びとが住んでいる。したがってそれぞれの地方，ということは異なる生活文化を持つ人びとを，同一の生き方で律することはできない。それぞれに異なる倫理や義務，権利，生活様式を尊重し，それを「法」，ダルマと定め，それを守ることが平等の生き方であることは理解できよう。

現代インドでも，インド人は憲法のもとに平等であるが，同時に，例えば「ヒンドゥー結婚条令」(The Hindu Marriage Act)，「インド・クリスチャン結婚条令」(The Indian Christian Marriage Act) とか，あるいは「イスラム相続法」(The WAKF Act) のように各宗教グループ独自の慣習法を認めているのも，伝統的な「地方の法」尊重を受けついでいるものである。インドはしばしば「多様性の統一」といわれる。多様なるものを統一する原理の一つはこうした種々の差異を統合する枠組みとしての「ダルマ」に求められよう。

しかし，「四姓の法」は同時に差別を公認する機能をも果たしている。四姓それぞれに異なるダルマがあり，それを守ることが個人の幸福と社会の秩序を保つことに連なる，という。しかし，平等を建て前とするダルマの枠組みの中に差別が包み込まれており，差別を容認するメカニズムにもなっている。

仏教はカースト・ヴァルナ制度を理念としてはきびしく非難するものの，現実にはその制度の枠内にとどまっている。ヒンドゥー世界内における仏教の限界というべきである。これは次章にてあらためて論じる。

5 仏教徒の社会

釈尊，そして最初期の仏教を支えたのは，社会のどういうクラスの人たちだったのだろうか。

悟りを開いた釈尊はまずベナレス（現ヴァーラーナシー）郊外の鹿野苑に赴き，

法を説き始める。元の修行者仲間の5人を悟らせ，次いで豪商の息子のヤサや
その友人たちをも出家させて比丘（bhikkhu）とし，ここに仏教教団が成立した。
ヤサの両親たちも帰信し，釈尊および教団の信者となった。後に優婆塞
（upāsaka），優婆夷（upāsikā）と呼ばれるようになる信者集団の成立である。そ
して教団発展のすこし後代には比丘尼（bhikkhunī），女性の出家者もあらわれ，
ここに所謂「四衆」，比丘，比丘尼，優婆塞，優婆夷が成立し，仏教教団を支
え，仏法を伝承していくこととなった。

　彼らは古代ヒンドゥー社会のどのようなクラスの人たちだったのだろうか。
これは釈尊および仏教教団が当時の社会に，いかなる価値観を与え，何が期待
されていたのか，そしていかなる特徴を持つ宗教教団として機能していたかと
いう問題にも連なっている。

　仏教が成立した時代にはヒンドゥー世界の四姓制度，カースト・ヴァルナ制
度はほぼその骨格をあらわし，時代とともにその理論的制約をきびしくして
いった時代である。カースト（ジャーティ）は実質的な集団として存在してい
た。それを理論的に包み込む枠組みとしてのヴァルナ制度も半ば実質的に，半
ば建て前として社会に定着していた。仏典にもヴァルナ・ジャーティ制度は，
主としてヴァルナを強く意識しつつも，さまざまに記述されている。

　仏典には仏弟子たちや信者たちの出身ヴァルナがしばしば述べられる。文言
上に明らかに記されないまでも，その人の職業や生活様式によって所属ヴァル
ナが推定出来る例も少なくない。いくつかの研究があるので，それを紹介しつ
つ当時の仏教徒の社会層を検討することにしたい。

　原始仏典の比較的後期に属するAN1巻14章およびそれに対応する漢訳『増
一阿含経』巻3，第四〜七品に仏弟子の出身ヴァルナが纏まって示されている。
さらに西暦以降に属するが，「アヴァダーナ」という仏教説話文学の膨大な一
連の作品があり，その一つの『スマーガダ・アヴァダーナ』（Sumāgadāvadāna）
にも同様の資料がみえる。その三者を比較すると次のようになる〔岩本1988，
13頁〕。

	パーリ語所伝	漢訳	S. アヴァダーナ
ブラーフマナ	23名（56%）	59名（58%）	11名（58%）
クシャトリヤ	9名（22%）	26名（26%）	5名（26%）
ヴァイシャ	9名（22%）	16名（16%）	3名（16%）
シュードラ	0名	0名	0名

　岩本裕は成立の時代と場所，伝承が異なるにもかかわらず，三者がほぼ同様の比率を示していることは仏教教団全体のヴァルナ出身比率を示していると見，仏教教団の修行者の半数がバラモン出身であること，シュードラがいないという特徴を指摘する。

　原始仏典初期に属するテキストとして『テーラガーター』『テーリーガーター』という作品がある。テーラ（thera）とは長老と訳され，悟りを開きあるいは修行の進んだ修行者である。テーリー（therī），は尼僧である。この両作品は仏法に精通した修行者たち（長老は264人，長老尼は92人）の悟りの心境と悦び，修行の辛さとその意義，自分の出家以前の来歴などを述懐した詩偈の収録である。中国禅僧の「語録」のような趣があり，原始仏典としてはユニークなテキストである。その両者をまとめて出身ヴァルナ（とその出身地）を整理すると次のようになる〔田上1990，495-97頁〕。

ブラーフマナ	97名（27%）	→	97名（32%）	
クシャトリヤ	70名（20%）	→	70名（23%）	
ヴァイシャ	162名（46%）	→	112名（37%）（除く・ヤサの友人50名）	
シュードラ	5名			
不可触民	22名（ 8%）	→	27名（ 9%）	
総計 356名			（総計 306名）	

　（右欄のヤサの友人50名を差し引いたのは，釈尊の初転法輪の際，ヤサという青年の入信にともない，その友人50名が出家したと伝えられている。しかし，作為の形跡が強く，田上博士も注意して扱うべきであることを述べている）

第2章　仏教を支えたヒンドゥー世界の社会と文化　*47*

さらに，舎衛城（Sāvattī）市は当時の大国コーサラの首府であり，祇園精舎のある大都市である。釈尊はしばしばここにとどまり，教化の中心地でもあった。この町およびコーサラ国出身の出家，信者の統計もあり，それによると，次のような数字が知られている[3]。

	出家者（男女）	在俗信者（男女）		計（出家&信者）
ブラーフマナ	49名（44%）	13名（39%）	62名（43%）	＊ 9名
クシャトリヤ	7名（ 6%）	7名（21%）	14名（10%）	＊ 1名
ヴァイシャ	47名（42%）	13名（39%）	60名（42%）	＊12名
シュードラ	8名（ 7%）	0名（ 0%）	8名（ 6%）	＊ 3名
総　計	111名	33名	144（名）	

　こうした数字を見るとき，諸研究者が一致して指摘しているように次のような特徴を見ることが出来よう。

　まず教団を構成する修行者（比丘・比丘尼）は約半数がバラモン・ヴァルナ出身者である。ここに留意しておくべきことはバラモン出身者がすべて僧職ではないことである。すでにヒンドゥーの法典類は生活が苦しいときはバラモンとしての浄性を損なわない限り世俗の職業につくことを許しており，実際にも，シュードラ以外のいかなる職業にもついていたのである。しかし同時に当時の社会にあっては，それなりの知識と教育を受けたものが多く，それだけ仏教教団の知的レヴェルを支えていたものとみてよいものであろう。

　次に，クシャトリヤとヴァイシャが合計で半数に近く，しかも両者を比較すればヴァイシャの方が圧倒的に多い。仏教教団の外護者にはたしかにマガダ国のビンビサーラ王（竹林精舎を寄進した）やコーサラのパセーナディ王のような王族もいたことは疑いない。同時に祇園精舎を寄進したスダッタ長者をはじめ，仏典は多くの資産家たちが教団を護持したことを伝えている。釈尊の説法の対象も，社会の上位を占める商人，組合長，富裕な家の青年男女，地主などが圧倒的に多い。原始仏典において，釈尊はしばしば聴衆に向かって「クラプトラよ」（kula-putra），「クラプトリーよ」（kula-putrī）と呼びかけている。クラとは「家柄」「家」の意であり，この場合は富裕の家に属する息子（プトラ）

48　第Ⅰ篇　序論─インド社会と仏教─

や娘（プトリー）のことである。良家の子女というほどの意味である。因みにこの言葉は後に善男子，善女人と漢訳され，大乗仏教経典では信仰を持つ男女を指すように意味が転化している。

　こうした呼称から見ても釈尊を支え，初期の仏教は社会の上層部に信奉されていたのであり，都会型の仏教だったのである。

　この問題に関して，出家や信者にシュードラとして位置づけられ，社会の下層に属する者が少ない事実はどう受けとめたらいいのか。仏教の文化史的研究に大きな功績を残した岩本博士は次のように推測する。四姓平等を旗印としたとはいえ，上位階層者の下層者への差別意識は強い。逆に下位階層の者の上層者への劣等感もあったろうことがシュードラ出身の仏弟子，信者が少ないことの理由である〔岩本1988，13-14頁〕。

　しかし，私は別に考えている。これは確たる証拠を挙げ得ない問題であるが，当時の社会のありように関わっているのではないであろうか。私がインドに留学した翌年の1961年の国勢調査ではインドの識字率は僅かに17.6％だった。その中でインド母語と同時に英語も話せる人はおそらく１〜２％である（統計を見出し得なかった）。しかし，インドのどの分野においても指導的立場にある人はほとんどが英語を話せる。つまりあの広大なインドをリードしているのは一握りの英語を話せる人たち，ついで文字の読める人たちだといっていい。中産階級と称し得るクラスはなく，社会のすべての分野にわたって三角形型の文化は形成されていない。むしろ旗竿型文化であって，一握りの上層クラスの人が旗竿を構成し，一般大衆はそれを支える大地にあたる。古代日本の貴族を中核とする社会文化の在り方も同様であったろう。両者の社会的経済的格差は大きく，生活文化の差はきわめて大きい。釈尊は自らが旗竿のトップにいた人である。その教えに関心を持ち，学び，出家し，教えを聞く人たちは同じ旗竿の部分にいて，相互に関心を分かち合えるクラスだったにちがいない。釈尊がヴァルナの差を超えた人間平等を説いたことは事実だが，現実の問題として，釈尊の教えに心が引かれ，教えを聞き，導かれる大衆は少なかった。そうした社会の在りようが上述の社会の上層クラスに支持された仏教の状況を説明し，かつ，シュードラ出身の出家者や信者が少ない事実に反映しているとみていいものと考えられよう〔奈良1979，321-22頁〕。（なお，現代インドでは識字率は７割を超え，

第2章　仏教を支えたヒンドゥー世界の社会と文化　49

中産階層といえる階層も成立し，事情は大いに異なっていることを付言しておく）。

　なお，カースト・ヴァルナ制はきわめて差別性の強い制度である。釈尊は，そして仏教を受け継いできたエリート比丘たちはどう理解していたのか。これも仏教徒の生活文化に深くかかわる問題であり，次章において別個に論じることにしたい4)。

　註
　1)　以下の叙述は主として〔奈良1979，対話〕に拠っている
　2)　前掲拙著『仏教史 I』，13頁以下．なお，荒松雄博士は「カースト＝ヴァルナ制」という新しい呼称を提言され（『ヒンドゥー教とイスラム教』，岩波新書，1977，72頁以下），山崎元一教授は「カースト制度」とはヴァルナという大枠とその枠組みの内外に存在する多数のジャーティ集団を含むものと理解されている（『インド社会と新仏教―アンベードカルの人と思想』，刀水書房，1977，183頁）。
　3)　中村元『ゴータマ・ブッダ』中村元選集決定版11巻，春秋社，706-20頁．赤沼智善『釈尊』314-26頁の資料を整理したもの：最後の＊印を付した数字は舎衛城という町以外の，つまりコーサラ国の地方からの出身者内数。
　4)　当時の「仏教徒」の意味や，ヒンドゥー社会との関係については，さらに，拙著『仏教史 I』，318-29頁を参照して頂ければ幸甚である。

第3章　平等思想

1　仏教と人間平等

(1) 問題の所在

　カースト・ヴァルナ制度は明らかな身分差別思想に基づいていることは前に
みたとおりである。釈尊も，そして釈尊以降の仏教伝承も，理念として差別を
認めないし，カースト・ヴァルナ制度に反対の姿勢を表明している。すなわち
仏教は平等思想を説く宗教であるとされている。そのとおりであるが，原始仏
教以来のインド仏教における平等思想にはさらに検討すべき問題が含まれてい
る。それを明らかにしないと正しい理解は得られない。

　仏典はまずカースト・ヴァルナ制度の最上位とされるバラモンが無条件で浄
く，すぐれた存在であるとすることへの強い批判をしている。同時に最下位に
位置付けられている不可触民に対しても，「生まれ」によって差別さるべき理
由はなく，人間はすべて平等であることがしばしば説かれている。
　MN93経において，バラモンのアッサラーヤナ青年はバラモンこそ最上の
カースト（jāti：ジャーティ）であり，白いカーストであり，浄いものであり，
梵天の相続者であり，他のカーストはしからず，と主張する。これに対して釈
尊は反論する。バラモンも他のカーストの者も母胎から生まれるが，すべての
女性には同じく月経，妊娠，出産，授乳があるではないか。殺生などの悪行を
行うクシャトリヤ，ヴァイシャ，シュードラはいるが，バラモンにも同じく悪
行を行う者がいるではないか。善行にしてもバラモンだけが行うのではなく，
他のカーストにも善行者はいる。怨み心なく慈悲の心を修するのはすべての
カーストの者に共通している。川で身体を洗えば肉体の汚れが落ちるのはすべ
ての人が同じだ。王族やバラモンが樹木の木から火をおこし，職人，チャン

第3章　平等思想　　*51*

ダーラ，清掃人など不可触民の家に生まれた者がゴミ箱の木から火をおこしても，火は火で同じく燃え，輝くではないか。バラモンの男（女）と王族の女（男）との間に生まれた者は両親と同じくバラモンあるいは王族と呼ばれるが，それでは馬と驢馬の間に生まれたものを何故騾馬と呼ぶのか。釈尊はまた，アッサラーヤナ青年に，父は異なるが母を同じくするバラモン兄弟の一人が聖典に通じ，他はそうでないとき，前者に食事を供応する方が大きな果報を得る。しかし，聖典を読誦しても戒を守らない者より聖典を知らずとも戒を守る者への供養がより大きな果報を得ることを認めさせ，生まれよりも正しい行為（業）が大切であることを説くのである。

　ここではバラモン以下の四姓が明らかにジャーティという言葉で示されていて，両者が同質のものであり，「生まれ」にかかわるものであることを示している。そして同じ人間として異なるところがないことを挙げて，四姓の平等を説いていく。

　Dn27経「アッガンニャスッタンタ」も同様の論旨を展開している。

　そして西暦2世紀の『ヴァジュラスーチー』（Vajrasūci：『金剛針論』）は短編ながら，四姓平等論を展開する。ヒンドゥー伝承のヴェーダ文献や叙事詩，法典類などの記述を引用しながらその矛盾を突いて，四姓制度の意味なきことを鋭く説くものであり，論旨は明快である。

⑵ 職業的行為としての業

　四姓制度の根幹は四姓が「生まれ」によって定まっているということである。それに対して，仏教は人間は生まれによって異なるものではない。四姓とは同じ人間に付された異なる名称でしかないと主張する。

　最初期の仏典の一つであるSnは次のように明快に「生まれ」（jāti：ジャーティ）によって四姓が定まることの矛盾を指摘している。虫，鳥，魚などには多くの種類があり，それぞれに異なっているが，それはすべて生まれ（jāti）が異なっているからである（Sn600-610）。しかるに人間にはその違いはない。人間はすべて同じである。「人間の間で区別の表示が説かれるのは，名称（sāmañña）によるのみ」（同611）である。

こうして四姓のいずれに属する者であろうとも，すべては同じ「人間」である。そしてバラモンとか不可触民だとかいうのは「生まれ」によって定まるものではなく，業（kamma）によるものだと主張する。

　　生まれによって（jaccā）バラモンなのではない。生まれによってバラモンならざる者でもない。業によって（kammanā）バラモンなのであり，業によってバラモンならざる者なのである。　　　　　　　　　　　　　（Sn650）

　　業によって農夫なのであり，業によって職人である。業によって商人であり，業によって雇い人となる。　　　　　　　　　　　　　　　　（同651）

　　業によって盗賊であり，業によって武士であり，業によって司祭者であり，業によって王である。　　　　　　　　　　　　　　　　　　　（同652）

　　（中略）

　　苦行，梵行，自制，そして自戒，これは身に備わることによってバラモンなのであり，それが最高のバラモンの在り方である。　　　　　　（同655）

　業とは kamma（サンスクリット語は karman）であるが，この語には基本的には２つの意味がある。一つは「行為」である。第２はその行為が後にまで何らかの影響を及ぼす潜在的な力（業力）ないしそのはたらきである。したがって原文理解には脈絡によって両者を弁別する必要があるが，実は両者は不即不離に結びついていることが多い。それだけに一度どちらかの訳語をつけてしまうと，他のニュアンスは失われる。訳語としては「業」と訳し，各脈絡に応じてその内容を明らかにすることが望ましい。そして上の引用文における「業」は明らかに「業力」ではなく，「行為」という意味で理解していいものである。

　その理由はまず，655偈にバラモンであることの条件は苦行や有徳の行為とされていることである。第２に，この一連の偈頌の前（612-619偈）に，「耕作によって生活している者は農夫であって，バラモンではないとしるべきである」といい，同様に職人，商人，雇人，盗賊，武士，司祭，王などは「業」によって，ということはそれぞれの職業を成り立たせている行為によって，農夫などである，と「業」の内容が説明されているからである。この数句は仏教が人間平等を説く代表的な事例と理解されているのであるが，実は，その意味内容は，背景にある当時の宗教状況と照らし合わせて理解する必要がある。

　その第一は，シュードラや不可触民にはそれなりの職業が世襲されており，

職業が判れば所属カーストは誰の目にも明らかである。職業的行為によって
ヴァルナが定まるというなら，意図された文脈とは逆に，差別は「生まれ」に
よるという結論を引き出すことにもなろう。

⑶ 有徳の行為としての業

　第2の問題は，上述の記述に続いて，620偈から647偈にかけては，バラモン
と呼び得る人の「業」が詳しく述べられるのであるが，この場合の「業」は職
業的行為ではないのである。

　　（バラモンの）母から生まれた人をバラモンとは呼ばない。（中略）無一物
　　であって執着のない人，かれを私はバラモンと呼ぶ。

　　すべての束縛を断ち切り，怖れることなく，執着を超越して，とらわれる
　　ことのない人，かれを私はバラモンと呼ぶ。　　　　　　　　（同620，621）

以下，延々とバラモンたることの条件を述べていく。

　ここではバラモンと呼ぶに相応しい有徳の行為，徳性が羅列されているので
あり，明らかにすぐ前の農夫以下についての記述とは「業」の意味内容が異
なっている。バラモンという社会的身分が問題なのではなく，宗教者の理想像
が（真の）「バラモン」として示されているのである。

　『ダンマパダ』第26章は「バラモン」と題されており，ここでも仏道修行者
の在るべきすがたをバラモンとして説いている。

　　バラモンよ，勇敢に（煩悩の）流れを断て。欲望を除け。諸の現象の滅尽
　　を知って，作られざるもの（＝涅槃）を知るものであれ」

　　　　　　　　　　　　　　　　　　　　　　　　　　　　（『ダンマパダ』383）

　　彼岸もなく，此岸もなく，彼岸此岸もなく，怖れもなく，束縛もない人，
　　此をバラモンと呼ぶ。　　　　　　　　　　　　　　　　　　　　（同384）

　　悪を離れているからバラモンといい，行いが寂かにやすまっているから沙
　　門といい，自分の汚れを除いているから出家者と呼ばれる。　　　（同388）

などと26偈にわたって出家修行者のあるべき姿が記述され，そういう人こそが
真の沙門であり，出家者であり，バラモンだというのである。

　全く同様のことがバラモンの対極である不可触民（「賤民」）についても説か

れる。

　釈尊はあるバラモンに「汝、〈賤民〉（vasala）」と呼びかけられる。vasala と
は不可触民を意味する言葉である。これに対して釈尊は「すぐ怒り、人を怨み、
邪悪で、うわべだけよくして人を欺き、正しくない考え方をし、策を弄する人、
これを〈賤民〉と知るがよい」（Sn116）と言いだし、以下、生きものを殺す人、
暴力に訴える人、借金を認めず、返そうとしない人、など延々と悪徳を列挙し
て、こういう人が「賤民」だといい（同117-135）、次のように断じる。

　　生まれによって「賤民」なのではない。生まれによってバラモンなのでは
　　ない。業によって「賤民」であり、業によってバラモンなのである。

（Sn142）

　ここでも、ヴァルナないしジャーティが「生まれ」によってではなく、業
（行為）によって決定されるというのであるが、現実の社会的制度としての四
姓制度を否定しているのではない。いや、四姓制度の存在を肯定したうえで、
万人は同じ宗教理想を達成し得ることをいうのである。

　だからこそ、仏典は上に続いて、チャンダーラやマータンガ（いずれも不可
触とされるカースト）の人でも徳を積むことによって「世に高名を謳われ」「多
くの王族やバラモンたちが奉仕した」「（賤しい）生まれもブラフマンの世界に
生まれることを妨げなかった。ヴェーダを読誦するバラモンも悪い行為をする
と現世に非難され、来世に悪いところに生まれる」（137-141）のであり、だか
らこそ、「生まれによってバラモンなのではない、「賤民」なのではない、行為
によるのだ」（142）、と上に引用した句を述べて結論づけていくのである。

　　クシャトリヤであろうと、バラモン、ヴァイシャ、シュードラ、またチャ
　　ンダーラやプックサ（のような不可触民）であっても、すべて柔和で自制
　　していれば、彼らはすべてやすらぎに帰している（parinibbuta）。静冷に帰
　　した人びとの間には優劣はない。

（J. Ⅳ、205頁 G）

とも述べる。バラモンや「賤民」が行為によって定まる、というのは、社会的
身分が「生まれ」によるものであることを否定するのではなく、宗教的脈絡に
おける平等性を主張するものだったのである。

⑷ 真のバラモン

　これはヒンドゥー文献においても同様である。バラモンとは四姓制度のトップであるという社会的意味は当然の前提としたうえで，その徳性が「生まれ」とはかかわりないものとして説かれている。

　例えば，父親は不明でシュードラ女の息子であるサティヤカーマ（真実を愛する者，の意）青年はシュードラには許されていなかったヴェーダを学びたいとバラモンの師匠に弟子入りを願う。彼は自らの出生をはっきりと述べることにより，「真実をはずれなかった」ことを賞され，真実と正直はバラモンの徳性であるということで，弟子入りを許されている（『チャーンドゥーギヤ・ウパニシャッド』Ⅳ，4，1-5）。こうした事例が「真のバラモンは（中略）純心であろうと欲すべきである」（『ブリハッド・アーラニヤカ・ウパニシャッド』Ⅲ，5）などという発言に連なっている。

　さらに，叙事詩の『マハーバーラタ』には「シュードラであっても，柔善・真実・徳のうちに常に勤めている人を，バラモンだと私は考えます。その人は行為（業）によって再生族となるでしょう」（『マハーバーラタ』Ⅲ，261，15：中村1958，364頁）。シュードラが前世の「業力」によってシュードラとして生まれた，ことを否定しているのではない。シュードラという社会的身分を認めた上で，徳性あるものはバラモンに匹敵すると説いているものである。

　全く同じ姿勢が仏教の姉妹宗教であるジャイナ教にもみられる。「磨かれた金のように汚れや悪を払い落とし，愛着と嫌悪と恐怖とを離れた人，（中略）彼をわれらが真のバラモンと呼ぶ。（中略）貪欲なることなく，人に知られずに生き，家なく，所有なく，在家者どもと交際しない人，－彼を吾等はバラモンと呼ぶ」（Utt. XXV，21：28：：中村1993a，65頁）。宗教理想像をバラモンに代表させることは当時の各宗教グループに共通の傾向だったのである。

　こうみてくる時，バラモンの古代インド社会における特異な特徴が理解されよう。ヒンドゥー教徒にとって，四姓制度とそのトップにいるバラモンの社会的意味は無論認められている。しかし現実には嘗ての尊敬に値するバラモン像から遠く離れて世俗化し，堕落したバラモンのいたことも知られている。

　同時に仏教の立場においては，「生まれ」によるバラモンの浄性はきびしく

批判されているが，社会的身分としてのバラモン，ひいては四姓制度そのもの
は黙認されている。だからこそ仏教者としての理想像を「真実のバラモン」に
托して説いているのであり，その意味ではヒンドゥー世界で真のバラモンと説
くことと同じ姿勢である。上述の Sn における「生まれ」によってではなく，
「業」，行為によるという表現は，文脈的には，社会的視点で四姓平等を説いた
ものではなかったのである。

　真のバラモンを高らかに称揚する背景には古代ヒンドゥー世界の宗教，社会
の状況が変化しているものと思われる。
　釈尊の時代にはすでに古ウパニシャッド文献も成立し，「梵我一如」の高次
の宗教実践および教理が説かれていた。究極の目的は解脱であり，それは当然
知的な理解を超えた普遍的真実への帰投である。解脱および解脱を求めゆくプ
ロセスにおいては，あくまでも一個の人間としての修行であり，出身ヴァルナ
は無関係であると考えられていた。
　反面，世俗化したバラモン修行者もいたろうし，通常の職業に従事している
バラモンも増えている。彼らにもバラモンとしての矜持を保つ必要もあったに
違いない。修行者と俗人の差を曖昧にしたまま，真のバラモン像が説かれなけ
ればならなかった。

　　　怒りと迷いを捨てた人がバラモンであると神々は知りたもう。この世で
　　真実を語り，師を満足させ，害されても害しない人がバラモンである，と
　　神々は知りたもう。　　　　（『マハーバーラタ』Ⅲ，206頁，中村1993a，71頁）
　さらに当時ヒンドゥー世界が拡大するにつれて，非ヒンドゥー系の人びとの
中の特に宗教関係の人たちが自らバラモンと称していたし，ヒンドゥー側もそ
れを認めていた。そうした形でヒンドゥー世界は拡大していったのである。釈
尊の弟子や信者の中にもこうしたバラモンたちが多くいたことは先に見たとお
りである。
　バラモン正統派として，あるべきバラモン像を説くのは当然のことだったに
違いない。
　そして，真実のバラモン像を強調することは，たしかにバラモンのあるべき
生活を教えるものであるに違いない。同時にそれは解脱の体得者としてのバラ

モン像であり，真実のバラモン像を説くことによって，究極的な解脱を説いているのである。

仏教徒も同様だった。仏教徒の究極目標である涅槃は，解脱とも呼ばれているが，同じく人間のハカライをこえた普遍的な真実への目覚めであり，それへの帰投である。真実に目覚めた境涯においては，万物すべてが同じ真実のハタラキに摂せられているからこそ，平等であると実感された。自・他の関係も同様で，それぞれに個別の存在でありながら，自も他も同じ真実に生かされ，自即他の関係にある。これは仏教の基本的な世界観であり，伝統的に人間平等の倫理として実践的に説かれるに至った。

だからこそ釈尊も，その後の仏教伝承も，人間平等を主張し，カースト・ヴァルナ制度の意味なきことを，少なくとも理念として，説き続けたのは当然のことだった。

そしてバラモンが「生まれ」ではなく「業」によってバラモンであることを強く説くが，その「業」の内容は宗教者としての有徳の行為だった。「賤民」についても同様で，悪行を行う人こそ，「生まれ」にかかわらず，「賤民」とみなさるべきことが説かれた。だからこそ，有徳の行為をなした「賤民」は来世に善いところに生まれると説かれた。有徳の行為が，バラモン，「賤民」であることを決定するということで，宗教的倫理的面からの人間平等を説くものだったのである。

2　仏教教団とヴァルナ

悟りの立場にもとづくかぎり，世俗を捨てて修行する出家者にとって出身ヴァルナは意味を持たないものであろう。事実仏典は出家者教団内では俗世界での身分は問われることはなかった。

釈尊はバラモン青年に

「あなたの生まれ（jāti）は何か」と問われて，「私はバラモンでも乃至クシャトリヤでもない。ヴァイシャでもなく，また他の何ものでもない。諸の凡夫の姓を知り尽くして，無一物で，熟慮して，世の中を歩む。私は家

なく，重衣を着け，髭髪を剃り，心を安らかならしめて，この世で人びと
に汚されることなく歩んでいる。私に姓を尋ねることは適当ではない。

（Sn455-456）

と答えている。

　一度教団の中に入れば，出身のヴァルナ，ジャーティが問われないことは次
の有名な例でも知ることが出来る。

　　例えば，ガンジス川，ヤムナー河，アチラヴァティー河，サラブー河，マ
　　ヒー川などの大河は大海に至ったならば，以前の名と姓とを捨てて，ただ
　　「大海」とのみ呼ばれる，同様にこれら四つのヴァルナ，すなわちバラモ
　　ン，クシャトリヤ，ヴァイシャ，シュードラは如来の説きたもうた法と律
　　とにおいて出家したならば，以前の名と姓とを捨てて，ただ「沙門，釈
　　子」とのみ称する。　　　　　　　（Vin.「小品」IX，1，4：中村1993a）

　しかし，出家者教団において，出身カースト・ヴァルナが問われないのは仏
教教団ばかりではない。それぞれの信仰，教義を異にするにしても，いずれも
宗教的に「絶対な真実」を求める高次の宗教では，世俗の人間的評価や慣行が
問われないのは当然のことであろう。ウパニシャッドなどの文献において，す
でに，解脱はヴァルナにかかわらないとする事例は上にみたとおりである。

　また，マウリヤ王朝初代のチャンドラグプタ王（在位前317頃〜前293頃）の
時代にシリア王セレウコス・ニカトールの大使としてインドに派遣され，『イ
ンド誌』を著したメガステネース（世紀前300頃）はインドの特異な特徴として，
宗教教団における平等性をインドの特徴の一つとして挙げている〔中村1993b，
88頁以下〕。

　近代でも不可触民出身で，偉大な哲学者であるシャンカラ（八世紀）の後継
者とされるナーラーヤナ・グル（1854-1928）のような指導者も知られている
（前田1987，3頁）。

　また，筆者の経験であるが，ベンガルに本拠を置くラーマクリシュナ教団に
は不可触クラスから出家し，指導者として仰がれている人もいる。私の友人が
その方の出家前の名前を知っているというので訊いたが，教えて貰えなかった。
出家者には出家以前の状況を問うてはいけないものだから，というのが答え
だった。

現実に教団内で修行者同士の間で出身カーストの差が何らかの影響が残ることはあり得よう。しかし，宗教的真実の探求には世俗のカーストは問われないというヒンドゥー世界の伝承は今日にまで引き続いている。

　仏教の歴史もそうしたヒンドゥー世界の中での出来事として理解されなければならない。

Ⅱ　本　　論

インド仏教の儀礼と文化

第1章　業と輪廻

1　業と輪廻説の受容

(1) 問題の所在

インド以来，仏教の文化伝承において業・輪廻は重要なテーマである。教理的にも，そして仏教徒の生活実践の面でも，それは仏教のもっとも基本的な世界観であるといってよい。しかし業・輪廻説は，以下に明らかにしていくように，元来，古代インドの民俗信仰である。それは次第に仏教化されて教理に組み込まれ，縁起説との関わりもあって「出世間」レヴェルの多彩な思想として展開してきた。同時に「世間」レヴェルの民俗としての慣行もそのまま広く行われている。両者は宗教レヴェルを異にするものであり，相互に習合していることもあって，論理的に統合された理解は困難である。今日でも種々の矛盾や疑問，未解決の問題が多く残っている。

本書は文化史の視点からの研究であり，教理学的研究ではない。したがって業・輪廻も教理ないし思想の面から特に論じられるところはない。むしろ僧俗を含む仏教徒の生活面において業そして輪廻が具体的にどのように受容され，実践されていたかの面から考察するものである。しかし業説は種々に教理化されているし，教理と民俗的要素は複雑に絡み合っている。それだけに以下の考察は旧来の教理，思想研究において無視され，軽視され，あるいは疑問のままに残されている諸問題に新たな視点からの考察をうながすことにも連なるものである。

まず，そうした問題を以下に指摘しておきたい。

第1に，輪廻主体と無我説との矛盾がある。輪廻とは人間の死後の命運にかかわる思想である。人間の本質は実体的な霊魂で，死後には生前に為した善悪の業にしたがって，しかるべき処に輪廻し，再生していく。輪廻する主体は霊

魂であり，それを認めないかぎり，輪廻は成り立たない。しかし，仏教は無我説を説くから，霊魂の存在は認められない。霊魂がなければ輪廻説は成立しない。

　この問題は端的に葬祭儀礼ともかかわっている。葬儀並びに祖先崇拝儀礼は，通常は，死者霊魂にかかわっている。しかし教理的に霊魂を認めない仏教教団が葬祭を広く行っている。この矛盾は未だ完全に解明されていない。この問題については本章第2節第3項に論じる。

　第2に，輪廻説は人間の死後世界にかかわっている。人々は功徳を積み安楽な死後世界を望む。安楽な死後世界の代表は天界であり，すなわち「作功徳→生天」の図式が理想の人生である。しかし仏教は解脱，悟りを求めるものであり，それは輪廻を脱することと理解されている。釈尊は出家者には現世，来世を超越せよといい，功徳を積んで善き後生を望むなと教えている。しかし在俗信者には「作功徳→生天」の図式を説き，安楽な来世を迎えよと強く説いている。ここには「出世間」と「世間」の両レヴェルが激突している。どう調整すべきなのか。これは比較的最近まで学者間に論争が行われた問題でもあり，本論第4章において論じる。

　第3に，業論は「因果応報」の論理の上に成り立っている。具体的には「自業自得」と「業果の必然性」を二大鉄則としている。このルールが破られたら業・輪廻説は成立しえない。しかるに仏教徒の現実の生活において，この鉄則はいとも簡単に破られている。例えば，葬祭儀礼に関して，生者の側から功徳を死者に送ってその業を改善しようとする「廻施」（ādesanā）の儀礼などがあり（第4章以下参照），これは自業自得の原則に反する。

　また業は，種々の脈絡において消滅ないし軽減される。もとより悟りは輪廻を脱するものとされているが，それには輪廻の原動力である業の影響力（業力）を消滅させなければならない。さらに出家者の修行生活において悪業は懺悔や仏道の実践によって消滅ないし軽減される。

　また，僧俗を含む仏教徒の日常生活においても，現在の好ましくない状況を人為的に改変する「カウンター・カルマ」とか「インスタント・カルマ」といわれる便法もある。「業果」は必ずしも不可避のものではないのであり，これは，本節第5項「業理論からの逸脱」においてまとめて論じたい。

第4に，現在の状況は過去世の自己の業によるというのが業・輪廻説である。人生はいずれの時，処においても不条理，不合理なものである。業・輪廻の思想は，苦しい現世を自らが過去世に為した悪業のゆえであると説明することによって，それなりに納得させ，同時に現世を正しく生きれば安楽な未来があると説いた。明るい未来の可能性を示すことによって，バランスをとることを可能にしている。

　しかし，反面に，社会的あるいは身体的に苦なる状況にある者には，それが前世の自らの悪業によるもので，今さらどうしようもないものであり，甘受すべきものだと説かれてきた。現代の人権思想からみるなら明らかに社会的差別を生みだし，容認する観念であり，これも原始仏教時代以来，今日まで引き継いでいる「仏教」の思想である。どう理解し，どう位置づけるべきものなのか。序論第3章において仏教の平等思想として検討した。

　第5に，業は次第に「世間」レヴェルから「出世間」レヴェルへと昇華された一面をもつ。民俗の域を脱し，悟り，成仏の境涯へとレヴェルアップされた。縁起の思想の上に真の自己を実現する実存的信仰にかかわるものであり，親鸞や道元の信仰を支える「宿業」はその一例である。したがって，通常の「一般的業論」を超えた実存的な業論がある。すなわち，業・輪廻説には「世間」「出世間」両レヴェルがあることになるが，どういうことなのか。この問題は第2章「縁起と業」において「自覚的業論」としてあらためて取り上げたい。

⑵　業・輪廻説の基本構造と機能

1. 業・輪廻説の基本

　こうして業・輪廻説には多くの矛盾や未解決の問題がある。その中には教理のみの視点からは解決できないものが少なくない。それは業・輪廻説が最初から教理として成立したものではなく，元来民俗として成立し社会に定着してきた事実と深くかかわっている。

　「民俗」とか「民俗宗教」は種々に定義され，議論されている[1]が，本書では教祖・教理・教団が最初から成立している創唱宗教とは区別され，民衆の間に種々の理由から発生し，発展し，伝承されている通俗的宗教観念と習俗，と

いう意味において用いている。

　通俗的な信仰であるだけに，古代インド仏教徒の間に実際に受容されていた業・輪廻説は，教理としてどう説かれたかは別として，基本的には，ヒンドゥー世界の業・輪廻説と同じである。しかし仏教は無我説を説き，霊魂の存在を認めなかったからこそ，さまざまな問題が生じた。

　議論を展開していく前提として，古代インドにおける業・輪廻説の基本的な構造と機能をまず整理しておきたい。教理としてではなく，社会に定着している通俗的観念と社会的慣行，つまり民俗文化として現実に機能している業・輪廻説である。後述するが「自覚的業論」と区別して，「一般的業論」と呼んでおく。

　業・輪廻の観念の基本構造はおおよそ次のようにまとめることができる。

　人間の本質は不滅の霊魂で，人は死ぬと肉体は滅びても，霊魂は生前に為した行為（karman, kamma：業）の潜在的影響力（これも karman, kamma という，業力）に応じてしかるべき死後世界に生まれ変わる。したがって輪廻とは霊魂の変化というより肉体の変化である。

　死後世界は基本的には天，人間，動物，地獄の世界である。善行を為して功徳（puṇya, puñña）を積んだ人は天（svarga, sagga, 天界）に生まれ，地獄（naraka）は悪業の人の行くところである。しかし仏教の伝承では，さらに地獄の上に餓鬼（preta, peta）世界が成立し，動物，餓鬼，地獄世界を，仏法を学ぶことのできない「悪趣」（durgati, duggati, 悪い世界）と位置づけた。その後に今度は人間の下，動物の上に阿修羅（asura）世界が想定された。こうして6つの死後世界が想定されたのであり，人々はこの死後世界を限りなく輪廻し続ける。これを「六道（輪廻）」という。どの世界に再生しても行為（業）は為されねばならず，行為は必ずや潜在的影響力（業力）を残すから，人間は無限に死と再生を繰り返し，輪廻して行く[2]。

　いったんなされた行為，業の影響力は自然消滅することはない。必ずやその行為をした当人に，そのしかるべき結果，果報をもたらす（「業果の必然」）。

　　何ものの業も滅びることがなく，戻ってきて，（業を作った）主に報いが来る。愚者は罪を犯し，来世に苦しみを受ける。　　　　　　　　（Sn666）
あるいはいう。

66　　第Ⅱ篇　本論インド仏教の儀礼と文化

意識的に（sañcetanika）為され積み上げられた諸々の業（の果）が感受されることなく（appaṭisaṃveditvā）消滅してしまう（vyantibhāva）と私は説かない。（業の果報）はこの現世で，ないし来世，あるいはその次の世において必ず受けるべきものである。　　　　　　　　　　　　　　　（AN.V.292頁）

　いったんなされた業は自然消滅することなく，現世，来世，あるいは来来世以降に必ず果報を引く（「三時業」）ことは時代の新古を問わずインド仏典に説かれていて，仏教徒の間に広く受容された観念であったに違いない。

　自業の結果は自らが刈るものであり，他人に刈らせることはできない。これを逆にいえば，自分が今置かれている状況は，必ずや自分の業，行為の結果であると受け止めなければならない。そして業の影響はそれが果報を引くまでは消滅しない。すなわち，「自業自得」と「業果の必然性」は業・輪廻説の鉄則である。したがって，現世の状況はすべて過去ないし過去世の自らの行為（業）によって定まっている。この意味で業論は宿命論に近い。

　ただし，現世での善行は，来世ないし未来世以降の善果を保証するから，明るい将来への希望はある。特に過去世，現世，来世という時間の流れが物理的に信じられている社会においては，業・輪廻説は現世の不条理，不平などをそれなりの説得力を以て説明し，同時に，より安楽な来世を願って人々を倫理的行為に向かわせる根拠となった。今日でもインド，チベット仏教，そして上座仏教諸国においては広く信じられている観念であり，社会慣行である。日本においてもほぼ同様であるが，輪廻を客観的な意味合いで受容する度合は他国に比べてはるかに低い。

　こうして，行為と果報の関係は「因果応報」であり，「善因善果・悪因悪果」として理解されている。ただし，因としての善悪は明らかだが，果報としての善悪は受け止め方が違うこともあるし，その意味で「善因楽果」「悪因苦果」という方が正しいとも論じられている。

　しかしながら，因果応報説はしばしば，過去世の具体的な行為と現世の具体的な状況とを直結して説かれた。例えば，ヒンドゥー世界には社会規範として機能した「法典」類があり，その中の最有力な『マヌ法典』は，バラモンを殺したものは動物や下層の階級に生まれる（X，55）などという。今日のヒンドゥー世界でもこの思想は当然のこととして一般に受け止められている[3]。

第1章　業と輪廻　*67*

仏教においても，例えば，殺生者で生きものへの憐愍をもたない者は悪趣に
生まれ，人間として生まれれば短命で，その反対ならば長命となる。同様に生
物を苦しめた者は悪趣ないし多病の人間として生まれる，その反対は無病であ
る（MA170「鸚鵡経」）などという。この種の例は後述するが西暦以降のアヴァ
ダーナ文学などにもごく普通の観念として記述されている。論理的な因果関係
ではない。通俗的な倫理に基づくきわめて恣意的な判断である。
　この考え方は，現在，不幸な状況にある人々には過酷なものとなった。今日
の言葉でいえば，自分の生まれた国とか社会階層，階級，性，身体障害などの
差別に苦しむ人には，その不幸は自分の過去の悪業の結果ということになる。
今更どうしようもないことである，だからそれを甘受し，来世に向けて善行を
つみ，良き後生を願え，と説かれた。「歴史的」ないし「社会的」な問題とし
てとらえ，解決すべき事柄を自分の業として，「個人のレヴェル」で決着させ
ることとなった。社会的に差別されていることの原因，理由を業・輪廻説が提
供し，保証し，もって差別を公認することとなった。仏教文化の流れについて
みても，善を勧め，悪を斥ける業の論理が，他方においてそのまま差別肯定の
論理としてはたらいてきた歴史を確認しておく必要がある。

　業・輪廻思想はインドの仏教徒の生活文化に深く根をおろしている。それは
原始仏典の諸記述からも明らかであり，さらに大乗仏教期においても一般仏教
徒の生活倫理として深く浸透していた。それは西暦初頭以降に作成された膨大
なアヴァダーナ文献の基本的テーマが業・輪廻説であることからも明らかであ
る。さらに同じく西暦初頭前後から南インドではタミル語によるシャンガム文
学が勃興した，これは仏教とジャイナ教文学であり，五大叙事詩などが作成さ
れたが，ここでも業・輪廻説を基本的な世界観としている。当時の南インドに
おける仏教の隆昌を示すものである〔彦坂2003a〕。

2. 一般的業論と自覚的業論
　業・輪廻思想についてさらに重要なのは，「業」思想は歴史的に大きな発展
と展開があることである。特に大乗仏教においては，「業」は仏教の基本思想
である縁起の思想からとりあげられ，「出世間」レヴェルにまで高められ，昇

華されている。いわゆる「縁起の業論」である。業といえば縁起の業論が想定されるのが普通であり，差別問題が生じたときに仏教者と社会運動体との間に「仏教」についてギャップが生じた（先述）のもここに由来している。縁起の業論については本論第2章「縁起と業」で「自覚的業論」として論じる予定である。

　次節にさらに詳しく論じるところであるが，業・輪廻説はあくまでも民俗であり，それだけに論理が一貫した教理ではない。民衆の間に種々のヴァリエーションをもって定着した観念と実践であり，その中の主要な項目が個別に，種々に「教理的形態」をもって仏典に説かれた。上述したのはそれらをまとめて，業・輪廻説の構造と機能として集約したものであり，「自覚的業論」と対比させる意味で「一般的業論」と位置づけておいたものである。

　各項目には無論歴史的発展の諸段階もあるし，細部にわたって考察を深めるべきこともある。しかし，本論において以下に「仏教と民俗」，「出世間」と「世間」との間の緊張関係を検討していくための出発点として「一般的業論」を設定したものである。しかしヒンドゥー世界，インド仏教，上座仏教，そして現代の世界の仏教諸伝承を通じて共通・普遍の基本的業・輪廻説とみてよいものである。

(3) 業・輪廻説と悟りの関係

　「業果の必然性」と「自業自得」は業・輪廻説の鉄則である。しかしこの鉄則はいとも容易にやぶられているのであって，それでは「鉄則」にはならないではないかとさえ思われる。しかし，反面に，この二者は業・輪廻説の論理性および倫理性を支持するものであって，これなくしては，業論はなりたたない。

　業の消滅は，まず悟りを開くともはや輪廻しないという教理にみることができる。これは原始仏教以来の定説となっているが，解脱すれば輪廻を脱することはすでに「ウパニシャッド」において説かれているし，仏教でもそれを受け継いだものに違いない。仏典は，最初期から悟りこそが輪廻の絆を破って苦の世界から脱することができると説いている。業論でいうなら，輪廻の原動力である業（力）が消滅するのである。

生は滅び梵行に住している。為すべきことは為され，さらに後有を受けないことが自覚されている。　　　　　　　　　（SM.Ⅲ，21頁，MPS.5.30他）

（漢訳「我生已尽　梵行已立　所作已辨　自知不受後有」（T.1.1.）

すなわち悟りをひらけばもはや後有をうけず輪廻することなく，今の生が「最後身」である。

　輪廻は苦である，という当時の一般的理解は仏教徒も当然共有していたであろう。そして仏教は苦を克服するものであるから，悟れば輪廻を脱するという理解は自然であったろう。

　しかし，宗教的かつ心理的に次のような自覚もあったのではないであろうか。

　われわれは無常の現実に苦しんでいる。しかし悟りとは，その自我的自己をも支えている「法」，「（宗教的）真実」に生かされていることの自覚である。そこに永遠に連なる「法」に生かされている自己の自覚があり，それこそが「不死」であろう。釈尊は梵天のリクエストを受けて説法に踏み切る決心をした際，「聞く耳を持つ者に不死（amata, amṛta）の門は開かれた。汝ら信をおこせ」と宣言し，ベナレスの初転法輪に出かけている。釈尊は悟りが不死であることをしばしば語っている。そして不死が業・輪廻説に当てはめられた時，悟りが脱輪廻であることは容易に自覚されたものであろう。

　こうして「業果の必然性」という鉄則は，悟りという「出世間」レヴェルの宗教性の深まりにおいて意味を失っている。では具体的にいかなる手段で業の影響力は消滅されうるのであろうか。

　悟りを求めて真摯に修行している者にとって自らに自覚している悪の行為は反省し懺悔されるべきことであろう。周知の如く戒（sīla, sīla）は修行者としての自覚の上に主体的に撰びとる思想と行為である。それに反する行為をしたときには反省し，懺悔しなければならない。一方，律（vinaya）においても違反行為は懺悔告白してサンガの許しを請わなければならない。戒，律いずれにおいても真摯に修行者にとって，悪であると自覚された行為は何らかの形でそれを修復し，カバーしようとする行為が求められるのは当然であろう。

　しかし，いったん為された行為（業）の影響力は果報を引くまでは消滅しないという。もしそうなら生存中に悟りを開くことはできなくなる。どうしても

業の影響力は何らかの方法で消滅ないし軽減せしめられなければならない。も
しそれが可能であるとするならば，業を消滅せしめるものは，悪の行為を反省
懺悔し，悟りを得るための修行徳目の実践でなければならないものであろう。
釈尊は「一切の業の滅尽（kammakhayam）に達し，生存の依処（upadhi）も滅し
て解脱した」（SM.V.8.5）という。悪業滅尽はしばしば出家者の修行徳目の実践
とかかわるものとして説かれている。

　この点についてはすでに先行研究があり，サンガの通常の布薩儀礼も，「罪
の告白，滅罪を目的とする浄化儀礼」である〔佐々木閑1987，19-20頁〕。また
四無量心による業の消滅が指摘されているし（SM.Ⅳ.251頁ほか）〔榎本1989〕，
その他八正道（AN.Ⅲ，415頁），七覚支〔藤田1979〕，過悔（vipattisāra）（SM.Ⅳ，
320頁），告白（Vin.Ⅰ，159頁；Ⅱ.125頁）などによる業の滅尽が説かれている。

　以上の例は，出家者が悟りを目指す修行の道程における悪業消滅，無力化の
儀礼である。現実の修行にかかわっているし，好ましい来世への再生を願うも
のではない。悟りが脱輪廻とされた以上，輪廻の原動力である業は無化されな
ければならないし，それは悟りへの修行説と重ならざるを得ないものであろう。
その意味で，これは出世間レヴェルにおける業の消滅である。

　出世間レヴェルにおける悪業消滅の努力は法の実践を深める信仰と歩調を合
わせるものである。悪業に苦しむがゆえに信仰に入り，その克服を願う者もい
たことであろう。アングリマーラの得度修行はその一例である（本論第2章第
2節第2項の「自覚的業論」参照）。悟りを志向しあるいは悟りそのものにかか
わる修行徳目の実践である。それが後代の，例えば，道元の，懺悔滅罪にも連
なっている。

　しかし現実においては，悟りへの関連を遠くに意識しつつも，より便宜的な
形で自己の悪業を消滅する行為がしばしば行われたし，仏典にもそれが記述さ
れている。そのために利用されるのはやはり上述の仏教信仰の徳目であるが，
ここでは真摯な信仰というよりは，便法であり，「都合が悪い状況を除きたい」
という欲望が根底にある。子供が出来ない理由が自分たちの過去の悪業のゆえ
であると知らされた夫婦は，急遽，比丘たちに供養して功徳を積んだ。それに
より悪業は消滅し，子供が生まれた，などという例は「インスタント・カル

第1章　業と輪廻　71

マ」などと呼ばれている。こうした事例はきわめて多く，民俗として広く機能していた業論の重要な機能であるし，教団の現実なのである。これについては後においてまとめて論じる。

(4) 業・輪廻説は民俗信仰

1. 輪廻説前史

輪廻は死後への関心から発生したものであり，すでに「リグ・ヴェーダ」，「アタルヴァ・ヴェーダ」には悪行の人が苦しむ死後の状況が述べられている。「ブラーフマナ文献」には，再死（punar-mṛtyu）への恐怖と不死への願望が説かれている。

死後に現世に再生するという明らかな輪廻説が説かれるのは，いわゆる五火二道説においてである。生前に為した善悪の業と死後の輪廻はアートマン論とかかわってすでに古ウパニシャッドに説かれている。祭祀・浄行を為した功徳によって与えられたかの世（来世）も，その果報が尽きれば，また地上に転生してくる。つまり，輪廻における再生は再び死ぬこと（再死）であり，苦なる人生の繰り返しであって，怖れられた。死して肉身を離れたアートマンは，再び新たに祖霊，ガンダルヴァ（半神族の一種），神，あるいはその他の生類の形を取って輪廻する。それは梵我一如説と「提携」して発展してきた。輪廻の原動力は業（karman）で，ヤージュニャヴァルクヤ仙はこれを「秘義」だと説明している。ここに始めて「善悪果報の道徳的要求を基礎とする業説は，輪廻の教説と結んで，動かすべからざる鉄則となって，爾後印度における宗教の根底をなすに至った」〔辻1953，168-173頁〕。

五火二道説は，プラヴァーハナ王がバラモンの学者ウッダーラカ・アールニ仙に伝えたという。王族の一部に信奉されていたものらしい。こうしたことから，「輪廻の観念は恐らくアーリア人以外の現住民の間でおぼろに成立していたのではないか」という〔中村1968，28頁〕。釈尊の世に出る以前から業・輪廻の観念と習俗が存在していたことは明らかで，諸学者の意見も一致している。

しかし，どういう形で存在していたのであろうか。

業・輪廻説はヒンドゥー教，仏教を問わず教理，思想として論じられること
が多いが，しかし本来的には古代インドの民俗的信仰といっていいものである。
　業・輪廻説は，バラモンの説く高次の宗教信仰，思想から派生してきたもの
ではないし，特定の教義や教団と関係があったものでもない。個人の自覚的信
仰でもない。広く民衆の間に受容されていた観念であり習俗である。それが次
第に思想化され，梵我一如説とかかわりながら発展してきたものである。仏教
でも教理化され，思想化され，種々に議論されているが，同時に民俗としての
素朴な業・輪廻説は民衆の間に根強く残っている。量の面からいうなら，民衆
の間の「作功徳→生天」を中核とする信仰のほうが教理化された業・輪廻論よ
りはるかに多い。教理化された業・輪廻論は，民衆の間に現実に機能している
観念の上澄みだといっていいであろう。J.ゴンダがいうように，西暦前４，３
世紀には業・輪廻説は誰も疑うことのない観念として大衆の間に広く受容され，
機能していたという〔Gonda1963〕。今日では全インドに広まるヒンドゥー教の
最基本の世界観となって民衆の間に定着している。教理，思想として論じられ
るところがあると同時に，業・輪廻説とは基本的に，そして現実にも，庶民の
日常の社会生活のなかで機能している民俗的伝承とみていいものなのである。

2. 業・輪廻説の仏教的受容

　仏教もその業・輪廻思想を受容している。釈尊の悟り，そしてその教えから
必然的に派生したものではない。梶山雄一博士によると，「釈迦牟尼仏自身が
輪廻説を説いたか説かなかったについては不明である。そのため，例えば和辻
哲郎は，霊魂の実在を否定した釈尊が輪廻説を説いたはずがないといい，舟橋
一哉は，釈尊は在家信者に向かっては輪廻を説いたこともあったが，出家の弟
子たちには輪廻を否定したといった。現代の多くの学者たちは，この問題に対
しては明確な判断を中止している」（『中外日報』平成15.1.39）。

　釈尊自身が輪廻説をまとまった形で積極的に説いたことは恐らくなかったで
あろう。もし説いたのなら釈尊の言葉として仏典に残っているはずであるが，
その形跡はない。また釈尊の教えは現世において自己を見つめ，苦をのり越え
て生きる道を説いたものである。死後や来世は直接の関心事ではなかったに違
いない。

それにもかかわらず，原始仏典は最初期以来，在家信者に対しては，

> 人は業の導くままに行き，善・悪の報い（puñña-pāpa-phala）を受ける。悪
> 徳の行為は人を地獄に導き，功徳を積む行為は善趣に赴く。だから，来世
> のための蓄積として善（kalyāna）をなせ。功徳（puñña）はあの世の拠り所
> となる。　　　　　　　　　　　　　　　　　　　　　　　　　　（SM3.3.2）

などとしきりに説いている。民衆の間に一般的業論は定着している現状を踏ま
えて，善なる行為をなし，功徳を積むことによって良き死後世界を望めと教え
ている。

　一方，最初期の仏典は出家修行者に，

> 心解脱，慧解脱を具足して，輪廻を終滅させることができる。彼らは生と
> 老を受けることがない。　　　　　　　　　　　　　　　　　　　　（Sn727）

といい，これは有名な「生は既に尽き，梵行に住し，作すべきことは既に作さ
れ，さらにこの現在の状態に到ることはない」（MN第4経ほか）と輪廻を脱し
た悟りの境涯を述べる句に連なっている。

　舟橋一哉博士は作功徳と梵行とが宗教的レヴェルを異にしたものであり，
「作功徳→生天」は世間的善であり，「梵行→悟り」は出世間の善であることが
意識されていたことを明らかにしている〔舟橋1969，229頁以下〕。そして，仏
教伝承はすぐに出家修行者にも「作功徳→生天」を当然のこととして認めるよ
うになった。これには無数の事例がある。修行僧であっても悟りを開けない者
（大多数の修行者は悟りを開けない）は死後に天に行くよりほかに道はないので
ある。

　さらに，望月海慧博士は，「初期経典に説かれている輪廻思想は，仏陀の教
えの本質とは異なるものであると考える。仏陀は，輪廻思想を積極的に認めて
おらず，それは，二次的要因により，仏陀自身や後代の経典編纂者が仏教思想
に採り入れたものではないだろうか」という〔望月1976〕。水野弘元博士も業・
輪廻は「初歩的な通俗説できわめて低い教えにすぎず，仏教の教えを説く準備，
便法として利用したもの」だと述べている〔水野1971，120-126頁〕。

　業・輪廻を仏教徒がどこか外から「取り入れ」て「便法として利用した」と
見るのは正確な言い方ではない。先述してきたように釈尊の弟子たちも在俗信

者たちもヒンドゥー世界の住人であり，業・輪廻説を当然のこととしてうけがっていた。彼らが仏教信仰を受け入れ仏教徒になった後でもそれはかわらない。釈尊も特に禁止していない。布施し，戒律を守り，功徳を積む行為にしても，仏教の立場から斥けられる必要は全くない。宗教レヴェルとしては「世間」と「出世間」の違いはあるが，両者は二者択一関係にあるものではない。併存しているものである。だからこそ功徳を積んで良き後生を願うこと，特に楽しい天界に生まれること，つまり「作功徳→生天」の生き方を釈尊は積極的に説いている。在俗信者たちもごく自然にうけがっていたし，出家者への食物や衣の布施もこの観念に基づいている。

業・輪廻説は外から特に「取り入れた」ものではない。ヒンドゥー世界に生きる仏教徒の間に「最初から」あったのである。そして仏教徒がそれを受容したことによって仏教文化となったといってよい。

しかし釈尊の悟りは「無明」と「煩悩」によって真実，法（例えば無常）を受容し実践しえないがゆえに「苦」が生じることを明らかにしている。その関係を知ることが「苦」の克服につらなることであり，その意味では業・輪廻説は教えの枠組みとして利用しやすいものであったろう。業・輪廻説は次第に教理化され，悟りを求める行為の一環として説かれるようになった。その意味では方便として利用されたといってよい。とくに，作功徳の行為は悟りを開く道を歩むものだと，仏教独自の出世間の理想を求めるプロセスとして位置づけたこと（例えば「次第説法」，後述）などは明らかに方便として意図的に編み出した仏教化の事例というべきである。あるいは出家者への布施は作功徳のための有力な方法として奨励され，いわゆる「福田思想」が説かれた。つまり出家者教団はそこに布施すれば功徳，福徳を生み出す「田」であるという思想であるが，これなども功徳思想を仏教化し，布施の意味を強調する方便としたといってよいものであろう。

こうした「仏教化」ないし「方便」として教理化されてくる課程において，輪廻主体と無我説との矛盾は全く考慮されていないことに留意しておく必要がある。

第1章　業と輪廻　　75

3. 最初期の輪廻説受容の経緯

a. オーベイセーケラ博士の所論

オーベイセーケラ（G.Obeysekere）博士はスリランカの学僧で著名な文化人類学者であるが，業・輪廻説の発展過程をおおよそ次のように捉えている[4]。有力な説と思われるのでその骨子を紹介しておきたい。

業・輪廻思想はウパニシャッドや仏教指導者の悟り，解脱体験に基づくものではない。ひろく民衆の宗教的要請から出たものであり，社会的ネットがあって発展したものである。業による再生そして輪廻はヒンドゥー教，仏教，ジャイナ教，そしてアージーヴィカ教などが受容しているが，それは当時のガンジス川流域において，民衆の歴史的体験の所産として発展してきたものである。すなわち以前から伝承されてきたより単純で素朴な「死と再生」の観念（Rebirth Eschatology，「再生終末論」）が「種々の社会的要因が習合して」次第に「業による再生」（(karmic. Escha，「業終末論」）に転換したものである。

その転換をもたらしたものは「倫理化」である。博士はインド外の無文字文化段階にある諸部族を詳しく検討し，彼らは死者の再生を知りながら，善悪の観念や倫理的懲罰はない。今日のインドにおける同じく未開な段階にある諸部族も同様である。死の再生はあるが，ヒューラー・ハイメンドロフもいうように「無倫理」（amoral）であり，古代インドでも同様であったに違いない〔Fürer-Haimendorf1967〕。そうして文化を「倫理化」することによってヒンドゥー教や仏教，ジャイナ教，アージーヴィカ教などの「業による再生」終末論が発展してきたものである，と論じている。

b. 並川孝儀博士の所論

釈尊や仏教徒がヒンドゥー世界の業・輪廻説を受容し，次第に仏教化していった経緯につき次のユニークな研究がある。並川孝儀博士は「原始仏教に見られる輪廻思想—ゴータマ・ブッダの輪廻観—」において，Sn,『ダンマパダ』，Thg,『テーリーガーター』などの原始仏典の「古層」仏典を取り上げる。さらに Sn のなかの最古の部分とされている第4章，5章を「最古層」として，両者の間における業・輪廻が次第に仏教文化として定着していく経緯をあきらかにした〔並川2005，第3章〕。

それによると，「最古層」の仏典（韻文）にみえる業・輪廻にかかわる表現

には次のようなものがある。

　　あの世，此の世（lokam imaṃ praň ca）を（中略）望まない；再び迷いの存在に戻らない（apunabbhava-）；bhavābhava　つまり生存（有）や生存の無（無有），つまり「種々の生存」（への欲望を）を捨てる。；再生を否定；生まれ変わりに関する質問は無視する姿勢；輪廻と業報の結びつきの記述はみられない，など。

こうした記述から，並川博士は「輪廻への関わり方は消極的であり，現世の在り方に力点がおかれている」。これに対して「古層」（韻文）（Sn 1 ～ 3 章：『ダンマパダ』，Thg，『テーリーガーター』：SM の古層）には次のような輪廻にかかわる記述が増えてくる。

　　人は「種々の生存」において苦しむ；輪廻（saṃsāra）を脱し再び迷いの生存に戻らない；（布施者には）あの世でも此の世でも食が近づく；繰り返し母体に赴く；この世でも来世（pecca）でも喜ぶ；最後生；宿命通を含む三明がとかれる；「業は消滅することなく作者に戻る（Sn666）；自業自得（『ダンマパダ』240）

　最古層が輪廻に関して消極的であるのに対し，古層では「積極的であり」，「輪廻思想が仏教に取り込まれ，同化していったことが理解される」〔並川2005，121頁〕。そして，こうした状況を並川博士はおおよそ次のようにまとめられる。

　「輪廻については消極的で現世に力点を置いた。（中略）当時の人々が輪廻を信じ，その世界観の中に身を置かざるをえなかった状況にあって，ゴータマ・ブッダはその現実を直視し，それに反駁して，それとは思想上まったく異なった無我という世界観を主張した。彼に対する宗教的・社会的な猛反発があったであろうことは容易に想像できるであろう。この反発をうまく解消し，同時に自分の思想を主張しなければならないといった，彼が置かれた状況を考える時，最古層の資料に見られるような輪廻観，もしくはさらに消極的なものであったればこそ，ゴータマ・ブッダが自ら主張した無我という考えと矛盾なく整合性をもって教えを人々に説き示すことが出来たのではないかと思われる」〔並川2005，129頁〕。

　並川博士の研究は，古層の原始仏典の中からさらに最古層とされている部分を取り上げて業・輪廻にかかわる記述を精査し，仏教最初期における業・輪廻

の観念が教義として発展していく経緯を文献学的に明らかにしたものである。説得力のある資料整理であり，議論である。

　しかし，本書の文化史的視点からは異なった解釈が提議され得る。集められた資料をそっくり利用させて頂きながら，文化史の面からいうなら，まず，最古層の記述は業・輪廻に対する「消極的」発言ではない。当時の社会に業・輪廻説が何の違和感もなく定着していたからこそ，それは悟りへの修行ではなく，出家者の求めるべき道ではないことを釈尊は「積極的」に説いたものとみるべきではなかろうか。

　社会に定着している輪廻観を釈尊も仏教徒一般もそのままうけがっていたのである。釈尊は出世間レヴェルの教えを強く説いたが，同時に社会に定着している民俗的諸観念，すなわち祖先崇拝や通過儀礼，温かい人間関係，社会倫理をおおらかに受け入れている。それは次第に仏教的世界観のなかに吸収され，仏教文化として仏典に表現されてくる。釈尊は最初から人々の日常生活を全的に支配する仏教倫理を説いたものではない。

　業・輪廻もその一つである。釈尊にとっても弟子や信者にしても，業・輪廻説はとくに「反発」すべき観念，慣行ではなかった。無我説との矛盾も後になってエリート比丘たちの間で意識されるようになったものである。仏典が「作功徳→生天」の図式を語るとき，無我説との矛盾は全く問題となっていない。

　こうした背景をもちつつ　業・輪廻説は次第に仏典の記述に反映してくる。「最古層」におけるよりも「古層」において輪廻にかかわる一般的な観念が増えてくるのは，そうした「仏教教理化」であり，ひろく「仏教文化」化の経緯を見事に示しているとみるべきものであろう。

(5) 業理論からの逸脱

1. 業と果報の関係

　業・輪廻説の基本は善因楽果，悪因苦果というが，仏典は原始仏典以降，しばしば黒業・白業の例をもって4種の因果の関係を示している。「黒業」は悪業であり，したがって苦果の因である。「白業」は善業であり，楽果をもたら

78　第Ⅱ篇　本論インド仏教の儀礼と文化

す。「黒白業」は善悪が混在してはたらく業であり，善と悪との果報を受ける。しかしその関係は複雑であり，これこそ現実にはたらく因果関係を複雑にしているものである。

　最後は「非黒非白業」で，これは上述した悟りにかかわる業である。善悪，苦楽を超えた業であり，業の消滅にかかかわっている。これは業論としては一般的業論でなく，「自覚的業論」であり実存的な信仰にかかわるものである。問題は黒白業であるが，善・悪業相互の関係について文化人類学者であるスパイロのビルマ仏教徒の調査を基にした詳細な分析がある〔Spiro1971，114頁以下〕。

　彼は論じる。善・悪の「行為」は「功徳・悪徳」（merit・demerit）とされ，それが「善業・悪業」であり，それぞれに果報を引くことを確認する。善行，悪行という行為が功徳，悪徳として理解されたのは善悪の行為が数量的に評価しやすいからではないかと推測している。さらに，善・悪業は個別に果報を引くこともあり，総合して理解されることもあることを指摘する。その上で彼は因果の関係を2タイプに整理し，諸事例を分析している。

　（A）善・悪業，つまり善悪の業力は個別に働く。いかなる業もそれなりの同じ，ないし同類の果報をひく。例えば，負債を返さないで死ぬと借り主の家の奉公人に生まれる。盗賊として人を殺したものは現世において盗賊に襲われる。衣に執着した比丘はシラミとして再生し，衣を離れなかった。逆に持ち物に執着しなかった比丘は来世に富，智慧，美，健康と力を具えたものとして生まれる，等々の事例が紹介されている。

　因・果の関係は恣意的であり，通俗的な倫理観にささえられた解釈である。この種の事例は実際に多いし，同時に教訓的な意味合いで指導者たちは説いている。

　（B）上述した（A）は黒白業が黒白の果報をそれぞれが別個に果報を引くという例である。しかしスパイロは第2のタイプの因・果の関係を報告する。

　現在の状況は過去の行為，業の結果と理解されるが，その際，現状の因を判断するのに単一の業（力）とその果報としてみるのではなく，幾つかの業力が総合されて果報を引いている，と理解する。すなわち特定の好ましい状況は善業が悪業を上回ったからであり，不幸な状況はその逆である，つまり善悪業の

質および量に関してプラス・マイナスの総合的バランスの上に果報を引くと理解する。したがって悪行を為してもそれを上回る善行を行えば悪業としてはたらかずに善業としてはたらきだすものとなる。

（A）のタイプは厳しい因果関係であろう。意識的であれ，無意識的であれ，悪をしない人はいない。いくら善業を積んでいるとしても，現実になした悪行の果報を引かなければならない。現実の人生において心理的な大きな負担となることは明らかで，そうしたことから善業と悪業が相殺されるという（B）の観念が生じてくるのは自然なことであろう。民俗とは（教理の「自己凝視」ではなく）「自我充足」を満足させるものである。自我欲望を抑制する「出世間」レヴェルの信仰ではない。より安易な方法で古業の影響力（業力）を中性化，無化する行為は民俗としては必然的に出てくる観念に違いない。

スパイロはこれを「業のバランス」（karmic-balance）の変更という。同じ現象をオーベイセーケラは「拮抗カルマ」（counter-karma）といい（オーベイセーケラ1965，25頁），ナーシュは「インスタント・カルマ」（instant-karma）と呼んでいる〔Nash1965，309-10頁〕。

善悪のバランスの上に果報が現れるという思想は，望ましくない個別の業（力）は人為的に改変できるということである。現実問題としては悪業の消滅，ないし軽減である。業力は必ずや果報を引くという業論の大原則には反するが，しかし現実の業の理解にはしばしばみられるものであり，仏教文化を理解する重要なポイントである。業・輪廻説には教理，思想として論理的に受容されている局面と，民俗として機能している局面との両面があるのである。

2. 業は個別に果報をひく

さて上述（A）は，悪業は必ず果報を引くという事例であり，業論の因果応報におけるごく一般的な姿勢である。とくに引用の必要もないが，MN135経「小業分別経」[5]をこのタイプの一事例として紹介しておきたい。

ここでは殺生者で生きものへの憐愍をもたない者は悪趣に生まれ，人間として生まれれば短命で，その反対ならば長命となる。同様に生物を苦しめた者は悪趣ないし多病の人間として生まれる，その反対は無病である。以下同様に，怒りと不満は美醜を，嫉妬深い者は無力な人間として生まれる。布施しなかっ

た者は貧乏な人として生まれ，傲慢で非礼な者は劣った家に生まれ，善悪，罪
など習うべきことを習わなかった者は愚者として生まれる。すべては前世の行
為によって決まることである，と説かれている。

このタイプの因果関係はまたアヴァダーナ文献といった説話文学に多くの事
例が記されている。上述のミャンマーの例との関係でいうなら，ある比丘は持
ち物に執着して死ぬと，黒蛇となって自分の荷物の上にとぐろを巻いていて，
この比丘の葬儀から帰ってきた仲間の比丘を驚かせた（Av）。

このタイプの事例を平岡聡博士は『ディヴィヤ・アヴァダーナ』から8例を
収集している。2例ほど引用させてもらう〔平岡1992，113-32頁〕。

例えばアショーカ王の弟は独覚を刀で斬り殺す。幾千年もの間地獄で苦しみ，
人間に生まれてもその都度刀で斬り殺される。カーシャパ仏の時に比丘となり，
塔供養をしたり，梵行を修して正しい誓願を立てる。それが縁となって富裕な
お家に生まれ，阿羅漢となる。しかし悪業ののこりがあるので，アラカンに
なっても刀で斬り殺されたという（第2章）。

ある長者は独覚に対して悪事を働く。五百生もの間，物乞いとしてうまれる。
これを反省して独覚を供養すると誓願する。富裕な家に生まれ，それが縁と
なって出家し阿羅漢となる（第13章）。

いずれも同じ構造で，ある人が悪業をなし，長い間輪廻世界で苦しむ。しか
し僧に供養したり，仏塔を建てたり，梵行を修することにより安楽な環境に生
まれ，後に出家して阿羅漢となるという。

悪業がそれぞれに業果を引くと考えられていたことは明らかである。しかし
これらの事例はステレオタイプの物語となっており，いずれも悪業の果は後の
善業により軽減ないし消滅されている。悪業の果報が全部尽きた後にあらため
て善業の功徳がハタラキ出すのか否かは不明だが，おそらく，悪業は種々のし
かるべき手段によって軽減され消滅させられると考えられていたものであろう。
ここには悪業には必ず果報があることと，その救済が可能であるなど教訓的な
思想が背後に見える。それはまたアヴァダーナ文献やシャンガム文学のような
「業の文学」作品の基本姿勢でもある。

業の軽減，消滅は次節以下に見ていくように原始仏教以来みられることであ
り，宗教的な内容を深めながら現代にまで引き継がれている思想である。

3. 業の消滅と軽減

スパイロのいう（B）のタイプの事例を原始仏典から挙げる。

『増一阿含経』第24巻（T.2,677c-6878a）に次のような事例が語られている（パーリ相応文なし）。一天子は天界にあって思うがままに快楽をたのしんでいた。無常であり死のくることは教えられていたが，その準備をしなかった。天界に住む業がつき，間もなく猪の胎に再生することを知り，動揺する。釈提桓因（帝釈天）の指導と助力をえて，下界の王舎城にいる釈尊に「真に仏子となり，三宝に帰依」することを誓い，「乃当更生長者家」に生まれんことを願う。そして希望通りの結果を得た[6]。

ここでは猪に再生すべき古業が急遽三宝に帰依することで改変され，人間界の好ましい環境である「長者」の家に生まれたという。これが可能なら業論の意味はほぼ失われる。しかし業とはそれを可能にする融通性を備えている。

次の事例では古業を消滅し改変するインスタントな行為として僅かながらも仏道を修行することとしている。

毘羅先長者は7日後に地獄に落ちることを知り，阿難尊者を通じて釈尊に救いを求める。釈尊は出家学道すれば救われることを教える。長者は6日間五欲を楽しみ，最期の日に出家し，「十念」を唱えて，四天王天に生まれた（『増一阿含経』第34巻；T.2,739b-740a：相応パーリなし）。

四天王天は六欲天最下の天である。悟りとは無関係の世界であるが，同時に人々が再生したいと願う天の世界である。通常の業論ではそれなりの功徳が積まれなければならないが，ここでは一日だけの出家と十念で古業を消滅させている。しかも死ぬ前日までの6日間は快楽に身を任せている。ここで期待され主張されているのは，仏教信仰によって輪廻再生の世界を好転できる可能性であろう。

段階的にいうなら，次の事例は業を改変できる要件を「利他」と「誓願」（paṇidhi）に高めている。

悪疫の蔓延したのは，国王の前世の悪業であることが判明した。王は川に身を投じて赤い大魚となり，人々がその肉を食べることによって悪疫が治まるように，と「真実語」を誓願（paṇidhi）として発し，自殺した。人々は王の再生した赤魚を食べ，悪疫はおさまった（取意）（Av. Ⅰ, 171, 2 f.）。

国王の行為はたしかに即席の「作善」であり，悪疫を鎮めるという「世間」
レヴェルの善行である。しかし自らの命を捨てており，通常の作功徳の行為で
はあり得ない。それは正に利他の「誓願」であり，「出世間」レヴェルの信仰
と結びついている。これはインスタント・カルマによる（一般的）業論におけ
る原則からの逸脱というより，レヴェルを異にする業の枠組み，「自覚的業論」
と重なってくる。

　平岡聡博士はこのタイプの事例をも『ディヴィヤ・アヴァダーナ』から収集，
分析されていて〔平岡1992，122頁以下〕，悪業を軽減ないし消滅させる手段と
して，懺悔，浄信，善業（布施および比丘の靴，草履の掃除），三帰依，陀羅尼
などの在家的な徳目が業滅の方法として用いられていることを指摘されている。

　ある僧はアラカンに暴言を吐いたが，反省し，「罪を罪として懺悔しなさい
（atyayam atyayato deśayat）。（そうすれば）その業は減少し，尽き果て，消滅する
（karma tanutvaṃ parikṣayaṃ paryādānaṃ gacchet）であろう」（Divy，54頁）。

　懺悔した結果，彼は地獄に再生することを免れ，五百生の間奴隷女の胎に再
生したという。同じ表現が『ディヴィヤ・アヴァダーナ』に数回あらわれてい
るし，先述したアジャータシャトル王の懺悔とほぼ同文である。

　また，猪の母体に生まるべきものが三帰依によって兜率天に生まれたという，
上述の事例と同じモチーフの例もある。というより同じ伝承であるし，この種
の「インスタント・カルマ」の例は当時の仏教徒の間に広く受容されていたも
のであろう。西暦前後～数世紀には大乗仏教思想，哲学が華と開いた時代であ
るが，当時の庶民仏教徒の仏教信仰とはこうした「業の仏教」だったのである。

　また，袴谷憲昭教授は『三品経』に見る「悪業の懺悔」（pāpa-deśanā），「福
業の随喜」（puṇyānumodanā），「諸仏の勧請」（buddhādhyeṣaṇā）を基本として，
大乗仏典の中から広く「悪業払拭」の儀礼，信仰行為を集めている。それを利
用させて貰うなら，次のような行為があげられている。菩提廻向，発願，礼拝，
供養，礼仏，讃仏，懺悔業障，請転法輪，常随仏学，恒順衆生，普皆回向，開
導，三帰，問遮，受戒，証明，現相，説相，広願，勧持〔袴谷2002，150-52頁・
164-65頁〕

　すなわち通常の仏教信仰にかかわる諸儀礼の多くが悪業を改変し，消滅させ

第1章　業と輪廻　*83*

る力のあるものとして理解されていたことを知り得よう。

そこには宗教的に深い懺悔を伴う行為もあると同時に，形式のみの安易な悪業払拭の「免罪符」的な行為もあったに違いない。袴谷教授は『三品経』を誦するとは「呪文を唱える」ような状況に接近している面のあることをも指摘している。文化史的視点から悪業消滅ないし軽減の事例として具体的に検討する資料を纏めて頂いたことに感謝したい。

なお三宝が一種の「呪力の源泉」（magical station）として機能している例は後述する（第3章）。

4. 臨終正念

臨終正念も業の軽減，消滅にかかわる観念であり慣行である。原始仏典のすこし遅い段階にしばしば説かれるようになった。日本においても特に真宗系統において強く説かれている。

原始仏典における事例は釈悟震（金漢益）博士によって集められている〔金1999，154-59頁〕。その幾つかを利用させて頂きつつ論じたい。

SM Ⅳ（XXXV，194，168頁）には，眼耳鼻舌身意の六根を自由にはたらかせたまま死ぬと，その人は必ずや地獄か動物の世界に生まれ変わる。だから，むしろ焔で眼などを焼いた方がいい，という。死の時までに善悪の業は蓄積されているはずだが，それに関係なく臨終時の欲望の心はそれを超えて，畜生・地獄に墜ちるというのである。決して「業果の必然性」を否定しているのではない。臨終時の正念の宗教的意味を強調しているのだが，それにより今までになした業は無視されてしまう。主張したい脈絡に応じて，業の鉄則は平気で無視されるのも業が民俗信仰だからこそであり，その矛盾は問われることはないものであろう。

MN 第41経において，在家信者であっても「法を行じ，正しく行じている」者（dhammacārī samacārī）に臨終時に望めば，いかなる天界にも生まれることが出来る，と説いている。

SM Ⅴ（409頁以下）は臨終時の説法であるが，仏典作家たちはより安楽な天界に生まれるようにと教えながら，次第に精神性のより高い天界を目指し，遂には悟りを得よと導いていく。

すなわち，家族に対する愛情があってもなくても死ぬのは同じだから愛情を捨てよ。五欲に愛着があるなら天の欲はそれよりすぐれているから，四天王天に生まれるよう心を定めよ。四天王天より三十三天の方がより楽しい処だからそこに生まれることを望め，という具合に，六欲天のそれぞれからさらに梵天に生まれるよう心を定めよ，心を移せと説き，梵天もまた無常，有身なのだから，「有身の滅」（sakkāya nirodhe）に心を向けよ。そうすれば，心解脱が得られよう，という説教である。どこまで現実的な説法であるかは不明だが，仏教指導者たちがすべての生活行為を悟りに結びつけていく姿勢がここでも明らかに看取される。

　MN120経も同趣旨であって，信，戒，聞，施，慧を具足した比丘が心を定めれば死後にクシャトリヤ，バラモンの家に生まれることができる。さらにはより快楽の多い六欲天，さらにその上の「色界」の諸天，さらには「無色界」の空無辺処，識無辺処，無所有処，非想非非想処という禅定の「境涯に達した神々」の住む世界が羅列されている。

　ここには既に諸天界が上下に階層化されている。以上の２例においては，臨終時の説法にかこつけて「世間」的慣行を「出世間」的修行と境涯へと導きたいという仏教指導者層の姿勢が明らかである。同時に，そのためでもあろうが，臨終時に正念を発し得るのは，いずれも日頃より戒を守り信仰の生活に生きてきたものとされている。

　臨終正念が古業をインスタントに消滅させるものであり，その意味で世間レヴェルの慣行であることは否定できない。しかし，後代の日本の特に阿弥陀仏信仰にかかわる臨終正念の事例を見ると，世間レヴェルの民俗だと断定しかねる状況もあるようである。臨終時には人生の最終段階であることが意識されているし，真摯にして正直な心になっている。それまでの念仏信仰への反省やら感謝やらの錯綜した思いが渦巻いていようし，その上での真摯な浄土往生への「祈り」が「正念」の内容であろう。便宜的で「免罪符」的な安易な例もないとはいえない。今日ではホスピス的機能も論じられているし，現実的な救済機能もある。しかし，同時に真に実存的な「祈り」として行われることは無論ありえる。形の上からは前業の消滅だが，宗教的には「自覚的業論」であり，出

世間レヴェルの信仰として理解すべき要因もある。民俗の仏教化の事例として多面的に理解すべき必要があるものであろう。

　ただし原始仏典にみられる臨終正念の事例はいかにも形式的である。望みの死後世界に生まれたいという欲望を満足させるための便宜的な事例として理解することが正しい読み方であろう。そうしたことから，中村元博士は有徳の修行者が死際に「心を定めれば」来世に望ましいところに生まれうる事例をひきながら，「厳密には業説と一致しないような思想も伝えられているから，業説は，民衆教化のために仏教内に取り入れられたひとつの通俗的宗教観念であることが知られる」〔中村1993ヒ，669-71頁〕と述べられている。「厳密には業説と一致しない」とされ，それが業説は民衆教化のための便法であるとされるのであるが，この指摘は，実は，民俗としての業・輪廻思想の在りようを正直に表しているのであり，不思議でも何でもないのである。それだけに，その意味を検討しなければならない。

⑹　ま　と　め

　中村博士はまず臨終正念が業を恣意的に変更していることを業論と一致しないとされる。そしてそれは教化方便としての通俗説であるという。

　その意味は十分に理解される。仏教学研究において，一般に業・輪廻として理解されているのは教理化され思想化された業・輪廻説である。特に業については精緻な理論が発展しているし，論理的な議論が展開されてきている。業に関する諸事象が議論される際には，必ずや，理論化され，いわば「完成された仏教業論」が基準となり，それに則して判断，評価された。それだけに世間レヴェルの悟りに関わらない業論は「業説と一致しない」こととなる。しかし，仏教伝承を広く見た場合，出世間レヴェルの業・輪廻説は，実は，仏教伝承の上澄みというべきものである。「あるべき」観念である。僧俗を含む仏教徒の現実に「ある」生活のすべてを網羅しているものではない。

　僧俗の間に定着していた民俗的な観念と慣行は次第に仏教的理念がその上にかぶせられ，思想化され，教理化された。山に譬えるなら，裾野の民俗説は次第に仏教化され，教理化の度合が進み，中腹ができ頂上が形成されてくる。頂

上に近づくほど思想化，教理化の度合が強く，裾野にいくほど民俗的要素が色濃くのこっている。しかし「教理」と「民俗」とは漠然と頂上と麓とおおまかに区別できるということである。両者が判然と別れているわけではなく，両者は種々に並列し，重層化し，融合し，相互に緊張関係をもちつつ共存している。

　こうしてひとたび「仏教業・輪廻論」が成立すると，それは「あるべき」仏教として受け取られ，教理的にも論理的にも民俗的要素を規制しはじめる。民俗は時には「あるべきでないもの」と批判され，軽視され，無視されることになる。民俗にはたしかに仏教的世界観からみて容認されない迷信的要素は少なくないが，しかし，民俗そのものが迷信などではない。いや，量的な面からいうなら，インドから現代日本に至るまで，仏教民俗は仏教教理よりはるかに多いのである。

　こうした仏教化が，仏教徒の生活文化の現実であろう。その一例で最重要なのが「作功徳→生天」として広く説かれる観念と実践であろう。いうまでもないことであるが，強調しておきたい。業・輪廻説は，倫理的意味合いを込めて，功徳をつみ善き後生を願う慣行として当時の社会に定着していた。それを釈尊や指導者が仏教理念をかぶせて，「作功徳→生天」を仏教の教えとしても説いたものである。逆ではない。それがひろく容認された文化として教団に定着する。

　そしてこの際に注目すべきことは，「無我」説は全く問題となっていないことである。仏教徒がいわゆる「無我」の思想を知らなかったということはあり得ない。中村博士は原始仏典にでてくる an-attan は「無我」（我が無い）ではなく，「非我」（どんなものも「我」〜オレ，オレのもの〜として捉えられるものはない）と理解すべきことを論証された。その通りであろうが，しかし原始仏典における an-attan の用例のすべてが「非我」だとは言い切れないものであろう。原始仏典にはすでに輪廻主体を「識」と想定して釈尊に叱られている比丘も出ている。

　「無我」を知っていて，死後世界に転生する輪廻主体が問われないことは，輪廻主体との矛盾が問題になっていないか，問題ではあっても無視されていたのかのどちらかであろう。私は後者だと想定しているのであるが，民俗とはそういうものである。民俗としての業・輪廻説は，基本的には，それぞれの項目

を説くも，業輪廻説全体としての統合的論理的理解は特に求めていないのである。

　すなわち，「死後の世界」は人間の死後の行方を論じるものであり，「果報の必然性」は倫理的行動の因果の重要性を主張するものである。しかし，因果応報のタテマエは人間の恣意的願望によって種々に改変された。例えば，死者廻向，祖先供養における「功徳の廻施」，インスタント・カルマないしカウンター・カルマ，臨終正念における業の消滅，改変などにみた如くである。

　民俗とは本来，こうした自由な適応と理解をゆるしているものである。そして仏教伝承において，こうした民俗的業・輪廻説は民衆の間に伝承され，根強く継続的に機能して今日にまで至っている。同時に，業輪廻説はエリート指導者の間で統合的に理解され，現実よりも論理が優先し，教理化されて「仏教業・輪廻論」とでもいうべきものが成立した。はたして「仏教業・輪廻論」という緻密に組織化された体系があるかどうかは疑問だが，しかし今日，仏教の業・輪廻論として，一応，承認されている体系的な用例はある。そしてここにおいては理論的合理性が重要であるだけに，文献中にみる民俗的な業論は（中村博士のように）「業説と一致せず」「教化のための方便」と呼ばれるようになったのである。

　私はこうした姿勢は逆だと考えている。通俗的業論が先で，教理的に論理化された「仏教業・輪廻論」は後から纏められたものである。ただし，重要な検討要件がある。民俗は世間レヴェルである。これに対して教理的「仏教業・輪廻論」は出世間レヴェルである。

　仏教の本義は悟りにあり，それを志向しつつ実践するものであるから，業・輪廻に関しても教理的業論こそが「仏教」の業論であるという主張もあり得るであろう。したがって仏典，祖録中の業・輪廻説をすべて教理的業論で判断することは理由のないことではない。教化の方便だと理解することも可能且つ必要である。しかし，それはあくまでも「教理の視点」からの判断，評価なのであって，仏教教団の歴史的現実，すなわち文化史的伝承の歴史からは認められない。

　仏典祖録中の業・輪廻説には教理的「仏教業・輪廻論」を前提としての議論がある。同時に，民俗的業・輪廻説が説かれている例は，上にみてきたように

少なくない。その場合には教理的業論とは一致しないものが多々ある。そうした例をすべて，「教理と一致しない」，「教化の便法」ということで理解していいものであろうか。やはり，民俗は民俗としての仏教大衆の心情とそれなりの論理，そして宗教的救いを保有している。それぞれの脈絡で理解し，評価すべきものであろう。

2　無我説と輪廻主体の調和

(1) 実体でない霊魂を求めて

輪廻主体と無我説との矛盾は仏教史の大きな問題である。業・輪廻説は仏教信仰からでたものではないが，しかし世界の仏教徒の間に広く受容され，仏教文化として定着している。仏教の思想，信仰そして実践の大きな柱といってよいものであろう。それだけに輪廻主体と無我説の調整は重要なテーマである。教理的にも種々の学説が提起されているし[7]，生活文化の面からいっても，特に葬祭，祖先崇拝の関わりから一般仏教徒の大きな関心事である。しかし，いまだに最終的な結論が出ていない問題でもある。

このテーマにアプローチする姿勢は，次のように大別できよう。
①　無我説と矛盾するがゆえに，輪廻を認めない。
②　特に輪廻主体を論じることなしに輪廻を認める。
③　実体でない輪廻主体を思想的に求める。
④　霊魂にかわる輪廻主体を求める。
⑤　物理的に輪廻主体を求めることなく，実存的に解釈する。

①は，教理の立場にたつタテマエ論で，仏教史の実状を認めない非現実的な見解である。業・輪廻説はたしかにヒンドゥー世界の民俗であり，仏教の本義たる悟りとは宗教レヴェルを異にする。しかし，釈尊も指導的比丘たちもそして信者層も業・輪廻を当然のこととして認めて受容し，実践し，時に教理化し

第1章　業と輪廻　　89

た。仏教信仰の死後観や生々流転の人生観などを育てた仏教の思想であり，文化である。

②は，釈尊の時代における状況であったろう。上述したように，原始仏典において「作功徳→生天」や転生，死後世界などが話題であるとき，無我説との矛盾は触れられるところがない。無我説を考慮して黙認しているのではない。無我が形而上学的な認識であるならば，輪廻は民俗，習俗である。後には業・輪廻説，特に業論は教理化され，思想として論じられるようになったが，それはあくまでも学問的議論である。必ずしも一般大衆の生活を規定し支配するものではなかった。

こうした状況は今日の日本を含む世界の仏教国においても同様であろう。特に葬祭にかかわって霊魂と無我説の矛盾は意識されてはいるが，仏教葬祭を中止させるほどの大きな問題とはならず，理論的には矛盾と受け取られたままで「併存」しているのである。

③は，仏教教理史の問題である。釈尊没後100年あたりから顕著になった部派の活動は主として教理研究に向かい，アビダルマ哲学を発展させた。輪廻主体の問題は重要であったらしく，主要な部派は独自の輪廻主体に関する理論を提唱した。名称のみをあげれば次の通りである。根本識（大衆部），窮生死蘊（化地部），有分識（上座部），一味蘊（経量部），補特迦羅（犢子部），果報識（正量部）〔中村1994a，117-22頁〕。

それぞれにインド仏教思想研究の対象として取り上げられるべき問題であり，また種々に論じられているが，こうした多くの異説が提起されるだけ，輪廻主体は統一的な結論が出しにくい，あるいはだし得ない問題ということであろう。

大乗仏教においても，教理的解釈がつねに求められた。例えば中観派においては，Candrakīrti の Prasannapadā は「業は消滅することなく，時を得て身体を持てる者に果が生じる」ことをいうとともに，業が消滅しないのは，（空なるがゆえに）「業は生起しない」ものであり，したがって「消滅することがない」などという。そして業の集は「勝義諦」においては生じないが「世俗諦」では生じる，とも説いている。つまり果報は現実にはあるが，理論的認識としては認められない，などと主張しているし，学問的には疑問が残るものであろう。

さらに唯識派においては阿頼耶識こそが実体でない輪廻主体だと説明してい

90　第Ⅱ篇　本論インド仏教の儀礼と文化

る〔水野1985，144-49頁〕。

　こうして学問研究としては実体的でない輪廻主体は種々に追求された。現代の学界において，阿頼耶識が実体でない輪廻主体であることはほぼ容認されているようである。仏教学研究の大きな勝利であり，功績であるといえよう。しかし，いかにも難解であり，一般の仏教徒がうけがい納得できるものではない。その意味で文化史的には依然としてあらたな解釈が求められているテーマといえよう。長年にわたる学的探究にもかかわらず，無我説と輪廻主体の矛盾については，遂に統一ある最終の結論は出ていないということを確認しておきたい。

　しかし，一般の仏教徒はより具体的に，霊魂に代わる輪廻主体を求めていた。これとても最終的な解答ではない。先述したように民俗信仰においては一つのテーマに複数の解釈が併存し，統一的理論などないのが普通である。

　以下にそうした事例を検討する。最初は教理には反するものとして否定されながら，次第に好意的に理解され，教理として公認され，定着してくる。民俗の仏教（文化）化の一例である。

(2) 霊魂に代わる輪廻主体を求めて

1. 識

　vijñāna，viññāna。サーティ（Sāti）という猟師出身の比丘は「世尊は同一不変の識が転生し輪廻する，と説かれた」といい，釈尊にその識とはなにかと問われて，「それぞれのところで（すなわち，どこに生まれようとも），語り，感受し，善悪業の果報を受けるもの」だと答え，釈尊に呵責されている（MN38経）。

　ここでは，業をになって輪廻する実体的な主体を識に求めている。そして，釈尊はその考えを呵し，縁起説に基づいて識を実体的にとらえてはならないことを教えている。仏教教理の立場からは当然のことであろう。和辻博士はこの挿話を取りあげて，「一切の輪廻説は存在の真相を理解せざる凡夫の立場において起こったものであり（中略）この想像の世界は形而上学的実在性をもつものではなく，（中略）輪廻思想と縁起説とを同じ高さの立場において結合することの不合理は明らかである」と論評している〔和辻1927，444頁〕。まさに正論なのであるが，文化史研究の立場からは，そう簡単に「凡夫の立場」の思想

第1章　業と輪廻　　91

だと切り捨て，無視することはできない。

　別の事例であるが，ゴーディカ（Godhika）という比丘は6回悟りを開いたが，その都度，病気のために迷いの世界に退転してしまう。そこで7回目に悟りを開いた時に彼は自ら命を絶つ。その光景に立ち会った釈尊は弟子たちに，ゴーディカ比丘のまわりを何かもやもやとしたものが動いているであろう。それはマーラ（Māra），つまり死を司る悪魔が彼の識を求めてうろついているのである。しかし不成功に終わるであろう。ゴーディカは悟りを開いたのだから，（輪廻しゆくべき）識は得られない，と説いた（SM4.3.3）。

　悟りを開いた者はもはや輪廻しない。すなわちその身体から霊魂は出ていかない。この例も霊魂を識と捉え，その識を捉えようとする悪魔を「もやもやしたもの」と可視的な描写をしている。

　識は人間の意識のことであるし，死ねば意識はなくなる。それだけに識をアートマン的に考えて人間の本質であり，輪廻の主体だという考え方は判りやすい。仏教伝承では識は輪廻の主体としてしばしば考えられているし，漢訳仏典にも「識神」といって再生する主体としてごく普通の用語となってる。

　さらにいうなら，東北タイの仏教徒は現実に二霊魂説を信じている。winjanとkhwanで前者が身体から抜け出るのが死であり，後者は体力や気力，幸不幸を司る霊魂で，赤い糸を手首に巻いてこれが身体からでないことを祈る呪術的な儀礼は日常的に行われている。因みに，winjanとはインド語のvijñāna・viññānaに由来し，khwanは中国語の「魂」に由来しているという〔Tambiah1975〕。識を霊魂的存在とする現象はこうして現代にも引き継がれている。

2. 乾闥婆（Gandharva, Gandhabba）と中有

　すこし後代の仏典に「アヴァダーナ」という一連の膨大な仏教説話文学がある。ジャータカ文献はブッダの前生話であるが，アヴァダーナ文献は仏弟子および信者の前生話という性格が強い。時代的にはおおよそ西暦以降に属するが，扱われている伝承は古い。

　その一つのテキストであるAvにいう。

　　息子を欲する夫婦は（中略）ヒンドゥーの神々に祈願するが，これは正し

　　くない。「三の状態」が現前した時に息子あるいは娘が生まれるのである。

（中略）それは両親が愛し合い一緒になること，母親の月期が正しいこと，そしてガンダッバ（ガンダルバのパーリ語形）が来ることである。（中略）こうして彼が祈願したところ，（中略）ある人がある生き物の世界（で死に，そこ）から移り，彼の妻の胎に入った。　　　　　　　　　（Av Ⅰ，195頁）

　仏教的合理主義の見本のような叙述だが，この記述はほぼ同文で他の仏典，論書に見ることができる〔MN 1，462頁；MA36経，54経など〕。

　『ミリンダパンハー』も同じく妊娠の3条件を述べている。この仏典は前3世紀に西北インドを支配していた実在のギリシャ王メナンドロスとナーガセーナ比丘との討論集で，西洋的思惟と東洋・仏教的思考とがぶつかる興味深いテキストであるが，ここに次のような記述がある。

　当時のインドには「四生」といって生きものを卵生，胎生，化生，湿生の四種に分類していたが，このガンダッバは

　　どこからであれ，そこにやってきて，卵生の家に生まれたら卵生となり，（中略）胎生の家…湿生の家…化生の家に生まれたら化生となる。（中略）（獣や鳥がスメール山に近づけば自身の色を失って黄金色となるように）どんなガンダッバがどこからであれやってきて，卵生の胎に宿ると，固有の自性を失い，卵生となる」。　　　　　　　　　（中村・早島1964，42頁）

　この伝承はそのまま論書にも継承され，教理的議論の対象となっている。『倶舎論』では，上に見た受胎の三条件を「父母交会，母胎調滴，健達縛現存在」と述べた後に，「中有身が健達縛」である（『倶舎論』（T,29,44,c））という。

　中有とは中陰ともいい，周知のように「四有」の一である。つまり，生きものが生まれて死に，また生まれかわるプロセスを4段階に分けたもので，生まれる利那（瞬間）を生有といい，生まれてから死ぬまでの生存が「本有」，死の瞬間が「死有」，そして次に生まれかわるまでの中間の存在が「中有」（antarā-bhava）である。輪廻転生していくプロセスを理論化したものであり，中有は一種の「身」と見なされている。それが健達縛つまりガンダルヴァだという。死んでからまた生まれるまでの存在を実体的に捉えてガンダルヴァと呼ぶのであり[8]，それは次のように描写されている。

　　精血などの所有の外縁が合して成ずるものではなく，意より成ずるがゆえに意成（と呼ばれ），常に喜んでこれから生まれるところを尋察（探し求め）

第1章　業と輪廻　　93

るから求生（ともいう。また）香食に資けられて生所に往くから食香（と
名付けられ），二種の中間の所有の蘊なるゆえに中有（ともいう）。

(T.29.55.b)

「香を食する（もの）」というのは gandharva という言葉の前半の gandha がた
またま香りという意味の単語と同じところからそう説明したものであって「通
俗的語源」である。

さらにこの中有身の外形は「（生前の存在と）同一の業に引かれているから，
これから赴くべき（世界の）存在としての外形をもつ」もので，上記の『ミリ
ンダパンハー』に相応する記述もある。すなわち，この中有身とは実体的な輪
廻の主体なのである。さらに『倶舎論』に，「中有身は母胎にはいる」のだが，
その際には「陰門より入る」ともいう〔山口・舟橋1955，114頁〕。時期の遅い
原始仏典でも「まさに大商主有り，名付けて須陀那という。中陰の衆生，来た
りて（大商主の妻の）母胎に入る」(T.2.178.a) などともいう。

中有とは周知のように，「死有」から再生する「生有」までの中間の時期で
あり，霊魂身とでもいうべき身体を持つとされている。死んでから再生するま
での中間の暫定的な身体であり，その期間は四十九日であるという。それがガ
ンダルヴァであり，転生する姿に変わっていくという。中有についてはこれを
認めない部派もあるが，大乗仏教の伝承においては広く受容されている観念で
ある。ガンダルヴァや中有は明らかに実体的な輪廻主体である。無我説とは背
反する観念であるが，こうして論書に公認されている。

なぜそれは無我説ではないからと拒否されないのか？　中有を最初から教理
として説くなら，無我と矛盾する観念をゆるすはずがない。現実にはまず中有
の基本観念が仏教徒民衆の間に成立し，広く信じられていたに違いない。それ
に応じてエリート学僧たちがとりあげ，理念として発展させ，文献に記すこと
で「仏教教理」として確認されることとなったものであろう。「再生のプロセ
ス」を説く中有の観念は「民俗であるがゆえに」，矛盾のままに受容されるこ
とが可能だったものなのである。そう推測することがもっとも自然である。

これは民俗が教理化されてくる際のもっとも普通のプロセスである。教理や

特定の理念があって民俗があるのではない，民俗があって仏教理念，教理が成立するのである。

その際，民俗は既存の仏教の「法」，教理によって厳密に判断され，採択の可否が検討され，仏教化されたわけではない。仏法の原理と矛盾するものであっても，信徒の日常生活を支援し，信仰生活を助けるものはそのまま広く受容されている。今日の日本仏教の例でいうなら，通過儀礼，葬祭儀礼（葬儀と祖先崇拝），農耕儀礼，多少なりとも呪術的な祈願儀礼，などはこうした経緯を経て仏教文化として定着した（その際，そうした受容の在り方はさまざまで，国，地方，民族や部族，仏教伝承や宗派などによって異なる）。

しかし業・輪廻説がひとたび論理化され，緻密な仏教教理として議論されるようになると，その「教理」としての業・輪廻論が一つの権威としてハタラキ出す。業・輪廻に関するすべての議論はこれを基準にして論じられ，批判され，斥けられ，そして疑問が提出される。それを仏教の業・輪廻の「教理体系」とまで言い得るかどうかは疑問が残るが，少なくとも今日に至るまでの業・輪廻説の基準として伝承されてきている。

私は仏教文献に記される業・輪廻説のすべてをこの「教理体系」的な観点から判断するのは不注意な姿勢だと考えている。

仏典に説かれた業・輪廻説には民俗としての性格そのまま保有している観念や慣行が豊富に説かれている。それらを教理的な業・輪廻論で評価するのは乱暴であろう。例えば，原始仏教における「作功徳→生天」論や「次第説法」などは因果応報，再生に焦点を置いて説かれた業・輪廻説なのであり，輪廻主体などは全く意識されていない。輪廻主体が本格的に問題とされたのは部派時代である。

では，時代が経つにつれてそれはより強く意識されるようになるのかというと，そうではない。アヴァダーナ文献は西暦初頭以降の大乗仏教期の文献であるが，ここに説かれている業・輪廻説はほとんどが民俗的なものである。この経典の作家たちは仏教徒大衆の現実の生活状況をうけがいつつ，それぞれに主張したい項目を取り上げ，その脈絡で論じている。したがって，仏典には民俗的観念と教理化された論理的業輪廻説とが自由に交錯して説かれている。

すべてを教理的に深められた業・輪廻論で割り切ることはできないのである。

業・輪廻にかかわるテーマを論じる際には，それが民俗的な業論の視点で説かれているのか，それとも論理的な業の議論なのか，せめてこの二者は分けて考えるべきものではなかろうか。そうでないと「作功徳→生天」説になぜ，輪廻主体が説かれないのか，などという無意味な議論をしかねないからである。そして現実の仏教史においても，釈尊や弟子たちはそういう疑問は提示していない。当然のこととして理解していたのである。そして，逆の視点からいうなら，アビダルマ文献が輪廻主体を追求したのは，業・輪廻説が教理化されていく過程においては当然の営みだったのである。

　中有に関していうなら，あくまでも霊魂が再生していく際のプロセスをテーマとして説かれたものである。輪廻主体との矛盾はほとんど無視されているし，そう理解するべきものであろう。したがって，これは無我説との矛盾を問うべきテーマではないのである。
　そしてそれなりに民俗的霊魂観が，世間レヴェルとはいえ，仏教教理に取り込まれていった「民俗の仏教化」の一例である。

3. 業のみの転移
　上述の『ミリンダパンハー』にはガンダッバのみではなく，輪廻主体についての別の議論も展開されている。
　王は「再生したものは〈死滅したものと〉同一か，異なるか」と問う。比丘は「同一でもなく，異なったものでもない」と答える。そして比喩をもちいて説明する。幼児の時の王と成長したときの王とは異なるが同一性を保っている。燃えている（ローソクの）今の焔と明け方の焔も同様で，個体は変化しつつ継続し，「同一でもなく，異なるものでもないものとして最後の意識に摂せられる」と説明する〔中村元・早島鏡正訳1963，110頁〕。
　当然に王は「次の世に生まれ変わるものは何か」と輪廻主体を問う。ナーガセーナは「名称と形態が生まれ変わる」と答える。それならば，「現在の名称と形態が生まれ変わるのか」と王に問われて，「いや，現在の名称・形態の善悪の行為（業）によって新しい名称・形態が生まれかわるのである」。それなら「再生したら悪業から免れるのか？」。これに対してナーガセーナは悪業か

ら免れることはない，と答え，いくつかの例を説く。例えば，火事の原因と
なった火と畑を焼いた火とは別物だが，後者は前者から出たものだから，失火
の罪は消えないと答える。同様に牛乳は一日置いておくと酪にかわる。牛乳と
酪とは「異なるが，酪は乳から生じた」ことは間違いない。だから，私が買っ
たのは牛乳であって，この酪ではないと金を払わないのは不当である，などと
いう〔同上訳書，123頁以下〕。

　また，人が死んで生まれ変わる時，輪廻の主体が転移せずして生まれ変わる
のか，というとそれも違う。それは灯火を他の灯火に移すとき，もとの灯火が
転移するのではなく新しい灯火が生じるようなものである，と説明する。少年
の時に習い今でも覚えている詩は，師から転移したものではないようなもので
ある〔同上訳書，201頁〕。

　つまりナーガセーナは実体的な輪廻主体は否定する。生まれ変わるのは別の
「名称と形態」つまり身体だが，業は継続している，という業・輪廻説のタテ
マエを主張している。王は納得したことになっているが，しかし，一人の人間
の成長過程や燃え続けるローソク，乳から酪への継続性は判るが，死を挟んだ
再生の前後の同一性の証明としては説明不足というべきであろう。そして端的
に霊魂の有無を尋ねられて，

　　　霊魂（vedagu）は，勝義においては（paramatthena）存在しない。

〔同上訳書，202頁〕

と答えている。輪廻主体，つまり霊魂は在るということで一般に理解されてい
るが，仏教の本義としての認識の面からは「在る」とはいえない，といってい
るのである。民俗としての業・輪廻説の「世間」と，悟りの「出世間」という
ホンネとタテマエのギャップを見事に示している[9]。

　問題は解けていないのである。

(3) 死者霊をめぐって

1. 多彩な死者霊魂観

　「輪廻主体」は輪廻するものそのものであり，業とのかかわりで現世及び来
世の生活を左右する概念である。「死者霊」は葬祭儀礼を成り立たせ，祖先崇

第1章　業と輪廻　　97

拝に深く関わっている。それぞれに特有の観念と儀礼，宗教的機能を持っている。しかしいずれも実体的な霊魂であることはかわりなく，したがって無我説との矛盾，緊張関係があることは同じである。

　原始仏典においては死者霊がそれと明らかな言葉で説かれることはほとんどない。多くの場合，輪廻し再生する主体という脈絡で死者霊が暗示されている。

　例えば，あるバラモンの息子は夭折したが，生前になした善業により三十三天に即座に再生した。彼は父親が自分の亡骸を抱いて悲嘆にくれているのをみて，仙人の姿をとって下界におり，父親に死者が帰りくることのない道理を説いた。しかし，父親は納得しない。そこで，天子としての本身を明かして慰めた（Av. I，298頁）。

　その他，死者霊はあるときは輪廻再生し，ある時は祖先霊（pitr）となり，また，悪霊となって生者を悩ましたりする。死者霊は多彩な形をとって現れ，それぞれの脈絡において，独自の宗教的意味を主張している。しかし，輪廻再生した霊魂と祖霊となった霊魂とはどういう関係にあるのだろうか。ここでも無我説との矛盾は解決されていない，というより全く問題にもなっていない。

　しかし，こうした問題は民俗的観念としては不思議ではない。これは霊魂の実在を認めるヒンドゥー世界における事例であるが，死者霊は種々の異なる形態で併存している。中インド，デカン地方にある一ヒンドゥー村を調査したS.C.デュベーは死霊について，次の四種が語られているという。まず，吉日の良い時に死んだ人の霊はすぐに最高者のところへ行くが，通常は11日から13日間，自分の家のまわりをさまよっている。これは基本的観念である。しかし，このあと人々の考え方は混乱していて，第1に火葬あるいは埋葬した土地の近くに鬼霊として住むといい，また第2に，死霊はすぐ神のところへ行き，前世の行為によって地獄か天国へ送られるともいう。さらには，第3は死後数日のうちに人間あるいは他の世界に再生してしまうというものである。第4には，きまった儀礼を行うと家の中に戻ってきて，ここに前からいる古い先祖の祖霊と一緒に住むとも考えられている。

　こうした諸観念は相互に矛盾しているのだが，「人々はそのすべてを一様に信じている」のである〔Dube1955，124-25頁〕。

　霊魂の有無，死後の命運，祖先霊，罪の懺悔等々は，それぞれにそれなりの

心情と関心に基づいて信じられ，行われている観念であり，宗教行為である。それは業・輪廻説の枠内において行われるけれども，統一された理念，原則にしばられているものではない。個々の脈絡において独立に自由な選択があり，他と矛盾することがあってもかまわない。祖先霊は祖先崇拝という脈絡における観念だし，六道輪廻は死後の行く先に関する関心にかかわる。それぞれの視点からの理解であり，全体的統合など最初から意識されていない。それが民俗というものであろう[10]。

2. インドの仏教と葬祭

インドにおいて，釈尊も代々の出家比丘たちも，信者のために葬祭を行っていない。比丘仲間では『無常経』を読誦して火葬したことが知られているが（岡部1985），一般の仏教信者のための葬祭を行った形跡はない。代わりにバラモン僧が葬祭を行った。これは不思議でも何でもない。前述したように，仏教はヒンドゥー世界の中での出来事である。釈尊はそのなかで新しい宗教信仰を開き，教えた。比丘教団（サンガ）は別として，一般仏教徒は伝統的なカーストに所属したままで仏教信者となったのであり，特に仏教徒というカーストやその他の社会集団を形成していない。したがって葬祭は従来通りにバラモン僧が執行していた。

この事実は仏教のインド国外への発展に大きな意味を持っている。釈尊の開いた仏教はすぐれて実存性の高い宗教信仰である。仏教が拠ってたつ宗教的真実，法は，縁起，無常，無我，無自性，空などと表現されているが，普遍的な真実である。特定の土地や民族に特有なものではなく，時空を超えてすべての人間に普遍妥当する真実である。普遍的な宗教であり，宗教学的にも「世界宗教」と分類されている。

一方，葬祭は民俗である。それぞれの地方，国に住む人々に特有の人間観，死後観などに基づいて独自の葬儀，祖先崇拝の観念や儀礼が発達してきている。葬祭を支える観念と慣行は人々の想念に深く根付いているものであり，それを変更することは容易ではない。

仏教はインド国内に広がり，インド国外へと普及していった。インドの仏教徒も生き方としては仏教を受け入れつつも，社会的にはヒンドゥー世界のカー

ストに属したままである。カーストにはそれなりの「ダルマ」（伝統的な観念と儀礼）があり，葬祭儀礼も持っている。しかし，仏教が国外に伝播していった際に教えられ，受け入れられたのは生き方としての仏教であり，信仰だった。インド的葬祭などの儀礼はもちこまれていない。新しく仏教徒になった人々は異質の葬祭儀礼や日常儀礼を受け入れる必要はなかった。仮に強要されても受け入れることはできなかったであろう。インド的葬祭儀礼，日常儀礼を信仰と一緒に持ち込まなかったからこそ，仏教信仰は異なる地域，人々に受けいれられた。そのうえで新しく仏教徒になった人々は自らに伝承している葬祭をそのまま実践したし，それは次第に独自に仏教化されることとなった。

　因みに，インドの仏教は独自の強固な「仏教徒」という社会組織を持たなかった。その意味では教団としては根無し草だった。それが中世以降に「ヒンドゥー世界に吸収」されて姿を消していった一因である〔奈良1979，307-401頁〕。

3. 日本の仏教と葬祭状況

　こうした状況をふまえつつ，日本の葬祭儀礼と霊魂との関係を検討したい。日本独自の葬祭と霊魂との関係を明らかにすると同時に，「世間」と「出世間」が激突した際の両者がどう調整されるのか，あるいは調整されないのか，という問題を考える一つの事例として検討したい。

　葬祭儀礼は民俗としての霊魂観念と密に関わっている。死者に対する追慕と畏怖の心情は多彩な観念を発展させた。死者の霊魂は山に行ったとか，御先祖さんのところに行ったとかいうし，浄土信仰の伝承では極楽浄土に往生したと信じられている。怨霊という観念もあるし，霊障を言いたてる傾向もある。そして葬祭は霊魂の存在を前提としていることはいうまでもないことである。

　それだけに，仏教教団が鎌倉，室町期以降に民衆の葬祭を司るようになった以降は，特に霊魂の有無が問題視されてきた。無我説とのかかわりはやはり意識されざるを得ない。しかし明快な結論は出し得ないし，伝統的に，「死者（死霊）の意味づけは隠微なこととして僧侶個々人に任されてきた」（佐々木宏幹2004，65頁）のが実状である。

　興味ある事実がある。平安中期の僧である源信（恵心僧都）は『往生要集』の著者である。日本浄土教の先駆者であり，念仏往生を説いた。本書には六道

100　　第Ⅱ篇　本論インド仏教の儀礼と文化

輪廻，特に極楽と地獄について詳細な描写があり，今日までの日本人の地獄観の基になっているものである。死後世界を説いているにもかかわらず，本書には霊魂については全く触れられていない。ところが，彼が比叡山で組織した「二十五三昧会」という念仏結社の綱領には，死後に浄土に往生するのは死者の肉体から分離した霊魂であると明記してある，という。すなわち，『往生要集』においては無我説に基づいて霊魂に言及せず，現実の念仏者集団の死者儀礼においては霊魂の浄土往生を主張していたのである〔山折1991，147頁〕。

　教理の立場からは無我説は絶対だが，「世間」レヴェルの日常儀礼においては種々のうけとられ方が可能なのである。

　2001年に曹洞宗総合研究センターが行った調査では「霊魂の有無」を問われて宗門僧侶はこう回答している。

　　　　「霊魂は存在する」　　　　47.6%
　　　　「霊魂は存在しない」　　　　7.5%
　　　　「追憶の中に存在する」　　　47.0%
　　　　「感覚として存在する」　　　54.8%　　　　　　　　（複数回答）

〔曹洞宗綜合研究センター編『葬祭—現代的意義と課題—』資料編〕

　複数回答ではあるが，約半数近くが実体的霊魂の存在を認め，ほぼ同数が，死者を「追憶の中に存在する」ものとして受け止めたい，と考えている。前者では葬祭は霊魂を認めなければ成り立たない，という観念を承けている。後者では無我説に則って霊魂を認めたくないという心理が生者の追憶の中に生きる死者を想定したいという現実と合している。

　どう考えたらいいのだろうか。

　以下にいくつかの具体的事例を手がかりとして，考えて行きたい。僧職にある私が体験した事例報告としてご理解いただきたい。

◆いくつかの事例

　事例①　心の癒やし

　私が20歳前後の小僧時代のエピソードである。師匠の代わりにお通夜に出かけた。東京の下町の長屋で，近所の人が大勢集まり，座るところもないほどだった。5歳の男の子を亡くした若い母親は私のすぐ後ろに座って，読経のあいだ中泣いていた。お経が終わり，有り難うございましたと礼をのべた彼女は

突然私の膝をゆすり，「お坊さん，子供を返して」と号泣した。場慣れしていたら何とか慰めようもあったのだろうが，その当時の私にはどうしようもなかった。

　葬儀が終わってしばらくしてから，彼女はいった。

　「先日は無理なことをいってすみませんでした。しかしお坊さんにあんなこといったおかげで少し気が晴れたんです。みんなが来てくれて慰めてくれたし，お経さんもあげてもらったし，ああ，これでいいんだなって，すこしずつ，楽になったんです。」

　彼女の言葉は葬祭という民俗儀礼の具体的な機能を見事に示している。葬祭は，後にのこされた遺族の心の傷を癒す機能をもっている。親しくしている近所の人や，親戚，知人が集まってきて慰めてくれ，孤独感から救われる。自分の悲しさをいろいろに表出できる。その意味はよくわからないなりに，そうするものだとうけがっている通夜，告別式などが進行していくプロセスの中に，悲しみの心が薄紙を剥ぐように癒されていく。

　葬祭儀礼とは自分の悲しさをみんなが分かち合ってくれる「形」である。

　今日では地域共同体としての葬祭は姿を消しているし，儀礼そのものの受け取り方も違ってきている。しかし，僧侶の立場から，遺族と悲しさを分かち合うことは仏教葬祭の基本であろう。宗門の伝承では，葬祭は布教教化の場である，などと教えるし，だからこそ通夜説経が大事だなどといわれてきた。それは正論ではあるが，それ以前に，遺族と悲しさを共有するという葬祭儀礼の基本の意味が軽視されていにしないか。布教教化の場であるとあまり強調すると，葬祭儀礼は単に教化の「手段」となってしまい，本来の機能が失われてしまう。現代の葬祭儀礼軽視の風潮には，こうした仏教者側の姿勢が関わっていないであろうか。

　事例②　心の交流

　合理的思考の持ち主で，科学万能主義を主張する私の友人の若いときのエピソードである。日頃から，死後には何も残らない。お経をきいても判らないし，供物も食べられない。火葬した遺骨はカルシウムの塊でしかない。葬儀は無用であると主張していたが，5歳になる息子が急逝した。どうするかと私は見守っていたが結局菩提寺の住職にきてもらい，葬儀が行われた。四十九日に納

骨した翌日，私は彼と一緒に墓参した。雪が降った翌日だったが，彼は墓に積もった雪を払い，「○○（名前），寒いだろうな」と声をかけた。ミカンを「お前の好物だよ」と具えていた。

この事例は客観的知識と論理だけでは人間は生きていけないことを示している。死者との心の交流が葬祭の眼目であり，ここには死者霊の有無は問題となっていない。

事例③　死者の行方

死者が「千の風になり」，光，雪，鳥，星などになって生者と交わる，という詩を聞いて，私はすぐに故河合隼雄先生から聞いたエピソードを思い出した。

小学5年生の女の子が母を亡くした。お母さんはどこに行ったの，と大人に訊いても，お母さんはお星様になってあなたを見守っているわよ，といった類の答えしか返ってこない。小学五年生でも「おとぎ話」では満足できない。納得できずにいる彼女に，河合先生が「お母さんがどこにいるのか。それはあなたがこれから一生かけて答えを探していく問題ですよ」といったら，大きく頷いたという。

亡き母親が何時も側にいて自分を見守ってくれるのは心休まることであろう。しかし，自分が生きていく生活に母親は関わっていない。この娘さんは単なる傍観者としての母親ではなく，自分とともに人生を生きていく母親を求めていたのである。

しかし，このエピソードだけでは，どうしたら母親と生きる人生を送れるかという具体的な方向は示されていない。そして正にここに，仏教の目指す葬祭の方向，つまり布教教化が意味を持ち始める。私は日本仏教各教団が民衆のために葬祭儀礼を行うようになった背景には慈悲があると信じている。仏教各派がどのような理由で，どのような経緯で葬祭を取り上げ，仏教化してきたかについては種々の議論がある。しかし，身内を失って悲嘆に暮れる人々への憐れみと救済の思いが動機の一つとしてなかったとは考えられない。そして，儀礼そのものによる救済は，おのずと，仏教的な「安心」の生活への導きに連ならざるを得ない。インド以来，仏教とは畢竟，生者の救いを第一義としているものであるから，それが「教化・布教」ということであろう。

もっともその布教教化の内容は説く人によってさまざまだが，浄土真宗にお

いては「報恩感謝」の営みであると，教団レヴェルで，意味づけている。ご先祖さんをも含めて，いのちがつながっているし，葬祭とはそういう恵みにあらためて感謝する儀礼であるとされている。つまり，布教教化の面から，葬祭は報恩感謝の儀礼であるとし，それを教団として確認している。その意味で，葬祭とは具体的に生者と死者との交流にかかわるものと納得されているし，反面，葬祭を「追善供養」と考える信者さんとの間に幾分のギャップはあるという〔奈良・山崎2009，106頁以下〕。

　他宗の場合には，葬祭儀礼はしばしば布教教化の場であると理解されている。死を契機として無常を説き，無常を生きることを説く機会であるなどというのであるが，その場限りの単発の説経で終わっていることが多い。布教教化は葬祭の時だけの問題ではなく，日常の業務であろう。

　事例④　死者との会話による癒やし―働かないと死んだ娘に笑われる

　小学５年の娘さんを交通事故でなくした30歳代後半のご夫婦がいる。私の檀家である。父親は小僧時代から真面目に一生懸命に働いてきた。それなのになんでこんな目にあうのかと嘆いた。母親は娘さんの振り袖姿の写真をみせて，こんなに可愛い子だったんですよと涙を流した。心のこもった葬儀も済み，新しいお墓も建った。お墓の側には小さな地蔵の石像が置かれ，母親にとってはこれが死んだ娘さんの身代わり。お詣りが絶えなかった。翌年寒い日の続いた時があった。翌朝，地蔵様にはベージュ色の毛糸の帽子と襟巻きが巻かれていた。死んだ娘さんが「お母さん，暖かい！」といい，母親の「そう，よかったわね」などという会話があったろうことを私は疑わない。

　３回忌が近づいて打合せのために母親が寺に来た。私は「未だ思い出すでしょ」と訊いた。「ええ，今でも夜中に思い出すと涙が出てきちゃうんです」。こういいながら彼女は，「でもいいんです。お釈迦さんは死んだ人が悲しまないように生きてゆけ，って教えてくださったんですってね。おじゃましました。また仕事にもどります。一生懸命働かないと死んだあの娘に笑われる」と帰っていった。

　娘さんを亡くした悲しさはなくなったわけではない。今でも思い出すと涙しているのである。しかし，「一生懸命に働かないと死んだ娘に笑われる」と言い切れたところに，この母親の悲しみは，なくなったのではない，乗り越えら

れたと私は受け止めている。

　布教教化に連なる事例であるが，このエピソードにおいても生者と死者の心は通い合っている。そして，死者を思うことが生者の生きる張り合いに連なっている。それが葬祭儀礼の意味であろう。

　事例⑤　死者との会話の救済—天国にきざみたばこ売ってる？

　これも筆者の檀徒のエピソードである。50歳台の独身の女性で，東京の下町で商売している。父親の葬儀に際して，足に草鞋（儀礼用の象徴的な草鞋）を履かせ，手に五百円札を握らせてお棺に収めた。

　一周忌が近づいたころ，私といろいろ父親のことを話しあっていた。彼女は葬儀の時のことを思い出しながらいった。

　「お父ちゃんは（下町の女性で父親のことをお父ちゃんと呼び習わしている），あの草鞋をはいて，三途の川では500円の渡し賃を払って，今頃はもう天国に着いていますわよね，ね？」。

　目にうっすらと涙が浮かんで，ノーとはいわせないぞ，といわんばかりの表情だった。

　「天国」というのはキリスト教の用語で，仏教では「天」または「天界」という，などという理屈をそのとき私はいわなかった。うん，もうとっくに天国に着いて，ほら，あなたはお棺に「お父ちゃん」愛用のキセルを入れていたじゃない，あのキセルで煙草を吸って楽に暮らしているから安心していいよ，と私はいった。そうでしょうね，安心したわ，といいながら彼女は呟いた。

　「でも，天国にきざみ煙草，売ってるかしら」。

そして，1週間後の法要の時にきざみ煙草3袋が仏前に供えられた。

　「天国」にいる「お父ちゃん」のために，どこか遠くまで行ってきざみ煙草を買ってきたに違いない。わざわざ刻み煙草を探しに出かけたこの行為を通じて，彼女は父親と会話している。元気でやっているかと問い，煙草に不自由させないわよと気をつかい，私は元気でやっているから安心してね，などと話しあっていたことであろう。それはかえって自分が現世を生きるはげましになっている。カタルシスといってもいいであろう。亡きお父ちゃんは何処に行ったのか，という問題ではない。死者は生者とともに生きている。これこそが死者への「廻向」ではないだろうか。

4. 自由な死者霊魂観

　上の④，⑤の事例には後日談がある。私はそれぞれの会話の後，1年くらいたった時に，思うところがあって，2人に訊いたことがある。「霊魂ってあると思う？」。期せずして，2人から同じ答えが戻ってきた。「霊魂ですか。そんなものないんじゃないですか」。

　それでは天国で煙管をくゆらしている父親は何なのだろう。母親と会話している娘さんは何なのだろう。

　私の友人にきわめて合理主義的な考えをし，霊魂の存在を認めない男がいる。大学教授である。父親が亡くなり喪主として葬儀を行った。出棺の際に弔問の方々に御礼を述べ，「亡き父もさぞかし草葉の陰で喜んでいると思います」と挨拶した。後でお前は霊魂を認めていないはずだが，草葉の陰で喜んでいる父親，とは何だ，と尋ねた。苦笑いしていたが，「でも，みんなが来てくれたと喜んでいるオヤジの顔が浮かんで来たんだよね」という言葉が返ってきた。

　こうした発言を筆者も加わっている研究会で議論したことがある。実体的に死者霊魂を認める立場の者は，それこそが死者の霊魂だといい，反対の立場の人は，父親を慕う人間の心の作りだした観念だと主張した。

　死者霊の有無は難しい問題である。仏教の教理からいうなら答えは明らかであって，死者霊など認められない。しかし仏教徒の現実の日常生活においてはそう簡単に解決できるものではない。文化史研究の視点からはいくつもの解答はありえるし，軽々に扱うことはできない。

　しかし，こうした形で議論してきた関係もあり，私個人の考え方を述べるなら，私には実体的な霊魂の存在は認められない。研究会でいろいろ議論した内容を私なりに受け止めているのだが，「生者の追憶にのこる死者の人格」を葬祭にかかわる「死者霊」として認めてよいと考えている。

　この考えに納得される方は多いと思う。天国で煙草を吸っている父親も，母親と会話している娘さんもこの意味での死者霊であるし，草葉の陰で喜んでいる父親も同様である。曹洞宗のアンケートで「追憶の中に存在している」死者を認める方も同様であろう。民俗にかかわる観念であるから必ずしも無我説と一致する必要はないものだが，しかし，仏教の基本的世界観と一致した方がよいことは当然であろう。私たちの思い出にのこる亡き人々の「人格」は無我説

と矛盾しない。そして，死者霊魂の祟りなどというものに思わされないですむ。死者霊として，そして葬祭に関する基本的観念として，また，現代的な発想として，こういう死者霊の理解は十分に可能であろうと思う。

　教理として仏教は霊魂を認めることはできない。しかし人々の生活文化のなかでは，仏教教理書がいみじくも「無記」「捨置記」と言いあてているように，実体的な霊魂はあるかないかという議論は棚上げした方がよい。

　「世界は常か無常か，常且つ無常か」「世界は有限か無限か，有限且つ無限か」「如来（＝人間）は死後に存在するかしないか」「霊魂は身体と同一か否か」「こうした問は（形而上学的で，どうでもいい議論であり），捨て置く（＝返答しない）べきである（『倶舎論』19巻，括弧内は筆者補足）」。

　こういう理解もある。

　　花びらは散っても花は散らない。人は去っても面影は残る。その人は，合
　　わせる掌の中に帰ってくる。
　　　　　　　　　　　　　　　　　　　　　　　　　　　　　　（金子大栄）

死者霊についていわれた言葉ではない。しかし仏教信仰における生者と死者の関係を見事に言い当てている。

　実体的な霊魂はなくても葬祭儀礼は成り立つ。大切なのは生者と交流する死者の「人格」なのであって，それを新しい死者霊だと受け止めていいのではないだろうか。

　佐藤弘夫氏は，死生観のダイナミックな変容を広い視野でたどったのち，こういっている。「死者は，今後ますます生々しい遺体や骨から切り離され，抽象化された記憶の空間に棲むようになることはまちがいない」〔『死者のゆくえ』，岩田書院，2008〕。これからの葬送儀礼のあり方を考えるうえでも，貴重な示唆を与える考え方である。

　「千の風になって」という歌が流行った。「お墓の中に私はいません」と死者はいうのだが，本気で死者の霊魂がお墓に住んでいると信じている人は少なかろう。お墓の中に死者はいなくてもかまわない。いても結構である。考古学的な墓の歴史は別にして，お墓とか位牌とかは私たち生者の追憶にのこる死者の「人格」の象徴なのである。最近は墓参する人の数が増えているという〔『週刊朝日』2017年9月1日号〕。

　葬祭儀礼において大切なのは死者との心の交流であり，会話である。それな

ら，お墓や位牌は言葉をかけやすい。風では捉えようがないものであろう。

註
1)　『日本宗教事典』（弘文堂，1994年，599-602頁），『宗教学辞典』（東京大学出版会，1973年，707-11頁）など参照。
2)　ヒンドゥー世界では天，人　畜生，地獄の4世界である。仏教においてなぜ，アスラと餓鬼世界が死後世界として加わったのか。これは文化史の問題として重要である。むずかしいテーマであるが，解決のヒントは後に論じた。
3)　著者の在印時代の体験だが　ウッタル・プラデージュ州では借金を残したまま死んだ人は借主の家の下男に生まれるという。しかしマラタ州では下男ではなく牛に生まれて，労力で借金を返済するという。地域によって異なる理解のあることは民俗として不思議ではない。
4)　"The Rebirth Eschatology and Its Transformations : A Contribution to the Sociology of Early Buddhism"（W.D.O'Flaherty "Karma and Rebirth in Classcal Indian Tradition", 1983年，137-64頁）。なお，同博士の関心は終末論にあるようで，世界の民俗の諸事例を豊富に利用しつつ，比較文化論の視点から次の大著も出ている。"Karma & Rebirth～A Cross Cultral Study" Univ. of Calfornia（2002年）。
5)　漢訳は「中阿含経」170，『鸚鵡経』，および『分別善悪報応経』，『兜調経』，『業報差別経』などの数種がある。なお，MN136経「大業分別経」も内容的には大同小異で，業報の必然的なことを述べる。
6)　臨終時に再生する場所（均獄）を知り，急遽三帰依によって望ましい処に生まれた，というモチーフは道元も一事例として語っている（『正法眼蔵』「三時業」）
7)　かつて高崎直道先生がインド仏教思想史の中心テーマは結局業輪廻説と無我説との調整にあるといってよいのではないかと語られ，私も同感をもって受け止めたことを記憶している。
8)　輪廻主体がガンダルヴァの姿を取る例はすでにブラーフマナ文献にある。仏教伝承はそれを受けついだものであろう。
9)　この説明はそれなりに説得力ある説明と受け止められているようである。今日のタイでは仏教指導者は輪廻主体をこのように説明しているという〔Spiro，87-89頁〕。また現代インドの「新仏教徒」運動を起越したアンベードカルもこの説明を利用して説いている〔アンベードカル2004，226頁〕。
10)　R.Gombrich は文化研究と教理研究における差を affective, cognitive（practice and belief）として論じている。「民俗」と「教理」の差を情緒的側面と認識論的側面からのアプローチの差として特徴づけている。同感できる理解である〔R.F.Gombrich1971，4頁以降〕。また，文化人類学者たちのテーラヴァーダ研究は，例外なしに，教理と実際の

社会生活とにおけるギャップをさまざまな形で明らかにしている。それらは本書におけ
る「世間」「出世間」レヴェルにほぼ相当している。

第2章　縁起と業

1　「出世間」からみた業・輪廻説

(1) 和辻哲郎の業・輪廻説

　和辻哲郎博士は，大正から昭和にかけての仏教思想研究に大きな指針と影響を与えた方である。とくにその著『原始仏教の実践哲学』（岩波書店，1927年）は旧来の叢林での研鑽を前提とする「宗乗」的仏教研究ではなく，文献学的に資料を扱うことの重要性を説き，すぐれた洞察力をもって「仏教の本義」を明らかにした。今日の仏教学研究，文献学的思想研究を発展させた重要な著作である。

　ここには業・輪廻説が扱われ，特に縁起，無我説の関係が詳しく論じられている。その意味で文化史研究の立場から業・輪廻を論じようとする本書にとっても重要な研究であり，特に取り上げて論じることにしたい。

　和辻博士は，仏教経典に輪廻の主体である実体的霊魂を求めようと種々の記述があることをいう。漢訳『長阿含経』（巻7第3経「弊宿経」：Dn23経 Pāyāsi-suttanta に相当）では霊魂は目には見えないが，それは木を鑽ると火がおこるが木を裂いても火は得られないようなものだ，などという例を挙げている。またMA170経（鸚鵡経）では白犬に再生して息子と会話する例などが説かれていて，いずれも霊魂の実在と業果の必然性を主張する事例としている[1]。

　博士は次のように論じる。「経典が輪廻主体を求める記述は，純粋に，無我，五蘊，縁起を説く経には現れず，神話的着色の多い作品において顕著に現れているのを見る。（中略）この思想は，善悪応報を否定せんとする当時の享楽主義的流行思想に対しての戦いのために，原始教団において歓迎されたものであろう。そうして，神話的文学的な作品を作り出す傾向と結合しつつ，経蔵中に豊富に現れてきたのであろう。しかし，この思想が原始教団において歓迎され

たということは，それが無我思想と内的に結合せるものであるとの証拠にはならない。それはあくまでも異なれる立場の思想であり，経蔵は異なる思想を異なれるままに伝えているにすぎぬ」。

　しかし，それにもかかわらず，和辻博士は「無我説と輪廻説という明瞭に異なれる二つの思想を一人の仏陀が説いているし，阿含経典には無我を説く経とともに輪廻思想をも説く経が含まれている。それが問題なのだ」〔和辻1927，273頁〕と主張する。つまり無我説と実体的な霊魂は矛盾するものであるのに，1人の釈尊がその両方を説いているのが解せない。経典の中に同時に出てくるのがおかしい，という疑問を提起している。

　では，どう理解すべきなのか。輪廻は，「（神話的文学的世界の出来事であっても）無我五蘊縁起の立場は，自然科学のように霊魂や他界を退けていない。眼前の感覚的対象と，想像の所産たる神話的対象とは，五蘊あるいは六入によってある限りは，資格を異にするものではない。詩人の幻想に見る他界の姿は具体的であり，現実世界と同じ現実性を持つ。しかし，それは無明の立場においてのみあるものである。輪廻の主体たる我が現実的であるがごとく現実的であり，我が無であるごとく無である。無我の立場においては輪廻はない。すなわち，業による輪廻は法ではない。如来は，これを退けて法を説くのであるが，これが縁起説をもって輪廻説に代えることの意義でなくてはならぬ」（傍点著者）と説かれている。

　ここには幾つかの重要な論点がある。

　まず，和辻博士は仏法とはあくまでも縁起などの「出世間」レヴェルの現実であり，輪廻は神話的文学的な世界での想像の産物であり，無明の「世間」レヴェルにおいてのみ認められるものという。これはその通りである。無我説は存在の真実，法の在り方を示す認識であり，輪廻は民俗として実体的霊魂や死後の世界に関わる観念である。両者の成立の経緯も趣旨も最初から異なっている。法と輪廻は宗教的レヴェルを異にするものであり，「内的に結合しているものではない」。つまり経典は「異なる思想を異なるままに」伝えているにすぎない。すなわち博士は輪廻主体と無我説とを教理的に統合することなどできないものであると主張しているのであり，これは正論である。

　第2に，博士は「仏教」はあくまでも「法」であり，「出世間」レヴェルの

思想と実践であり，それに外れるものは仏教ではないと考えている。その意味
で業・輪廻説は仏教ではない。たしかに因果応報を説いて「享楽的思想に反撥
している」が，縁起，無我の思想に相反している。したがって輪廻説を説くの
は法に反することであり，「縁起説を以て輪廻説に代えるべき」だと主張して
いる。

　博士の説くところは，徹底して縁起とか無我，すなわち「法」の立場から輪
廻説を批判しているものである。現実的ではあるが神話的文学的世界の出来事
にすぎないとされる業・輪廻説が仏教徒の日常世界にどのように機能していた
かについては関心がない。和辻説は，業・輪廻に関して，その宗教的且つ社会
倫理的な意義をあえて軽視ないし無視しているように思われる。「縁起説を
もって輪廻説に代えるべき」というのであるが，これは社会に定着している民
俗的観念と慣行を「仏教」であると認めるな，ということである。あくまでも
思想，哲学としての「仏教」という枠内における議論であり，その前提で議論
されていることはわかるが，しかし，仏教史の実際からは大きく逸脱している
見解である。

　くりかえし述べてきたように，「出世間」の悟り，往生は仏教信仰の本義で
あるが，それだけでは仏教徒の生活は成り立たないのである。「出世間」「世
間」両レヴェルの諸観念や儀礼，慣行は理論的には区別できるが，現実の仏教
徒の生活においては種々な形で併存し，重層化し，融合し，相互変容しつつ伝
承されてきている。それが教団の実状である。「思想的に」と限定を設ける議
論であっても，博士の「仏教」理解は民俗的要素を豊富に含む仏教徒の生活を
非仏教であるとして疎外してしまう。本書の冒頭に示して「仏教でない仏教が
ある」という現実を誘導した考え方である。

　歴史的にみても，釈尊はすぐれて実存的で出世間性の強い教えを説きその実
践を勧めた。しかし，当時の民俗的な生活習慣や観念を否定することはなかっ
た。祖先崇拝，通過儀礼，種々の儀礼，温かい人間関係などをそのまま受容し
ている。生贄を伴う供犠（yajña, yañña）のように認められないものは禁止した
が，仏教の世界観からみて禁止される必要のないものはほとんどそのまま受容
されている。そうした状況をこそ，本書は次第に明らかにしていくのであるが，
業・輪廻についても同様である。

第2章　縁起と業　　*113*

特に「作功徳→生天」の図式は当然のこととして公認された。そして当時においてさえ業・輪廻説は「出世間」レヴェルではなく「世間」レヴェルであることは明らかに意識されてはいたが，だからといって，それが非仏教であると異端視され，排斥された事実はない。仏典は最初期には釈尊の言葉としてよき死後を願うことを出家修行者には禁止しているが，すぐに在俗信者のみならず出家者の生天をも当然のこととして述べている。

　したがって釈尊が縁起説と業・輪廻説を同時に説くことに何の矛盾もなかった。原始仏典に併記されても何の不思議もないのである。和辻博士は縁起と業・輪廻説が「異なるものである」ことを知りながら，異なるのは「宗教レヴェル」であり，だからこそ併存出来ることを見逃されているといえよう[2]。

　こうした悟り重視の姿勢はその後も引き継がれている。宇井伯寿博士は，和辻博士と同時代でやはり近代仏教学発展にきわめて大きな功績をのこした学究である。宇井博士は梵天を中心とする「天」の世界を論じているが，その際に，「仏陀が弟子または信者に生天を説き教えたとなす阿含中の言が果たして信ぜられ得るかどうか。余は到底信ずるを得ぬ」とまでいわれている〔宇井1965，161頁〕。

　高崎直道博士は，輪廻説と無我説とのギャップへの解答の一つとして，業による輪廻は間違った在り方であり，それを超克するのが涅槃である。仏とはこの涅槃に住する存在で，それだけが真実をなすものであり，その状態になることを目標とするのが仏教だ，という考え方のあることを紹介されている（高崎1987，70頁）。あくまでも悟りを目指す「仏教の本義」からの視点であり，その脈絡において「業・輪廻は間違い」という主張である。しかし業・輪廻説の観念は種々に悟りを目指す仏教に組み込まれている。

　こうした理解は悟りにかかわらない民俗は「仏教」ではない，というものである。「世間」レヴェルの宗教観念や儀礼，慣行を「仏教」と認めない傾向は，実は，仏教研究者の共通の姿勢ということができるようである。そして後代の指導者には「悟り一点主義」とでもいう姿勢がある。因みに「悟り一点主義」とは，悟りこそが仏教の本義であることを主張する（これは正しい）のみではなく，「世間」レヴェルの諸観念の宗教的価値を仏教ではないと否定する姿勢をいう。

(2) 道元の輪廻論

　よく知られているように，道元は釈尊の「正伝の仏法」を伝承していると自
覚し，ひたすらに仏道を修すべきことを説いた禅者である。宗教的真実，すな
わち「法」を追求することに厳しく，坐禅およびその延長としての叢林生活を
実践すること（「修」）がそのまま真実をはたらかせている（「証」）ことを説い
た。あくまでも現世における修行が眼目であるが，しかし，業・輪廻を認めて
来世，未来世を説いている。無我説と輪廻主体との関係にかかわる議論の一例
として道元の業・輪廻観を検討したい。通文化史の視点から有益な試みである
と思われる。

1. 道元の輪廻観の特徴
　道元の輪廻観をみるに際し，先ず2つの前提を述べておかなければならない。
第1に，道元は輪廻の主体を認めていないことであり，第2には時間論である。
　道元が霊魂的な存在を強く否定していることは周知のところである。1例の
みを挙げる。

　　　かの霊性は，この身が滅するとき，もぬけてかしこに生まるるゆえに，こ
　　　こに滅すとみゆれども，かしこの生あれば，長く滅せずして常住なり，と
　　　いうなり。かの外道の見，かくのごとし。　　　　　　　　　　（『辨道話』）

　霊性とは，他の箇所で，心性，霊地，本性，本体，真我なども呼ばれている
が，道元はこうした霊魂的存在を明らかな言葉で否定している。道元はすぐ続
いて，こうした見解を「外道の邪見だと知れ。耳にするものではない」とまで
斥けている。したがって輪廻転生する主体としての霊魂的な存在も否定されて
いる。

　さらに，道元の時間に関する考えは，過去から現在，未来へと直線的に流れ
る通常の時間論ではない。薪と灰に関する有名な説示がある。薪が燃えて灰に
なる。そうみるなら，たしかに，時間の先後はあるけれども，そうみてはなら
ない。薪が薪である「今」は，薪として絶対の存在（「法位に住する」）であり，
ボウボウと燃えている薪はボウボウと燃えている「今」の存在として絶対であ
り，灰になったら灰という「今」の絶対の時間にあるものとして存在している。

第2章　縁起と業　　*115*

常に「今」という時間が「絶対，絶対，絶対……」と「前後際断」しながら続いているものだという。だからこそ，「今」という時間は，仏道の在りようからすれば，遙かなる過去から前後際断されながら並んでいる絶対の「今」であり，しかもその「今」はひたすら仏道に生きる自己存在そのものだというのである（『正法眼蔵』「現成公案」）。

　だから，すべての存在（「有」）は，単にモノとしての存在ではないし，時間もそれだけで独立した実体的な時でもない。過去から未来に向けて常に宗教的意味をもち続けている「今」という時間は修行者として生きる自己存在と不即不離である。だから，「而今(にこん)」が前後際断されながら隙間なく排列されているが，それは同時に「全世界はわれ（自己）がすきまなく配列されているもの」（「われを排列しおきて尽界となせり」（「有時」））ということでもある。

　だから「時がそのまま存在（有）であり，存在はすべてが時である」（「有時は時すでにこれ有なり，有はみな時なり」）。これを有時というのだが，有時には「経歴」ということがあるという。

　　　有時に経歴（経めぐる）というはたらき（功徳）がある。すなわち今日から明日へと経めぐる。今日より昨日に経めぐり，昨日から今日へ経めぐる。
　　　経めぐることは時のはたらきである。　　　　　　　　　　　　（「有時」奈良訳）

　道元の時間論は，通常のように過去から未来への直線的に連続しているというものではない。過去世に何かしたから今はこうだ，という客観的な時間的因果ではなく，仏道に生きる今の自己が「法」として「ハタライ」ているのであり，それは過去から継続し，未来へもはるばると広がっていく，という主体的な時間である。

　だからこそ，

　　　しかあれば，従来の光陰はたとひむなしくすごすといふとも，今生のいまだすぎざるあひだに，いそぎて発願すべし。ねがはくは，われと一切衆生と，今生より乃至生生をつくして，正法をきくことあらん。きくことあらんとき，正法を疑著せじ，不信なるべからず。まさに正法にあはんとき，世法をすてて仏法を受持せん。つひに大地有情ともに成道することをえん。
　　　かくのごとく発願せば，おのづから正発心の因縁ならん。　　　（「渓声山色」）

という。今，これからでよいから，正法を聞き受持していこうという発願は

116　　第Ⅱ篇　本論インド仏教の儀礼と文化

「生生世世」をつくしての発願なのである。道元の輪廻は，輪廻する主体としての霊魂は認めない。過去から現在，そして未来への流れる実体的時間も否定している。因果は重要視するが，一般的で公式的な因果関係を超えている。

　ではその意味は何だったのだろうか。

2. 道元の輪廻に関する記述

　道元の輪廻に関する記述を包括的に検討するために，角田泰隆博士の研究を利用させていただく。角田博士は道元の輪廻にかかわる説示をすべて収集し，その脈絡から三類に分けて分析した。(『道元禅師の思想的研究』第7章第2節)。有用な分類であり，その各々から2，3の例を引用しつつ紹介し，論じさせていただく（傍点著者）。

①生死の連続を意味する説示

　　上に挙げた「渓声山色」の説示もここに分類されるが，さらに

　　　　深く仏法僧の三宝をうやまひたてまつるべし。生をかへ身をかへても，
　　　　三宝を供養し，うやまひたてまつらんことをねがふべし。

　　　　　　　　　　　　　　　　　　　　　　　　　　（別本「仏道」〈道心〉）

　　生生の身身に法を説き法をきくは，世世に聞法するなり。　（「自証三昧」）

　　この種の説示は例外なく，生生世世にわたる「仏法の出逢い」，「仏法を行じる誓願」という脈絡で説かれている。

②「流転，六道あるいは輪廻に関する説示」

　　いわゆる生死は凡夫の流転なりといえども，大聖の所脱なり。

　　　　　　　　　　　　　　　　　　　　　　　　　　　　　　（「身心学道」）

　　天女，神女も，いまだ断惑の類にあらず。なおこれ流転の衆生なり。

　　　　　　　　　　　　　　　　　　　　　　　　　　　　　　（「礼拝得随」）

　　もし菩提心をおこしてのち，六趣四生に輪転すといえども，その輪転の因
　　縁，みな菩提の行願となるなり。　　　　　　　　　　　　（「渓声山色」）

　　人は皆凡夫として流転していくものである。死後世界の六道は天界，人間界を含めてすべて迷いの世界であるし，これはインド仏教以来の常識である。そして，最後の例はその流転のどの生においても悟りを求める誓願を発し，行ず

べきものだという。死後の安楽を願うものではなく、仏道修行のプロセスとせよ、という。菩提の行願の重要性を説くのに、たとえ輪廻したとしても、と輪廻を引き合いに出している説示である。

　　しるべし。安楽兜率といふは、浄土・天上ともに輪廻することの同般なるとなり。　　　　　　　　　　　　　　　　　　　　　　　　（「行仏威儀」）

　身心をあげて「仏を行じる」（行仏）という行為（威儀）は浄土であれ、天界であれ、同じである。それ〔行仏威儀〕は大悟しているとか大いに迷っている（大迷）とかに関わらない行為である。（悟りとか迷いとかは自我の作りだした想念に過ぎず、どうでもよいことであって）そうしたものは「行仏」という草鞋の中で足指を動かしているようなものだという。

　この例では輪廻という言葉をはっきりと出して、現世であれ、死後の世界であれ、仏行を行じる実践（威儀）の絶対性を説いている。特にここでは浄土と天堂が並んで述べられているが、天堂とは兜卒天のことで輪廻の一環としての天界である。しかし、浄土は阿弥陀仏の仏国土であり、往生し悟りを開いた人が赴くところである。輪廻世界ではない。それにもかからず、この両語が並列されていることは、迷悟を超えた「行仏」の重要性を強調する脈絡において、天界も仏国土も等しく輪廻世界のようなものだというのである。

③「悪業（力）、善業（力）、願生などの説示」

　　祖師西来よりのち、経論に倚解して正法をとぶらはざる僧侶多し。これ経論を披閲すといへども、経論の趣旨にくらし。この黒業は今日の業力のみにあらず、宿生の悪業力なり。今生ついに如来の真訣を聞かず、如来の正法をみず。（中略）宿殖般若の種子ある人は…祖師の遺孫となれりしは、（中略）利根の機なり、上上の機なり。　　　　　　　　　　　　（「行持」下）

　　過去の悪業おおくかさなりて、障道の因縁ありとも、仏道によりて得道せりし諸祖、われをあはれみて、業累を解脱せしめ、学道さはりなからしめ、その功徳法門あまねく無尽法界に充満弥綸せらんあはれみをわれに分布すべし。　　　　　　　　　　　　　　　　　　　　　　　（「渓声山色」）

　　いまわれら宿善根力に引かれて、最勝の身を得たり。歓喜随喜して出家受戒すべきものなり。（中略）出家の生生をかさねば、積功累徳ならん」
　　　　　　　　　　　　　　　　　　　　　　　　　　　　（「出家功徳」）

まことにそれ，ただ作悪人とありしときは，むなしく死して地獄にいる。
地獄よりいで，また作悪人となる。戒の因縁あうときは，禁戒を破して地
獄におちたりといえども，ついに得道の因縁なり。いま戯笑のため袈裟を
著せる。なおこれ三生に得道す。いわんや無上菩提への信心をおこして袈
裟を着せん，その功徳は成就せざらめやは。　　　　　　　　（「袈裟功徳」）
　道元は現世の善悪の状況が過去世の業によるものであることをいうが，その
善悪の内容はすべて仏法を学べるか否かにかかわっている。仏に出逢うことが
できないのは過去世の悪業であり，出家受戒し，正法に遇い，悟りを開けるの
は多くの過去世に積んだ善根のゆえである。地獄に墜ちる悪行をなしたものも
救われるのであって，すなわち戯れにでもいいから袈裟を纏えば大いなる功徳
を得，悟りを開けるという。
　すなわち，道元は業・輪廻を明らかに認めている。しかし善悪業を説くのは
通常の現世の苦楽ではなく，出家し，正法に出逢い，修することの功徳とのか
かわりで理解している。因果を「出世間」レヴェルで捉えており，そのための
枠組みとして輪廻を捉え，「利用」しているのである。客観的な公式としての
因果ではない。実存的な自己探求の面からの自覚的な因果である。

　また道元は中有についても述べている。中有身とは前章においてみたように
明らかに実体的な輪廻転生の主体である。起原は民俗だが，それが『倶舎論』
のような論書においてさえ議論されている。道元は帰依三宝について，
　　　次には深く三宝をうやまひたてまつるべし。生をかへ身をかへても，三
　　宝を供養し，うやひたてまつらんことを願ふべし。（中略）ねても，さめ
　　ても，三宝をとなへたてまつるべし
と説き，続いてこう説いている。すなわち死んでまた後の生に生まれるまでの
間に，「中有ということ」がある。死んでのち七日の間三宝を唱えよ。七日を
経ればまた中有に死んで，また中有を得て，七日あり。（中略）帰依三宝と唱
へよ（中略）中有をすぎて託胎するときも，生まれるときも，三宝を唱へる，
と深く願へ」　　　　　　　　　　　　　　　　　　（「道心」別本仏道）
　輪廻のキー・タームである中有の存在を取り上げているが，しかし，中有本
来の霊魂が再生するプロセスを問題にしているのではない。言わんとするのは

第2章　縁起と業　　119

帰依三宝の大切さである。当時一般に受容されていたであろう中有という常識的観念を方便として利用して，再生するならその再生のプロセスにおいてさえも帰依三宝を忘れるなと説いているのである。

したがって前において『倶舎論』にみる中有を論じた際と同じく，道元がここで説く中有は無我説との矛盾を問題にするようなテーマではない。

3. はるかなる仏道

こうしてみてくると，道元はたしかに輪廻を説いている。しかし，単なる死後の命運とか，現世の苦楽とか，前世における原因とかを客観的に説くことはない。たしかに「三時業」にかかわる事例のように通常の業・輪廻説といえる用例もあるが，ほとんどの説示が発願，出家功徳，三宝帰依など，正法を受持し実践していく重要さを強調するものである。過去世から現世，そして未来世を通じて生生世世において仏道を行じるべきことを主張するために輪廻説が利用されている。

こうして道元は，明らかに業・輪廻を認めているが，輪廻主体は認めないし，輪廻の通常の意味も無視している。これについて角田博士は「身心一如」説をもって理解しようとする。身心一如は道元も説くところである。身と心が一如ではなく別物であるならば，その心は実体的霊魂であろうし，それは不滅であるから今世とか来世とかいう必要もなくなる。また，「本来清浄なる心」を認めるなら身をもってする修行は不要になる道理であろう。禅師は身心一如を主張することで，当時の「修行無用論」を批判している。あくまでも，過去から現世，来世へと正法を受持する修行が続くのであり，それを角田博士は仏道修行が生生世世を尽くして行じられるべき道であり，菩提への道は遙かなる道である。過去の宿善により正法に遭うことができるから，なおそこから赴くべき道として，「仏道―遙かなる道」であると呼んでいる〔角田2015，486頁〕。魅力的な呼び方である。たしかに仏道とは過去世から今世ばかりでなく，来世にもはるばると継続されゆくべきものである。

こうしたことから，道元は実体的な霊魂は認めていないが，「生死の連続あるいは輪廻を説いている。（中略）修行の功徳を積み上げていくものとして，「輪廻の主体」を認めておられたと結論せざるを得ないのである」と博士は主

張される。

　もしそうなら，その「輪廻の主体」とはなにか。実体はなく，しかも輪廻する主体とは何であろうか。それは「おそらく道元禅師自身にも明らかにしえなかったことなのではないか。（中略）道元禅師も，仏教思想史が「無我説」と「輪廻説」との間で歩んできた苦渋の歴史の中の仏者の一人として位置づけられるのかもしれない」と結ばれている。

　角田博士のこうした一連の論文，特に本論で種々引用させていただいた上掲論文は意義深い論文だと思う。その理由は，筆者の知る限り，無我説と輪廻との関係というアポリア（難問）を（宗学的術語ではなく）日常論理をもってまともに取り上げた，おそらく，最初の論文だからである。

　私もその成果の上に議論させていただいているのだが，異なった理解を提議したい。

4. 道元の輪廻は「教理」ではなく「文化」

　道元が輪廻という観念を認めていたことは疑いない。しかし，通常に理解されている業・輪廻論とは異なっている。すなわち，道元は実体的な我の存在を否定している。この視点からみるなら，業・輪廻説における輪廻主体も認められないし，道元も，もし聞かれれば，そう答えるであろう。無我説を忠実に受け止めているのである。この一事だけで道元の説いている輪廻は通常の一般的業・輪廻論とはいえない。

　さらに，道元は縁起の思想に基づき，過去→現在→未来へと流れる通常の直線型時間を否定し，「而今」を説く。したがって道元が重視する「因果」も，過去→現在→未来へとつながる物理的な因果関係ではない。あくまでも現在の時点から過去をふりかえり，自覚的に宿業を理解するものである。だからこそ，仏道に出逢い得たのは宿善のゆえであり，六趣四生に輪転する因縁が皆菩提の行願となるのである。次節にあきらかにするように実存的な「自覚的業論」であり，宿命論的業論ではない。一般的業論で論じられているわけではない。

　それを裏付ける一証として，次の例を挙げておきたい。

　　　おおよそ因果の道理歴然として私なし。造悪の者は堕ち，修善の者は陞る。毫厘もたがわざるなり。もし因果亡じてむなしからんがごときは，諸

仏の出世あるべからず。祖師の西来あるべからず。おおよそ衆生の見仏聞
法あるべからざるなり。因果の道理は，孔子・老子などのあきらむるとこ
ろにあらず。ただ仏仏祖祖あきらめつたえましますところなり。(中略)
参学のともがら，菩提心を先として仏祖の洪恩を報ずべくば，すみやかに
諸因諸果をあきらむべし。 (「深信因果」)

最初の2〜3行はごく普通の業，因果論としても理解できる。しかし禅師が
説いているのは，修行者の見仏，聞法，そして仏道修行への意欲であり，それ
に出会えるのも因果による。それこそが仏祖の明らかにし伝えきた仏法の因果
であり，それを自覚せよ，と説いているのである。しかし，その脈絡は後半に
示されている。その部分を読み落とすと禅師の真意は失われる[3]。

道元の理解する輪廻の意味は自覚的である。通常の輪廻説のように現在の苦
楽の因を過去世の業に求め，功徳を積んで安楽な死後を願う，というものでは
ない。あくまでも仏道に出逢い，受持し，実践できる喜びと幸運とを説く枠組
みとして利用している。業論を換骨奪胎して，過去世からの宿善を喜び，現世
の修行を未来へと続け「遙かなる（仏）道」を歩めと激励しているのである。

輪廻を悟りへの道程と捉えるのはすでに釈尊においてみることができる。

心が寂まり，賢い人として尊敬されている智慧ある人々に奉仕し，仏へ
の信に根が生じて安立した賢者は，神々の住む（天の）世界に赴き，（そこ
からまた生まれ変わって）この世の（高貴な）家に生まれ，こうして次第に
涅槃に至る。 (AN V, 18.179.8G.)

天界や人間界に生まれ変わる輪廻を説きながら，結局は涅槃にいたる道程だ
という。輪廻という民俗（「文化」）で涅槃を求めるという仏教本来の教え（「教
理」）と見事に結びつけている。民俗の仏教化である。しかも明らかに輪廻を
説きながら，ここでは輪廻の主体としての霊魂だとか，無我説との矛盾などは
全く問題にされていない。

上例と道元の「遙かなる仏道」とは幾分脈絡を異にしている。前者は何回も
輪廻を繰り返すその全道程を悟りへの道，と見ている。道元も「三世にわたる
輪廻も皆菩提の行願となる」と説く。釈尊は説明しているが，道元は誓願とせ
よ，という。

悟り，そのための修行，を輪廻説の上にのせて説明することは釈尊以来のこ

とであり，その脈絡においては輪廻主体の有無はまったく問題となっていない。輪廻説で悟りを説いているのではない。悟りを輪廻説の枠組みを「利用」して説いているのである。

さきに道元の「而今」についてふれたが，仏法の視点からは過去，現在，未来の「今」は等しく真実の今であり，仏法実践を予想している。「遙かなる仏道」もその意味で過去，現在，そして未来に継続する法であり，実践である。その脈絡で考える時，輪廻主体をとくに想定する必要は無いものといえよう。

西岡秀爾博士は「而今の行持修行」の重要性を強調するための方便として輪廻思想が説かれていると論じている。〔西岡2007，246-47頁〕。賛成である。そして業・輪廻説が統合された教理体系ではなく，そのなかに脈絡を異にし，論理的に矛盾する観念が併存しうることは先に論じたとおりである。

道元はまた懺悔における滅罪，軽減，そして随喜による業の増長を説いている。

　　悪業は懺悔すれば滅す。また転重軽受す，善業は随喜すればいよいよ増長するなり，これを不亡というなり。その報，なきにあらず」。

（『正法眼蔵』十二巻本「三時業」）

懺悔によって仏道を修業する妨げとなる悪業は消滅し，ないし軽減される。随喜は善業助長する。釈尊以来の伝統を踏まえているが，業・輪廻説からいえば，原則からの逸脱である。

道元の「遙かなる仏道」に特に輪廻主体を求める必要はないと私は理解している。道元は修行を継続する輪廻主体を想定して説いているのではない。三世にわたる輪廻は仏教の世界観として定着している。万人がそう理解している三世にわたってまで真摯に仏道修行を誓願し，実践して行けと道元は激励している。文化として一般に定着している業・輪廻説を利用して道元は「実存的」な理解を導入している。次節に述べる「自覚的業論」なのであり輪廻の一般的枠組みの上に独自の理解を説いているものである。一般的業論の理論は実存的な信仰のすべてを支配できるものではないのである。逆に換骨奪胎されて利用された業論に教理的業論を当てはめるのも不必要である。

私は「無我説」と「輪廻主体」を統合的に理解することは「木に竹を接ぐ」ようなものと考えている。教理学の領域において両者は論じられ，矛盾は解決

されねばならない。そしてそれが困難なことは歴史が証明している。両者の関係は仏教文化の問題として理解して始めて説明がつくものであると思う。説明がつく，というよりも，無我と輪廻主体とは本来，全く異なる関心と視点から発した観念であり，無理に統合しようとしても無駄だということが説明され得るということである。

　しかし，接ぎ木ということがある。もし両者を統合的に理解しようとするなら，それは教理，思想レヴェルにおいてではなく，教化布教の問題として扱うべきものであろう。

2　業・輪廻説の仏教的展開

⑴　輪廻説の仏教化と民俗化

　仏教が次第に広まり，教団が成立し，仏教徒信者が増えてくるにつれて，仏教的思考や儀礼が仏教徒の間に形成され，浸透してくる。自らが行っている民俗的諸観念や儀礼，生活理念のうえにも仏教の世界観，教理がかぶせられる。種々の形で民俗は仏教化され，あるいは教理は民俗化される形で展開される。出家エリートの指導が大きかったものであろう。

　「次第説法」は仏教化された民俗の典型的な事例である。在俗信者に対する方便説であり，仏伝中の最初の事例としては，鹿野苑の初転法輪の後，豪商の息子ヤサを教化した事例として述べられている。ただし，この伝承自体は後代に成立したものである。

　少し長いが訳出する。

　　　（釈尊は）ヤサに「次第説法」を説いた。すなわち，施与の訓話，戒めの訓話，生天の訓話，諸々の欲望の災いと害悪と汚れ，さらに世間を出て（出家）することのすぐれた利益とを説いた。

　　　（釈尊は）彼の心が（真実を）受け入れやすく，素直で，偏見なく，喜びにみち，清らかに澄んできたのを知って，そこで，諸仏が賞賛している教えを説いた。すなわち苦・集・滅・道という（四聖諦）である。（こうして，

124　第Ⅱ篇　本論インド仏教の儀礼と文化

ヤサの心が）ちょうど清らかで汚点のない布（を染めると）完全に染めあが
るように，（中略）この場で，ヤサには塵も汚れもない真実を見る眼が生
じた。すなわち，「およそ何ものであれ，（因縁によって）形成され，生起
する性（はたらき）のあるものは，みな滅する性のあるものである」。

（Vin. 大品，I, 7・5-6）

　そして，ヤサは出家し，悟りを開くのであるが，布施し戒を守って正しく生
活することは功徳を積み「生天」するための行為である。仏典はこの観念をう
けがいつつ，それを次第に心が清まり，出家して悟りを開くことの方便として
説いている。しかし，すべての人が悟りを開けるとは限らない。その際には，
生まれ変わり死に変わる輪廻の長い道程の中で，常に功徳を積み，最終的には
人間界に生まれて出家修行し，悟りを得るものと理解された[4]。

　この考え方は，ジャータカ物語を支える観念とも相呼応している。悟りを得
るのは困難である。釈尊もシャカ族の王子として生まれたあの人生だけで悟れ
たわけではない。その前生においてさまざまな善行をなし，功徳を積んだから
こそ，今生での悟りが開けた，とする理解がジャータカ物語を支えている。

　仏教指導者たちは，輪廻を究極的には悟りに至る道程である，として位置づ
けたのである。一般の信者たちにとっては「作功徳→生天」すなわち功徳を積
み，死後に良い世界に生まれるという教えが現実生活を支えていたことは疑い
ない。そうした日常生活が究極的には悟りに到るものだという教えは魅力的で
あったろう。見事な方便であるが，しかし，単なる理論ではない。指導者たち
は真摯にこれこそが正しい信仰の生活であり，悟りへの道であることを信じて
いたであろう。

　世間レヴェルの民俗を出世間レヴェルにかかわらせる仏教化の一例である。

　しかし，「作功徳→生天」は次第に，在家信者のみならず，出家修行者にも
説かれはじめる。修行者で悟りを開けなかった者は輪廻せざるを得ない。戒を
守り仏法を生きてきた修行僧である。輪廻すると天界に赴くしかほかに行き場
はないであろう。

　天界は輪廻の一環であり，教理的には「苦」の世界である。しかし六道輪廻
の世界においては最上位であり，現世の快楽が満たされる欲望の世界である。
単なる「天」（svarga, sagga）は，次第に六の世界に展開し（「六欲天」），さらに

第2章　縁起と業　　125

ヒンドゥー世界の影響により梵天がその上におかれた。これらの世界はそれなりに叙述され，独自の天界としての特徴を具えている。

　しかし，時代とともに天界の数は増え，六欲天の上に階層化して積み重ねられ，上方の諸天は禅定の深まり（『四禅』）に相応する世界とされるに到った。それはさらに欲界，色界，無色界の「三界」の観念と組み合わされ，その結果が『倶舎論』などに見える壮大な宇宙論として階層化された[5]。

　興味あることは無色界に　下からみて空無辺処，識無辺処，無所有処，非想非非想処という禅定が並び，その上に仏界が接続していることである。無所有処定，非想非非想処定はいうまでもなく，釈尊が出家してすぐに2人の仙人から学び，習熟したが捨てたとされている禅定である。無色界の4の禅定は明らかに禅定だが，仏典にはこれは非想非非想処天などと天界として位置づけている仏典もある。生存界（「有」）の頂点という意味で有頂天などともいうが（色究竟天をこう呼ぶという説もある），ここに人間の煩悩の世界は純化されて「仏界」に直通するものとなった。仏界は人間の煩悩の世界とは隔絶されたものであったはずである。しかし，凡夫から仏へ，迷いから悟りへと向上する仏道修行のプロセスが，こうして禅定と結

世界の構成図

仏界		
無色界	非想非非想処	
	無所有処	
	識無辺処	
	空無辺処	
色界	四禅	色究竟天
		善見天
		善現天
		無熱天
		無煩天
		広果天
		福生天
		無雲天
	三禅	遍浄天
		無量浄天
		少浄天
	二禅	極光浄天
		無量光天
		少光天
	初禅	大梵天
		梵輔天
		梵衆天
欲界	六欲天	他化自在天
		楽変化天
		覩史多天
		夜摩天
		三十三天
		四大王衆天
	地表	倶盧洲
		牛貨洲
		勝身洲
		贍部洲
		傍生
	地下	餓鬼
		等活地獄
		黒縄地獄
		衆合地獄
		号叫地獄
		大叫地獄
		炎熱地獄
		大熱地獄
		無間地獄

びついた天界を拡大し，輪廻説を媒介として見事に理念化された。「世間」の業・輪廻が「出世間」化された見事な事例といってよいものであろう。

四向四果も文化史的には同様の意味を持つ。預流果，一来果，不還果，阿羅漢果であり，周知のように，「悟りへの流れにのった者」，「（天界から）一度だけ人間界に戻って来て（一来）悟りを開く者」「二度と欲界に戻ってこない（不還）者」「一切の煩悩を断じ尽くした者」を意味する。天界に生まれることは輪廻の一環だが，しかし，悟りに向かって修行が深化するプロセスとして天界を位置づけたものである。文化史の面から見るなら，民俗が教理に組み込まれた事例である。

反面に教理が民俗を利用することによって新たな解釈を作り出した例もある。「出世間」の「世間」化といってもいい。

「三世両重の因果」がその例である。原始仏教における基本的な教理に「十二因縁」がある。いうまでもなく，12の項目を立ててどのように「苦」が生じるのか，どのようにして苦が減せられるかを説明するものである。無明に始まり，老死すなわち苦で終わる説明は，教理学研究の面からは種々の問題があるにせよ，宗教的にも納得できるし，縁起思想に基づく教理である。

しかるに原始仏教に続く部派仏教の時代には，12の項目をすこしずつだぶらせながら過去，現在，未来の因と果に3分類し，一人の人間が自己同一性をもって輪廻するプロセスとして説明した。いわゆる「三世両重の因果」である。

インド思想では輪廻は「苦」とされている。十二縁起は「苦」がどのように生じ，ないし滅するかを説く理論である。したがって，輪廻を十二縁起で説明しようとするのは理解できないことではない。しかし，行き過ぎた解釈という面もあり，和辻哲郎博士がこれは「アビダルマ」的で縁起説本来の意義ではない，ことを明らかにしたのは正論といってよい。

しかし半面に，過去，現在，未来にわたる輪廻のそれぞれにおける因と果を□□□，それなりの説明にはなっている。民俗を教理で説明したものといってもよいし，視点を変えれば教理の民俗化であるともいえる。文化史的には教理と民俗の緊密関係を示す一事例と理解してよいものである。

この問題は実は和辻哲郎・宇井伯寿両博士と木村泰賢博士の間で行われた壮

絶な論争の主要テーマだった。大正末期のことである。論争自体は木村博士の突然の死によって中断された形だが，博士は「現実生活を基礎として同時的相互依存の関係の立場から心理活動の様式を中心に」する視座に立っている〔木村1922〕。仏教教理の解釈としてはあり得るアプローチである。十二因縁は悟りの世界にかかわる理解であり，輪廻は民俗信仰である。両者の理論的に調整するには無理が伴うが，しかし，「知る仏教」と，現実に「生きる仏教」との両者を仏教文化の中にしかるべく位置づけようとする試みの一つだったとみていいものであろう。

(2) 自覚的業論—縁起の業論—

1.「業をあるがままに見る」

　業・輪廻説は，「世間」レヴェルの宗教信仰である。釈尊の時代から現代に到るまで，それは種々な形で伝承され，仏教徒の生活のなかに浸透している。日本でも，生々流転，良き後生をたのむ，袖ふれあうも他生の縁，などという。同時に業・輪廻説，とくに業の観念は悟りのレヴェルから再解釈され，「出世間」レヴェルの信仰として昇華された一面がある。道元禅師や親鸞聖人の宿業，宿善などを支える観念は単なる「一般的業論」で理解さるべきものではない。祖師方の深い信仰と自己省察の結果として表明されたすぐれて実存的な業の受容であり実践である。私は　「一般的業論」に対比させて「自覚的業論」と呼んでいるが，「縁起の業論」とも論じられている。

　これは最初期の原始仏典以来論じられている。

　Sn653-654に次のような偈がある。

　　　このように，賢者 (paṇḍita) はこの業をあるがままに見る (yathābhūtaṃ kammaṃ passanti)。縁起を見るものであり，業の果報 ((kamma-vipāka) を知りぬいているものである。

　世間は業によって成り立ち，人間は業によって成り立っている。車がくさびに結び付けられているように，生きとし生けるものは業にしばりつけられている。

　この文章はヴァーセッタなるバラモン青年がバラモンたることは「生まれ」

（jāti）によるのか，「業」（kamma）によるのかと問い，釈尊が業によってであると答える脈絡の中に現れる。すなわちこの2偈に先立つ650-652偈には，生まれによってバラモンなのではない。業によってバラモンであり，同様に，業によって農夫であり，職人，商人，雇人，軍人，司祭者，王である，と述べられている。業には，行為という意味と，行為が引き起こす潜在的影響力（業力，さらにはそれによって生じた果報，業果）という2つの意味があり，両者は微妙に重なりつつ使われている。したがって，kammaという術語を訳す時にはそのどちらなのかを見極めなければならない。上の文章においては職業であるから，「行為」の意味であるが，しかし，実は「業」と訳すべきだという議論がある。これに関して，舟橋一哉博士の重要な提案がある。以下に筆者なりのコメントを付しながら，紹介したい[6]。

舟橋博士は，kammaを終始「業」と訳される。したがって，業によってバラモン，非バラモンであり，業によって農夫，職人，商人，奴隷，盗賊，武士，祭官，王などであり，「賢者たちはこのように業を如実に知る。（彼らは）縁起を見るものであり，業（kamma）とその果報（vipāka）とを熟知している」と訳されている。

さらに，これを釈して，ここでいう業とは，業とその果報が同時に存在する用法であり，両者が分離されている一般的な理解とは異なっている，とされる。すなわち，土地を耕して生活するのが業であり，それにより世間から農夫としての扱いを受けるのが果報である。したがって業も果報も同じ一つの事実を指していうのであり，それを一方からは業と称し，他方からは果報と称している。同博士はその論文の少し後の方で（57頁以下），業という言葉は初期の仏教では迷いの生を引くものとしての行為（すなわち後の仏教でいう有漏業）をさしたが，次第に単なる「行為」として考えられるようになったと言われている。だから，Snのここでも「業」と訳さなければならないし，その意味で，業と果報が同時に存在し，時間的な因果を説かない「独特な業論」である。

同様の例がSM12.37にあり，ここでは「此の身（kāya）は（中略）以前の業（すなわち宿業・古業 purāṇaṃ kamma）の，すでに造作せられたる（abhisaṅkataṃ）すでに意思せられたる（abhisaṃcetayitaṃ）すでに感受せられたるもの（vedayitaṃ）である。これについて実に多聞の聖弟子はまさしく縁起を善く如理に思念す

る」（舟橋訳）という。すなわち，「此の身」は「以前の業」つまり宿業，古業（そのもの）であって，つまり，「業の果報」であり，その「果報」が「業」である。そして，業と果報が同じ事実の二面であることは上の Sn の例と同じである。しかし，ここではさらに，この業は過去においてすでに造作された業であって，そのような以前の業が消滅することなく，そのまま，今現にこの身中に存続している，ことが違っている。

さらに同様の例が SM35.1-5 にもあり，やはり「以前の業」が六処であることを述べている。そして，前者の例では，「この身は以前の業である」と知ることが縁起を如理に思念すること，である。すなわち，かく知ることが縁起を知ることなのであり，これこそが先の Sn653偈の「縁起を見る者であり，業とその果報とを熟知している，」ことだといわれるのである。

2. 自業の自覚

同博士の説を筆者なりの言い方をさせていただければ，今の「此の身」つまり自己存在は以前の自業の結果であり，業そのものだ，という自覚を内容とするものといっていい。自業の自覚である。それは，時間軸に沿う物理的因果，通俗的業論とは異質なものである。舟橋博士によると，釈尊が通俗的業論を説くのは「方便としての説法」であり，縁起の業論は勝義の立場での業論である。後代の教理学の用語でいえば，人間の業は常に迷いの世界の業であり，有漏業であり，善因楽果，悪因苦果という大原則に縛られた世界での出来事である。これを破ることは絶対にできない。しかし，それを悟りの世界，すなわち，迷いの世界を超えるという方向において見いだされてくるのが無漏業であり，これを原始仏教では梵行といった。それは「有漏業を否定するところに無漏業の世界があるのではなくて，有漏業を有漏業として認め，有漏業の支配する世界の限界を知ることによって，無漏業のはたらく道が開けて来る」し，『歎異抄』に関連していえば，宿業の自覚の中に宿業を超えていく力を含んでいるということになろう。こうした自覚は真宗学でいう「機の深信」につらなり，「法の深信」につらなるものになろう，というのが博士の結論である[7]。

舟橋博士の解釈は重要な問題提起であると筆者は思う。すなわち釈尊の業論に実存的なレヴェルにつらなる解釈を見いだそうとするものであり，仏教文化

130 　第Ⅱ篇　本論インド仏教の儀礼と文化

の大きなテーマに切り込んでいるからである。

これについて付論しておきたい。舟橋博士のいわれる「勝義の立場での業論」は「出世間」レヴェルの業論である。「世間」レヴェルの「一般的業論」を宗教的に高め，昇華して悟りのレヴェルにまで発展させたものである。次節に「自覚的業論」として論じるが，今日，仏教の指導者層では「仏教の業論」といえば，この出世間レヴェルの業として理解する姿勢が強い。

だからこそ，人権問題に関して「仏教の業論に差別はない」などという主張も出てくる。例えば，「原始仏教の業論は，世間的な教説を採用しながら，しかも出世間的な教説を基盤として説かれたものであり，（中略）出世間的な立場と抵触する方向で解されるならば，当然排除されねばならぬ」ことになる〔藤田1979，99-141頁，とくに127頁〕。あるいは「通俗的な一般的業論はニカーヤや阿含経の中にも多く説かれているが，それは迷いの中にあって幸福を追求しようとする在家道に関連した教説である。（中略）通俗的業論は方便説である（取意）〔舟橋1974，56頁〕」ともされ，あるいは「この世で部落に生まれたのは前世の業因による果であって，（中略）差別視される事は当然の事という，（中略）此様な説は仏陀の四姓平等の説を反省するときは，容易に，それが仏教的でないことが知られる」〔福原1982，18頁〕などと理解されているのである。

これらは「仏教」を教理として理解する立場からの発想であり，その限りにおいて間違っているものではない。しかし，もし，そうした「出世間」の悟りや実践のみを「仏教」だとすると，「世間」的な観念や行為は仏教ではないし，「一般的業論は仏教でないから排除すべき業論」だということにもなる。反面に「同和運動」，つまり差別撤廃の運動のさなかにおいては，差別を生み出すのは業論であるから，（一般的）業論を排除すべしという議論もあった。排除すべきなのは差別を生み出し支えた観念と実践なのであって，「一般的業論」（差別の理論を含んではいるが）そのものではない。

教団の実態を含む仏教文化の歴史においては，「出世間」「世間」両レヴェルの要素が複雑にかかわりつつも相互に補完しながら伝承されている。教団の評価と改善を志ざすなら，こうした問題を「なにが仏教か」という視点をもちつつ，検討していく必要があるものであろう。

第2章　縁起と業　　*131*

3. 自覚的業論

　業と輪廻とは不即不離の関係にあるが，インド仏教史において両者は別個の展開をみせている。輪廻はあくまでも輪廻で特別の発展はない。しかし，業は教理化され，種々に論じられた。宿命論的な「一般的業論」に対し，より主体的であり自覚的な業の受け止め方がなされるようになった。縁起説に基づく実存的な業論だといっていい。

　自分のおかれた今の状況は「現実」である。それが生じたことについては種々の歴史的，社会的原因と条件があろうが，仮にそれを理論的に明らかにしたところで，「他人ではなく，なぜ，ほかならぬこの私がかかる苦に遭わなくてはならないか」という疑問は解けない。その現実を改善する努力は無論必要だし，努力はなされなければならないが，改善されたとしても，それは未来に属する。また，今の「現実」を，当時のインドでよくいわれたように「神意論」や「宿命論」，「偶然論」などで説明したところで，今をより良く生きるためには役に立たない。

　ここに実存的な業の受とめ方がでてくる。すなわち，あくまでも現実の自分の状況を見つめ，「今，ここに」ある自己の「意味」を主体的に認識しようとするものである。これは過去→現在→未来の時間軸に沿う物理的な業のはたらきをみるのでない。あくまでも「今」を起点とする主体的な自己認識の問題である。自己のすべては「私の業だ」と自らに自覚し，認識するところにその「業を生きる」道を見い出そうとする。

　アングリマーラ（Aṅgulimāla）のエピソードは，筆者のみるかぎり，原始仏典で最も明かな形で業を実存的に受け止めている一例である（MN86経）。コーサラ国の首府舎衛城の住人で凶賊だったアングリマーラは釈尊に教化され，出家し比丘となって改心と懺悔の生活を送っている。しかし，托鉢にでかけるたびに，土塊が投げられ，石のつぶてや棒がとんだ。彼は額を傷つけられ，血を流し，鉢を壊され，衣を伎られて釈尊のところにもどってくる。これに対して釈尊は次のように教えている。

　　　　耐え忍ぶのだ。そなたは耐え忍ばなければならない。そなたの業の報い
　　　として，幾年，幾百年，幾千年，地獄で受けるべきその業果を，いまこの

世で受けているのだ。

　彼はこの言葉を信受して修行に励む。自己の現状を反省する謙虚な姿勢と，前向きに生きる強い覚悟がある。そして彼はついに悟りを開いた。

　　以前に悪行を行っていた人でも，後に善によってつぐなうならば，その人はこの世を照らす。雲を離れた月のように。　　　　　　　　（Thg872頁）

　　地獄に堕ちるべき悪行をなし，悪業の報いを受けていたが，今や負債はない。以前にはどこにいても「怯え」ていたが，悟りを開いた今では幸せに生きている。　　　　　　　　　　　　　　　　　　　（同882-888頁）

　アングリマーラは，自分の今の苦なる状況を（物理的な因果としてというよりも）自らの業の結果であると「自覚」し，反省する謙虚な姿勢と，前向きに生きる意思と努力につとめている。それは一般論でもなく，他人事でもない。あくまでも今の自分を主体的に受け止めている。そして今を正しく生きるところに「悪行を覆い」，それを超えていく道があることを示している。

　阿闍世（Ajātasattu）王の懺悔も同様である。

　　私（阿闍世）は愚かなままに（中略）父王を殺しました。尊師よ，私が罪過を罪過として確認し，将来必ず自制するであろうことを，尊師は受納してください。（中略），（尊師は答えた）あなたは罪過を罪過として確認し，法にしたがって懺悔するのですから，私はあなたの懺悔を受納しましょう。

　　　　　　　　　　　　　　　　　　　　　　　　　　　　　　（Dn2経）

　こうした真摯な懺悔は次の「懺悔文」に収斂している。

　　我昔所造諸悪業　皆由無始貪瞋痴　従身口意之所生　一切我今皆懺悔。

　こうした業の受けとめかたが，縁起をみる業論であり，舟橋博士の言及された親鸞の宿業であるとか，道元のみずからに「業障」として受けとめる実存的な姿勢につらなっていくものであろう。

　　業障なにとして本来空ならむ。つくらずば業障ならじ，つくられば本来空にあらず。（中略）業障本来空なりとして，放逸に造業せむ衆生，さらに解脱の期あるべからず」　　　　　　　　（『正法眼蔵』「三時業」）

　自己の今の状況を「空だからなにもない」などというのは無責任な理解である。道元にとっては，悪業は真摯な仏道修行によって消滅し，ないし軽減され

第2章　縁起と業　　*133*

るものであった。

　2例をあげる。

　　　心も肉も，懈怠にもあり，不信にもあらんには，誠心をもはらして前仏
　　に懺悔すべし。恁麼するとき，前仏懺悔の功徳力，われをすくひて清浄な
　　らしむ。この功徳，よく無礙の浄信精進を生長せしむるなり。浄信一現す
　　るとき，自他おなじく転ぜらるるなり。その利益あまねく情非情にかうぶ
　　らしむ。　　　　　　　　　　　　　　　　　　（『正法眼蔵』「重雲堂式」）
さらに，

　　　ねがはくは，われたとひ過去の悪業おほく重なりて，障道の因縁ありと
　　も，仏道によりて得道せりし諸仏諸祖，われをあはれ見て，業累を解脱せ
　　しめ，学道さはりなかうしめ，その功徳法門，あまねく無尽法界に充満弥
　　綸せらん，あはれみをわれに分布すべし。仏祖の往昔は吾等なり，吾等の
　　当来は仏祖ならん。　　　　　　　　　　　　　（『正法眼蔵』「渓声山色」）
宿善を感謝できないときにも，三宝に懺悔すべきである。

　　　しかればすなはち袈裟を受持せんは，宿善をよろこぶべし，積功累徳う
　　たがふべからず。（中略）さはりありて受持することえざらんものは，諸
　　仏如来・仏法僧の三宝に慚愧懺悔すべし。　　　（『正法眼蔵』「袈裟功徳」）

　親鸞や道元に代表される仏教の実存的業論がどのような「構造」を持つのか。
私は祖師方の教えをうけがいつつ，今の時点で次のように整理することができ
ると考えている。

　1．自己存在の「意味」をさぐる実存的姿勢が起点にある。
　2．「今」の自己の不完全さの自覚。
　3．すべては自業であるとの宗教的な自覚的理解〜自己の「今」を「あるが
　　　ままに見る（如実知見）。
　4．懺悔（を機軸とする生活）による業報の超克（軽減，消除）。

　もしこの親鸞や道元の業論の「構造」—構造であって教理ではない—が通仏
教的に妥当性をもつものなら，その構造が，何時の時代から，どのように次第
に発展してきたのか。そしてどのように生かしていくのか。これは仏教思想の
発展の大きなテーマであろう。

註

1) 「鸚鵡経」はMN135経「小業分別経」に相当し，次の136経「大業分別経」と共に，前世の具体的悪業を現世の具体的不幸な状況とを直結して延々と説いている。

2) 宗教レヴェルが同じものは併存，両立できない。「仏陀」と「神」信仰は両立できないし，したがって仏教徒であり同時にクリスチャンであることは不可能である。反面に，日本における神道的儀礼（多くの民俗がここに含まれる）は仏教篤信者が普通に行っている。真宗系統ではこの姿勢は厳しく斥けられているが，その他の仏教諸派では篤信者が地域の鎮守の祀りに普通に参加している。

3) 実は，曹洞宗の基本聖典とされて重用されている『修証義』にはこの前半の部分しか引用されていない。単なる世俗的な「因果の道理」が一人歩きする可能性を残しているし，現に，曹洞宗には，この文例を基に露骨な差別思想を説いた『修証義』の解説（書）がいくつも出版された歴史がある（曹洞宗人権擁護推進本部編『『修証義』について考える』2001）。

4) 方便としての次第説法の意味は，早島鏡正『原始仏教と社会生活』（岩波書店，1964）695頁以下に詳しい。

5) 宇井伯寿博士の研究によると，天界の階層化と禅定との結びつきはバラモン思想の影響だという。梵天を含む諸天界に生じるために禅定を修するといい，仏教も早くより四無量心による梵天との共住（「四梵住」）が説かれている〔宇井1965，『阿含梵天』〕。

6) 舟橋一哉「仏教における業論展開の一側面」〔大谷大学仏教学会編『業思想の研究』1975，文栄堂書店。45頁以下〕この論文はさきに『仏教学セミナー』20（1974）に初出。なお，同博士の「初期仏教の業思想について―相応部の一経典の解釈をめぐって―」〔『仏教学セミナー』16，1972〕参照。

7) kammaを機の深信・法の深信と関連して説くことは早島鏡正博士の理解にもある。早島鏡正博士は原始仏典のkamma-dāyāda, dhamma-dāyādaをそれぞれ機の深信，法の深信に対応させて理解されている〔早島1981，161頁以下〕。

第3章　呪術と祈願儀礼

　呪術的観念と行為は仏教文化史の立場から大きな意味をもっている。仏教の本義たる出世間の信仰，それは「自己を凝視」するものだが，呪術は「自我充足」を本質とする世間レヴェルのものである。したがって釈尊は出家比丘に呪術的行為を禁止しているし，仏教は呪術を否定する宗教だともいわれている。しかし，仏教徒の生活文化には呪術は豊富に見出されるし，真実語や防護呪のような呪術は教団として公認されている。大乗仏教期には明呪や真言，陀羅尼などが多用されていて，それらは真言密教の成立に連なっている。

　インド仏教における呪術の広がりは大きい。その全貌を明らかにすることは容易ではない。本章は仏伝にみる呪術，真実語，防護呪，バリ供養，治病行為といった呪術をとりあげ，その概要を論じている。それによって，インド仏教「呪術」が容認，発展してきた基本的構造と姿勢を明らかにする試みの一つである。

　著者にはインド仏教の呪術にかかわる一連の論考があるが，本章に使用した資料は大幅にそれらの旧稿に拠っていることをお断りしておきたい。

1　呪術の否定・黙認・肯定

(1) 拒否・黙認

　仏教は呪術を認めないといわれている。その理由は明らかである。呪術とは「何らかの超自然的存在（神，精霊その他）の助けを借りて種々の現象をおこさせ，環境を統御しようとする」〔吉田1970，13頁〕ものである。「自我充足」を本質とする「世間」レヴェルの観念・儀礼であり，現世利益を求めるものである。一方，釈尊の説いたのは「自己凝視」を心がけるものであるし，自我的自己を超えたところに真の自己を求める「出世間」レヴェルの教えである。

したがって釈尊は出家修行者に呪術を禁止しているが，それは二面における禁止である。第1は呪術は悟りを求める出家修行者には無用無益であるという脈絡の上での禁止である。

　　　魚肉，獣肉を食わぬこと，断食，裸身，剃髪，塵垢に満ちた身体，粗い
　　　鹿皮を着ること，火神への献供と奉仕，現世に不死を得るための苦行や神
　　　呪，供犠（yañña），祭祀，季節の荒行も，その人を清めることはできぬ。
　　　（Sn249）

ヒンドゥー的な苦行や呪法，儀礼などが「心を浄める」こと，すなわち悟りやそれに基づく生き方に無益，無縁であるという。これは出家修行者ばかりではなく，一般の在家信者の日常生活においても呪術は無用だという教えにも連なる。仏教徒としての生活法はやはり悟りを理想とし，それを実現する方向において求められるべきものだからである。したがって上の教えが出家修行者ばかりではなく仏教徒すべてに対しての呪術無用論，呪術否定論として理解されてきたことは理由のないことではない。この意味での火神や山，聖樹崇拝，占星などの多少なりとも呪的な観念や儀礼は原始仏典最初期から批判されている[1]。

　第2は，出家者が在家信者のために（生活補助の手段として）呪術儀礼をなし，あるいは教えることの禁止である。

　　　（出家である）私の弟子は『アタルヴァ・ヴェーダ』の真言や夢占い，占
　　　相，占星を行うな。鳥獣の声の占い，懐妊術や病気の治療を行うな。

　　　　　　　　　　　　　　　　　　　　　　　　　　　　　　（Sn927）[2]

　第1，第2のいずれも出家修行者に対する呪術の禁止であって，これは修行者の本分からは同じ意味を持つものである。

　たしかに呪術的行為は悟りを求める信仰とは宗教的レヴェルを異にするものである。しかし，悟りを志向する領域とは異なる日常生活において，呪術は公認され，現実に広く行われていた。そもそも呪術的観念と慣行を一切もたない社会はありえないものであろう。古代インドも例外ではない。仏教が興るはるか以前から伝承されている『アタルヴァ・ヴェーダ』は呪術の書である。そこには八種の呪法が説かれているが，これは後の「雑部密教」経典にほぼ同じ項目が挙げられていて，古い伝承を仏教も受け継いでいたことを示している。最

138　　第Ⅱ篇　本論インド仏教の儀礼と文化

初期の仏教徒たちも，繰り返し述べてきたようにヒンドゥー世界に生きていた人たちであり，伝統的な呪的観念は共有していたに違いない。

釈尊はそれを批判しているし，その状況を中村元博士は次のようにいう。最初期の仏典は「呪術的な迷信」をすべて排斥しようとした。しかし，次第に星占い，夢占い，吉凶判断などの事例を挙げ，それが次第に真実語，防護呪などの形で「仏教へ呪術的意義が侵入し，（中略）民衆のための仏教として呪術性が容認された」〔中村1995，640頁以下，特に648-9頁〕と論じている。

その通りであるが，星占い夢占い等々は釈尊を含む仏教徒の生活の場であるヒンドゥー世界に始めから伝承されていたものである。だからこそ釈尊はそれを仏道修行の立場から批判したのである。しかし，その教えが厳格に守られるはずもない。指導的比丘たちもそれを認めざるを得なかったし，黙認したものであったろう。そして次第に真実語や防護呪などの害から身を守る素朴な呪術が積極的に容認され，仏典の記述に反映してくる。こうしてインド「仏教呪術」は発足し展開して遂には「純粋密教」をも成立せしめることに連なっていく。

微妙な違いではあろうが，しかし，仏教徒が外から「侵入」してきた呪的観念を大衆が実践しているし，（仕方ないから？）うけがい，エリート比丘がそれを容認した，という受け身の理解と，呪的世界の中にありつつもその宗教的意味を評価して容認できるものを積極的に説いたことの違いは大きい。仏教の呪術受容，発展の基本的姿勢にかかわるものだからである。

(2) 仏伝にみる呪術

まず，釈尊が積極的に呪術争いを行ったという有名な伝承から検討しよう。

ベナレスは鹿野苑での初転法輪を終えると，釈尊はマガダに戻り，前正覚山で欲望を火に例えた説法を行う。ついで，事火外道といわれる迦葉三兄弟のところに自ら掛けていって，呪術争いをしている。それも巻き込まれたのではなく，文献的にはどうみても釈尊のほうから意図的に飛び込んでいる。

「火に事える」呪術的宗教教団があった。三人兄弟で計1,000人の弟子を有していた当時の有力宗教教団である。釈尊は「聖火堂で一夜を過ごしたい」と申

し込む。「凶悪で神通力ある竜王がおり，猛毒をもった毒蛇である。命を失うであろう」と断られるが，釈尊はあえてそこで一夜を過ごす。毒蛇は怒って煙，火を吐き，それに対して釈尊も「火界定に入って」（tejodhātuṃ samāpajitivā）火炎を放つ。翌朝，釈尊は鉢の中に力を失った蛇を入れて出てきたという。これを縁として迦葉兄弟は弟子と共に釈尊の弟子となり，ここに仏教教団は一挙に1,000人の弟子を持つ大教団になった。

　迦葉三兄弟との呪術争いとはなんであったのか。中村元博士は「合理的な縁起の理に基づく合理的な宗教が，おまじないに勝った意義深い争いである」〔中村1995〕といわれるが，これは思想史的解釈である。文化史的には釈尊が本当に呪術争いをしたのかどうか，どのようにしたのかが知りたいのであって，結論は出しにくい問題である。

　渡辺照宏博士は，「本当に釈尊が竜と争ったかどうかまでは，私もわからない。ただ，当時の人たち，言者たちが，釈尊がそうした呪術的な力を持っていたと信じていたことは，間違いなかろう」〔渡辺1982〕という理解をされている。

　仏典はこのほかにも六師外道との「舎衛城の神通争い」などという伝承もあり，また，ガンダーラ彫刻にも3つほど，頭から火を出し足から水を出している釈尊像も在る。つまり，仏教伝承においては釈尊が呪的力を持っていたと信じられていたし，その意味で，私は渡辺博士の見解を支持している。

　しかし，反面に，呪的能力を誇示することへの忌避感があったことも知られている。例えば，ある長者が栴檀の鉢を高い竿の上の掲げ，取れる者はいるかと挑発した時，賓頭廬尊者（Piṇḍola-Bhāradvāja）が飛び上がってそれを取ったが，釈尊に「不当な目的」のために能力を誇示することを呵せられている（『パーリ律』Ⅱ，110頁）。同じ姿勢がヒンドゥー教近代の宗教者ラーマクリシュナ（1836-86）にもある。彼はバクティ思想の系譜を受けしばしば見神体験を持った宗教者であるが，彼は「64種の神通力を得ている」と信じられ，自らもそういっているが，「そんなものを示しても神には遇えない」と誇示することは一切していない〔奈良1983〕。インドの「出世間」レヴェルの宗教信仰の重要な一面とみていいものであろう。

140　　第Ⅱ篇　本論インド仏教の儀礼と文化

⑶ 呪的観念の容認

　仏伝とは別に，僧俗を問わず仏教徒一般の間における呪術への関心は時代的に遅い仏典ほど多く語られるようになってくる。呪術を容認する度合の増加を示すものといっていい。

　例えば，釈尊が禁止した占星は『ヴィナヤ』（「小品」），ジャータカ文献，マハーヴァスツなどのテキストの随所に仏教徒たちが行っていたことが記されている。

　また，仏法僧の三宝には聖なる力――一種の呪力――があると信ぜられていた。例えば，大海に出て災難にあった商人たちはヒンドゥー教の神々に加護を求めて「祈願」（āyācana）するが効果がない。そこでブッダに帰依（śaraṇa）ないし帰命（nam）すると即座に効果があらわれて救われる（奈良1973c，Divy，41頁，231頁，そのほか，Mv. I，245頁，Av.1，23頁など参照）。あるいは一王は干害に悩みヒンドゥー神に降雨を祈る（sam-yāc）が無益だった。そこでブッダを招いて聞法し布施するとブッダは神変（prātihārya）を現じて，帝釈天は雨を降らせた〔RMA，27頁〕。

　こうした例において商人や国王は神に祈っているから仏教徒ではない。しかしブッダに帰依し帰命する言葉を唱えると即座に効果が現れている。全く同じ状況においてヒンドゥー神は祈願され，ブッダは帰依されていることは両者の現世利益的な機能が等しいものであることを示している。こうした物語が作られた時代において，「帰依仏」に含まれる一種の力への信仰が一般に認められていたことを示すものである。

　この力は広く信奉され，ある有信の老婆が躓きそうになったときに思わず"namo tassa bhavato sammāsambuddhassa"と３回唱えた（MN. II，209頁）というような事例にも関わっている。Dn にも類例がある（Dn. II，250頁）。躓いた時に思わず口にする「南無仏」の声は保護への感謝，災いよけなど，さまざまな意味がまじっているであろうが，しかし，ここには一種の力が観念として信ぜられている。

　ブッダが説いた法，教法（ダルマ）にも呪的な力がある。例えば，デーヴァダッタ（提婆達多）が山頂より大石をおとして釈尊を害せんとした時，比丘た

ちは「世尊の精舎をぐるぐるまわりながら、高い大きな声で（経典を）誦し、世尊を護り、保護し、護衛しようとした」（Vin. Ⅱ.194頁）。

また僧が身につける衣も呪力をもっている。ある町に悪疫が流行った時、人々はブッダの大衣を竿のさきに結んで町中を歩き、祭りをし、人々がブッダを念う（buddhānusmṛti）と病気は治まった。またデーヴァダッタの前生たる一悪人が象を殺して牙を売っていた。象王（前生の菩薩）は彼を殺そうとしたが、かれが「アラカンの標識」（arahat-dhaja）である大衣（袈裟・kasāya）をまとっていたために遂に殺せなかったという（J. Ⅱ.137）。

仏法僧の三宝は仏教信仰の基本である。悟りにかかわる出世間のものであり、呪力などとは無関係のものである。しかし上にみた諸例は帰依三宝が現実的な利益をインスタントにもたらす聖なる力、一種の「呪力」を有すると考えられている。三宝にかかわる事物—例えば仏像、経巻、僧衣など—は「呪力の源泉」（"magical power station"）として機能しているのであり、現代の上座仏教諸国においてもごく普通に認められているものである[3]。

日本においても同様なことが広く知られている〔佐々木宏幹2004〕。

三宝帰依とは仏教信仰の基本である。仏法僧に信を発し、僧俗にかかわらず仏教徒として信仰生活を行う。それによって「安心」の生活が現成する。すぐれて「出世間」であり、宗教的に聖なる価値観である。その聖性は容易に一種の力として「世間」レヴェルに応用されている。呪術の仏教化でもあり、同時に仏教の世俗化の一例ということも出来よう。しかし三宝帰依の本来的信仰は失われているわけではないから、三宝帰依そのものの世俗化というよりも、世俗的転用という方が正しい。一般大衆の視点からいうなら、仏教思想が民衆の心に入りこみ、仏教（文化）の幅を拡げたことである。

三宝帰依の呪術化の文化史的評価は呪術の宗教的意味をどう評価するかにかかわっている。

呪術は迷信である、科学的知見と思想が進めばおのずから呪術はその意味を失う、という受け止め方があり、仏教研究者の中にも同調する人も多い〔宮坂1964〕。たしかに旧来は呪術の世界で処理されていた事柄が科学的に解明されることは少なくない。しかし、人間の無明性と欲望をみるとき呪術的思考が無になるとはとても思えない。合理的精神がすすむにつれて、かえって、その反

動としての非合理な呪術的思考は人の心をつかむ。現代における呪術的観念の盛行がその証拠である。

　釈尊が修行者に呪術の意味なきことを教えたことは上述したとおりだが，それを受けて，仏教伝承においては呪術の意味を積極的に認める発言はほとんどない。しかし，呪術が悟りに関して無益無用であるということと，呪術そのものに宗教的意味がないということとは区別して考えるべき問題である。単に仏教は呪術の意味を認めない，無益であり，行うべきではない，と結論するならば議論はここで終わりである。しかし，それは呪術には人の苦悩する心を癒やすという機能のあることをみず，同時に呪術が仏教教団において歴史的に伝承されてきた事実を無視することに連なるものである。

　ここで呪術の宗教的意味を総論的に論じる必要はないが，呪術の機能の重要な一つをあげておきたい。呪術儀礼とは，それを行った所期の目的が達成されたか否かで価値を判断するものではなく，儀礼を「行うこと自体」に意味がある，ということである。

　干魃が続き，水田が干上がり地割れして収穫が無になりそうなとき，雨乞い儀礼は行われる。雨が続いて穀物が成長せず，凶作が眼前に迫ったとき，晴雨が祈願される。このままでは一切の収穫が無になると予想されたとき，農民の心は傷つく。自分ではどうしようもない状況にあって，人は神仏に祈らざるを得ない。雨乞い儀礼，晴雨儀礼は「効果があると信じる」から行うのであるが，現実に実効ありと100％信じているわけではない。眼前の困難な状況になすすべもない時に呪術儀礼は行われるのであり，「これで事態が改善されるかも知れない」と一縷の期待をかけて行うことによって，一時の「心の安らぎ」を得させるものである。

　どうしようもない苦しみのなかで藁をもつかみたい思いは理解できる。呪術的儀礼を行って心の一時の「癒やし」を得るのだが，仏教としてこれを否定できるだろうか。「自己凝視」ではなく「自我充足」の儀礼であり，仏教として特に奨められるべきものではないことはたしかである。しかし，否定するなら，こうした状況に喘ぐ農民の苦にどう対応するのか。懊悩する農民に縁起の理を説き，如実知見を教え，無常を観よ，と指導するのだろうか。それとも仏教はこうした緊急の事態を救えない，あるいは救わない，というのであろうか。

第3章　呪術と祈願儀礼　　*143*

三宝帰依の「呪術化」「民俗化」は時代，国を問わず普遍的な宗教現象である。だからこそ，それを容認しろというつもりはない。人により状況により，個別に判断すべきものである。しかし，一概にすべてを否定してすむ問題ではない。仏教文化の領域における大きな検討課題なのである。

　三宝という仏教信仰の中心的実践の「民俗化」の例をみてきたが，大乗仏教期には，「空」を知ることが呪力を発揮すると説かれた。中村元博士は「般若は我々の身心に巣喰うあらゆる夢想煩悩を断ちきり，もろもろの悪魔を降伏する威力があると考えられていた」ことを述べ，竜樹も「いわゆる呪術は実際に効験あることを承認していた。そうして般若経典を読誦することは，それにも増して呪術的効験があると考えていた」ことを引用している。「外道・神仙のごときは，呪術の力のゆえに，水に入るも溺れず，火に入るも熱からず，毒虫もささず。いかに況んや，般若波羅蜜〔経典を読誦すること〕をや，この十力は，諸仏の因って呪術を成就したまうところなり」（『大智度論』57巻，T.25,464b）〔中村1994b，565-567頁）。

　こうして呪術はたしかに悟りとは無関係である。だから，仏教の本義ではない。しかし本義でないものを仏教徒は行ってはいけないのだろうか，悟りを志向する日常生活を基盤にあって支え，それを補助する民俗なら受容してもよいのではないか。祖先崇拝や「作功徳→生天」の観念などはこの範疇に属する。あるいは端的に，自分の家が火に包まれそうになったとき，「仏様，助けて，焼かないで！」と祈ることはいけないことだろうか。これも呪的な祈りである。

　この問題は仏教呪術の大きな問題点である。なぜなら，この観念が仏教徒の生活文化として受け継がれてきたからである。是非善悪ではなく歴史的事実である。その意味を宗教文化史として明らかにすることは教団の実態を明らかにし，あるべき姿を求めることに連なる。仏教文化をどう評価するのか，教理と異なるからとすべての民俗的観念を否定するのか。それとも一つの救いであるからとそれをおおらかに認め，そのうえで悟りの生活に導くのか。

　歴史的に民俗を認めない指導者もいる。おおらかに民俗を認めその上で仏法に導いた指導者もいる。民俗を導入しつつ，世俗的な利益をはかっただけの指導者もいる。いずれであれ，それぞれに僧侶としての自覚と慈悲に基づく行為であろう。文化史研究としてはここまでしかいえない。

現代の私たち出家者は，「現代の出家性」を問われている。私たち自身が結論を出すべき問題であろう。

(4) 出世間化

1. 概論

仏教指導者たちは，呪術的行為をストレートに認めていたわけではない。呪術にかかわるなという釈尊の教えは重視しなければならない。しかし現実に呪的観念は否定しきれない。真実語，防護呪のような公認呪術もある。建て前と本音との間にあって教団の指導者たちはいろいろに悩んでいたに違いない。

『四分律』27巻にはさまざまな呪法を「威儀に非ず，沙門法に非ず，随順行に非ず，応になすべからず」と禁止し，すぐ続けて「若し腹内虫病を治する呪を誦する，若し宿不消を治する呪を誦する，若し世俗外道を降伏する呪を誦し，若し治毒の呪を誦するは護身を持っての以ての故に，犯無し」(T.22,754,ab) という。

呪術が悟りとは無縁無用のものであることは事実であるし，釈尊も出家者に無用だと禁止している。したがって呪術が現実に行われてきた仏教伝承にはタテマエと本音の乖離がある。だからこそエリートたちは「護身」のためという限定を強調する。書を読み，外道を降伏させるものだから赦されると理由づけている。

また，雑密経典は呪術的観念と儀礼がオープンに行われていた時代を背景としているが，それにもかかわらず，あるいはそれゆえにこそ，呪術への違和感が表明されている。すなわち，自ら呪術を行いつつも，なおかつ昔はかかることをしなかったが，現在の五濁の衆生を救う便法として雑法の術を説くのであり，これにより仏道を得ることができるのだ，と説いている（『仏説灌頂七万二千神王護比丘呪経』五巻.T21.511c)。

まことに悄悄たる風情があるが，これは仏教の本義が出世間の「自己凝視」にあることを指導者は知っているのである。そのうえで呪術を容認している。

この事実は重要である。本音とタテマエの差は十分意識されていたのである。

雑密の段階を過ぎて，いわゆる「純粋密教」が成立してくる。伝統的な呪的

観念や実践を踏まえながら，主として空観思想を基盤に高度の密教思想体系が成立した。旧来の自我充足のレヴェルではない。独自の方法による「自己凝視」が説かれ，「出世間」レヴェルの思想体系が成立した。

　現実の問題として，仏教徒が呪術的観念を広く受容し，種々の行動，ないし儀礼を行ってきた。以下にみる「真実語」そして「防護呪」は呪術儀礼が仏教教団公認の儀礼として定着していたことを示している。その伝承は今日の上座仏教にも受け継がれている。4〜5世紀以降の「雑密経典」には古代インドの『アタルヴァ・ヴェーダ』の八種の呪法をほぼそのままうけがった呪術的儀礼が述べられている。こうした「世間」を昇華し，レヴェル・アップして「出世間」の「純粋密教」が成立発展した。仏教は呪術を否定した，と断定すると密教の成立が論じられなくなるであろう。それは歴史を否定することである。

2. 真実語

　真実語（sacca-kiriyā; satya-vacana）は真実の言葉を発することによって何らかの目的，それも通常では実現不可能なことを成し遂げようとするものである。原則的には，真実そのものの持つ神秘力によってきわめて現実的な願望を達成せんとするものであり，素朴ながら呪術の一種である。真言（mantra）や陀羅尼（dhāraṇī）の前段階といってもいいであろう。最初期の原始仏典には説かれないが，ジャータカや『大事』（Mahāvastu），アヴァダーナなどの説話を扱う仏典に頻繁に説かれている。

　拠るべき「真実」の内容から，4種に分類できるであろう。

　第1は，語られる真実は何でも本当のことでさえあればよいものである。

　第2は，達成すべき目的に最も関連ある真実が語られる。例えば，王はハンセン氏病に悩んでいる。王妃は王に貞操を疑われるが，「私にはあなたより愛しい人はいない。この真実語によってあなたの病気が治りますように」と語る。それによって王の病気は治り，王妃の疑いは晴れた（J.549）。

　第3のタイプは，これが最も多いが，真実語の内容が仏果を得たとか，不殺生戒を保っているとか，慈悲を行じつづけているとか，つまり，仏道修行していることを真実の内容として語るものである。

　2例をあげる。凶賊であったアングリマーラは釈尊に教化され出家する。托

鉢途上に難産に苦しむ女性をみ，報告したところ，釈尊に「私は生まれてこの
かた，殺生したことがない。この「真実によって」安産するように，と言え」
と命じられる。疑問に答えて釈尊は出家したことは宗教的新生であり，それ以
来お前は殺生していないではないかと教えた。納得したアングリマーラは真実
語を語り，女性は安産した（MN Ⅱ，103頁）。

　ヤンニャダッタ少年は毒蛇に噛まれて倒れる。両親は修行者に薬（osadhi）
か防護呪（paritta）で直してくれと頼む。修行者はどれもできないので，50年
間欲望なく遊行していることを「真実語」としてとなえると毒の半分が噴き出
た。父親は今後布施する決意をいい，母親は我が子への愛情を真実語として語
ることで少年は回復した（J.444）。

　この例は真実語が防護呪より前の段階であることを示していると同時に，防
護呪という呪術と同等の価値を持つものとして理解されていたことを示してい
る。

　事実，この２つの事例は後に「防護呪」として位置づけられ，上座仏教圏で
は今日も普通に用いられている。

　第４のタイプは真実語という呪術が次第に宗教性を高め，「出世間」レヴェ
ルとかかわってくる発展段階を示している。２例を挙げる。

①　Padmaka 王の国に疫病が流行った。そこで王は「私は誓願（praṇidhi）を起
　こす。私は病苦と大苦難に悩む人々のために，わが命を捨てる。この真実，
　真実語によって（anena satyena satyavacanena）私はかの砂多き河に大赤魚と
　して生まれん」。そして宮殿の高楼から身を投じて自殺する。王はすぐに
　赤魚として生まれ変わり，人々はその肉を食べて疫病は収まった。（Av Ⅰ，
　171頁）。

②　Candraprabha 王は神々や鬼霊たちの前で「誓願（samyakpraṇidhāna）を発す
　る」。「私は自分の頭を布施する。それは王国…，天界…，享楽…のためで
　はなく，無上正等覚を悟って未だ調御せざるものを調御し，（中略）悟ら
　ざる者を悟らせんがためである。まさにこの真実，真実語によって実りと
　努力があるように」（Divy.326頁，428頁）。

　両例において，真実語を発することは未来において必ずや自分のなすべき決
意とかかわっている。これはまさしく「誓願」である。誓願を「真実語」に

よって成就しようとする。しかも誓願の目的は自我的な欲望を満足させるためのものではない。国民の疫病を癒やすためであり，悟りを開いて衆生を救うためである。しかもそのために自分の命を捨てるのであって，これはすでに呪術という概念で理解すべきものではない。自我の充足を図る世間の呪術は「出世間」レヴェルに昇華されているのである。

　この傾向はさらに"satya-adhiṣṭhāna"（真実の誓願）という思想にかかわっていると思われる。adhiṣṭhāna は普通には場所，立場，権力，決心あるいは覚悟などの意味を持つ言葉であるが，大乗仏教においては特に仏，菩薩，神などの神秘力，呪力，といった意味をもつ。

＊ Buddhisit Hybrid Sanskrit Dictionary, adhiṣṭhāna（1），（2）および adhitiṣṭhati

　密教においては「仏，菩薩の力を加（被し摂）持して成仏し，あるいは何らかの願望を成就する加持，さらには「祈禱」儀礼へと連なっている。

　さて，パーリ語 adhiṭṭhāma が「真実」（sacca）と共に用いられた sacca-adhiṭṭhāna とは「真実なる誓」，あるいは「真実への誓」を意味するもので，呪的な観念は含まれていない。ところが大乗仏典における satya-adhiṣṭhāna にはその「真実の誓」の具体的内容として呪的な「真実語」がくみこまれている用例が多い。例えば梵本『法華経』には，自分の腕を燃やして如来の舎利塔に供養したボサツは諸仏を証人とし，その前で「真実の誓」をした。そして「私が如来の供養のために自分の腕をすてた時，身体は黄金色となるであろう」という「真実語」により腕は旧に復した。また『ジャータカ・マーラー』では，パーリ語ジャータカの中の同一物語には「真実語」（sacca-kiriyā）として出てくるところにこの satya-adhiṣṭhāna が用いられ，両者の具体的な機能が同一であることを示す用法を見ることができる。また梵本『八千頌般若経』にも，求法のために自らの身体を傷つけたボサツは，「自分は不退転のボサツであると如実に授記されているのは真実であると知る」という「真実語」をとなえる。するとこの「真実の誓」により身体は旧に復している。

　非呪術的で高度に倫理的な「真実の誓」（satyādhiṣṭhāna）と呪術としての「真実語」が，元来，その機能を異にし，起源的には別々の観念であったことは疑いない。しかし大乗仏典ではすでに「真実の誓」（satyādhiṣṭhāna）は呪的な機能をもつもので，しかも特にボサツや修行者たちのきわめて高次の修行者として

148　　第Ⅱ篇　本論インド仏教の儀礼と文化

の資格の上に成り立つ儀礼と考えられている。加持儀礼がこれである。ただ，ここで問題となるのは「真実の誓」が呪的な内容をもつに至った変遷の経緯であるが，その詳細は十分に明らかではない。ただ「真実の誓」に「真実語」という呪術の伝承が融合していることは上記の大乗仏典の用例をみても明らかである。これは，両者共に真実というものにかかわる観念であること，また「真実語」の例で見たように，真実に秘められる呪的な力への信仰が，仏教的諸観念とかかわりつつも仏教徒一般の間に行われていた事実と無関係ではありえない。

　さて，この点につき小乗系統の『スヴァルナヴァルナ・アヴァダーナ』には次のような例がある。すなわち，

　スヴァルナヴァルナ青年は奸計により，一遊女に懸想し，殺害したという無実の罪をかけられる。尊者アーナンダは彼を救い，大衆の面前で「真実の誓」(satyādhiṣṭhāna) をなし彼女を蘇生させよという。青年は承知して，

　　　私はこの婦人に対してほんの少しでも煩悩を起こしたことはなく，欲情，憎しみ，迷いの心，傷つけること，その他いかなる汚れた心をもおこしたことはない。この真実，真実語によって，彼女の身体の毒は消滅するように」と。この「真実の誓」をなしたとたんに（中略）婦人の身体から毒は消滅した。

　ここに「真実語」を発するのは，有徳ではあるがごく普通の青年である。特にボサツとか修行者ではない。「真実語」としてはごく普通の現世利益的な呪術である。そしてそれが「真実の誓」に組みこまれているのであるが，先述した大乗仏典の「真実の誓」の例とは，その資格において一段と素朴な，前段階的な性格を示している。そして小乗系統の仏典にはこの種の「真実の誓」の例はきわめて少ないものである。adhiṣṭhāna については別個の論攷が必要とされるのであるが，上の例はその発展史中の一齣を示すものといっていい。

3. 防護呪（護呪）

　paritta（防護呪，護呪）が一群の護呪経典としてまとまって説かれたのは恐らく『ミリンダパンハー』が最初である。ここには Ratana-sutta, Khanda-sutta, Mora-paritta, Dhajagga-p., Āṭānāṭiya-p., Aṅgulimāra-p. の6種があげられている。

しかし防護呪の数は次第に増え，セイロンでは14世紀頃に Bhānavāra という護呪経典が纏められ，22種の防護呪を含んでいる。近代になって L.Feer は Grinblot の集めた29種の護呪の名前を紹介している。今日でもスリランカやミャンマーなどで防護呪は日常に用いられ，上座仏教は「paritta 仏教」といってもいい。

私は旧稿において，11種の主要な防護呪を呪句の成立の経緯の面から（A）～（D）の4種に分類して論じた[4]。

（A）は Mettasutta（「慈悲経」，Sn,143-52頁），Mangalasutta（「吉祥経」，Sn.258-269），Ratanasutta（「宝経」Sn.222-238頁）でいずれも最古の原始仏典 Sn にみる経典が防護呪に転用されているものである。3経はそれぞれに慈悲，有徳の生活による幸福，三宝の徳を讃え，すぐれて「出世間」の倫理を説いている。呪術的な要素は皆無である。

ここに呪力の源泉として見出し得るのは有徳の生活ということであろう。信仰の生活を通じて得られる幸福が現世利益的な幸福，幸運にかさねられ，呪句に転用されたとみていい。

（B）は，Suvatthi-paritta（J.444）と Aṅgulimāla-paritta（MN. II 103頁，前節参照）で，「真実語」が防護呪とした発展的に転用されたものである。

（C）に分類されるのは，Dhajagga-paritta（SN. XI，3.1f），Candima-paritta（SN. II.1.9），Suriya-paritta（SN. II.1,10）である。いずれもヒンドゥー世界の呪的観念を仏教的に改作したものである。

dhajagga とは「幢の頂」の意味で，幢を建てることはトーテミズムとの関係があり，魔性のものを排除する力があるという〔Walker1968，360-61頁〕。Sakka（帝釈天）は三十三天の神々に（asura との）戦いで恐怖に襲われたらわが幢の頂をみよ，恐怖は除かれると教える。しかしブッダは，帝釈天は貪瞋痴を離れず臆病だから，恐怖を払えることもあり払えないこともある，という。ブッダは三毒を離れた勇者であるから，比丘たちが深林や樹下で修業していて恐怖に襲われたら，三宝を念ぜよ，恐怖が除かれる，と説く。『雑阿含経』35巻と『増一阿含経』24巻の所伝はほぼ同じだが，解脱を得ていない帝釈天の幢をみただけで恐怖が払われるのであるから，三宝を念ずればなおさらであると述べ

ている。民俗を仏教化していく心理と経緯を知ることができる事例である。

　Candima-devaputta（月天子）と Suriya-devaputta（日天子）はアスラのラーフ（Rāhu）に襲われたとき（月蝕，日蝕），ブッダを憶念（anussaramāṇo）して，「勇者たるブッダよ，あなたに帰依（namo）します。あなたはすべての点で解放されている方です。私は今困難に陥っている。私の帰依所（saraṇa）になって下さいと」と帰依する。そこでブッダはラーフに天子は仏に帰依した，天子を放せと命じる。ラーフは震えながらアスラ王のところに行って報告した。

　（D）には，ヒンドゥー世界の呪術的雰囲気を濃厚に残しつつ成立し，密教において大きく発展していった防護呪が分類される。

　Mora-paritta（J.159）は 2 句より成る。第 1 句は黄金の孔雀（mora）が毎朝食物をさがしに出かける時に，「梵呪を結び」（brahma-mantaṃ bandhanto），太陽に保護を求める内容であり，第 2 句は法に通じたバラモンたち（＝諸仏）に帰依し，保護を求める句である。「梵呪」すなわちマントラ（真言）を結び，というように本来ヒンドゥー世界で行われていた呪句に，諸仏に帰依する句が併せ用いられるようになったものと思われる。

　Mahāsamaya-suttanta（Dn20経）は仏に見え，法を聴き，僧に会うために集まってきた神々や鬼神たちの名前と特徴を挙げる経典である。

　Āṭānāṭiya-paritta においては，四天王が部下の大軍を率いて霊鷲山におられる仏のところに現れる。ヴェッサヴァナ大王（毘沙門天）が yakkha（夜叉）の中には仏への浄信なく，五戒をまもらず，人を害する者が多い。そこで護呪を述べるのでそれを納受し，比丘たちにそれを護るよう指示して欲しいと懇願する。その内容は過去七仏を始め四天王が仏を讃え，帰依し，礼拝しよう，というものである。そしてこの護句を学べば，夜叉やその他の鬼霊たちが害を及ぼし，あるいは憑依することがない。そういう鬼霊は仲間に受け入れられず，殺されるであろう。護句を唱えてもなお害を受けるようなら，「夜叉に悩まされている」と「夜叉，大夜叉，その将軍，大将軍」たちに訴えるべきである，という。

　本経は「夜叉に捉えられる（gaṇhāti）」といい，明らかに夜叉の憑依現象を述べている。「夜叉，大夜叉，その将軍，大将軍」などと鬼霊世界の階層化が

第 3 章　呪術と祈願儀礼　　*151*

進んでいるし。原始仏典の成立段階からいえば後代に属するものである。また本経は「慈悲経」や「幢頂経」「宝経」などの paritta を 7 日間唱えて効果のないときに用いるべきものといい，paritta の観念と実践が次第に緻密，複雑に発展していく過程を示している。

　なお注釈書（ビルマ第六結集版，1993）は比丘が夜叉の憑依を治療する準備や注意事項を述べている〔片山 2005，493頁以下〕。すなわち，比丘が夜叉に対するシャーマン的儀礼を行っていたようである。

4. 祈願儀礼

a. バリ供養

　バリ供養（bali-haraṇa）とは古代のインドに古くから行われていた鬼霊や生類に食物を供養（bali）として捧げる儀礼である。bali とは古い時代には有力な神に捧げる貢物，あるいは供物であった。しかし，少しく後代になると，神々の人間に災を及ぼす面の慰撫のために捧げられる供物を bali と呼ぶようになった。そして，スートラ期に入ると，これはバリ供養として家長が行うべき家庭祭祀として位置づけられるようになる〔M.Williams1891，25頁〕。すなわち家長は食事の前には，まず火神を含むもろもろの神々に食物の一部を捧げて，自分がこの食を得たことや，食物を調理した火に対して感謝を捧げる〔M.Williams1891，417頁〕。つづいてさまざまな鬼霊や精霊，生類にも食物を供物として供えてから食事をはじめなければならない。この際，特に動物に供える食物を「烏の供物」（kāka-bali）と呼ぶこともある。動物たちに，ということで戸外に供える食物を食べる代表的な存在が烏だからである〔M.Williams1891，25頁〕。日本仏教のいくつかの宗派における「生飯」の源泉と考えられている。このバリ供養とは，本来は，神々や鬼霊のために食物の一部を地面に置くだけのものであったらしく，その底には食物は他人に分ち与えずに食してはならないという素朴な観念が介在しているという〔Keith1925，259-60頁〕。したがって祖霊，他の人間，そして身近な鬼霊や生物に食物の一部を与える儀礼が行われてきたわけだが，これらはやがて「五大供犠」（pañca mahāyajña）に組織されてきた。五大供犠とは(1)梵への供犠（brahma-yajña），(2)祖霊への供犠（pitṛ-y.），(3)神への供犠（deva-y.），(4)鬼霊への供犠（bhūta-y.），(5)人間への供犠（nṛ-y.）

をいう（『マヌ法典』III, 70頁）

　五大供犠はヒンドゥーの法典類に種々に詳しく説かれているが，家長が義務として毎日，定期的に行うべき祭祀である。

　そして，この宗教伝承は，現代においても，オーソドックスなバラモンの家庭に受けつがれている。例えば「五大供犠」は，上述とほぼそのままの形でマドラスのヴィシュヌ派のバラモンの間に行われていることが報告されている〔Rangachari1931, 92-93頁〕。またバリ供養にしても，現代インドのバラモンのバリ供養の伝統は，古代インドより現代に至るまでひきつづき行われている。それは一貫してヒンドゥー教徒の家長が家庭において行う祭祀であり，低位の神々や鬼霊，守護霊に食物を捧げて，その慰撫と保護を祈ることを機能としているものである。したがってバリ供養とは，ヒンドゥー社会の知的指導者がその哲学的意義を説くにもかかわらず〔Goswami1937〕，本質的には民間信仰的な祈願儀礼の伝承上に位置づけられるべきものであろう。

　しかしながら，bali は必ずしも家庭祭祀の際の供物の意にばかり用いられるわけではない。上記のように法典類に記述され，正統バラモンが現代にも行っている儀礼とは別に，マス・レヴェル一般の人々が広く行っていた祈願儀礼の供物を指す用法がある。例えば，ある『家庭経』は，結婚式後4日目の夫婦が池に出かけて行って，新しい布で魚を取り，水鳥に bali として供える（Baudhāyana gṛhyasūtra, I, 13）ことをいうごとくである。

　現代インドにも家庭祭祀以外での bali の用例はさまざまな形で見出される。例えば，筆者が滞印中に見聞した限り，一般のバラモンでないヒンドゥー教徒が，bali という言葉によって想起するのは，常に血を伴う動物供犠のことである。これは特にベンガル地方のカーリー女神崇拝において，動物のいけにえを bali と呼ぶことにおいて著しい〔M.Williams1891, 393頁〕。また，南インドのマイソール地方の村神祭りでは，シンボリカルな方法ながら，人間を神に供える儀礼があった。犠牲に供される人間を bali と呼ぶ〔Whitehead1921, 82頁〕。さらにテルグ地方では，疫病が流行ると，村の低カーストの者が主役を演ずる儀礼がある。ここでは水牛の首を切って村神に供え，その首と血にひたした米を，ある特定のカーストの人間が頭にのせて，村の境界をまわる。病気を引き起こす悪霊の村内への侵入を防ぐためであるが，これが「バリ供養」（bali-haraṇa）

第3章　呪術と祈願儀礼　　153

と呼ばれている〔Whitehead・cp. cit, 62-63頁〕。

　カーリー女神に対するタントリックな動物供犠が古代インドの yajña（ここには穀物や油などの供犠と共に動物のいけにえも含まれている）の動物供犠の系譜をうけつぐものでないことは，ほぼ確実とみていい〔J. Gonda1963, 46-48頁〕。上記の血を伴う儀礼は，法典類の説く「バリ供養」とは系統を異にしているし，民俗信仰そのものとして伝承されてきている。

　そしてパーリ語のジャータカ文献はきわめて多くの「バリ供養」（bali-karaṇa）を記している。それは，決して法典類の説く家庭祭祀ではない。きわめて現実的な願望の成就を願う祈願儀礼である。特に血を伴う儀礼として理解されており，それを仏教徒がどう行ったかについて文化論として，興味ある対応を示している。

b. ジャータカにみるバリ供養

　ジャータカ文献には法文祈願儀礼としてバリ供養が説かれている。その実態と特徴を明らかにしたい。当時の人々はヒンドゥー教徒，仏教徒を問わず，「バリ供養」（bali-kamma）をごく普通に行っていた。

　①ベナレスに「月がある星宿に合致して」新しい陰暦月の始まりが宣せられ「祭りの行われた」時，人々は「ヤッカ（夜叉）にバリ供養（yakkhabalikamma）をしよう」といって，域内の広場や街路その他の場所に魚や肉を撒き，鉢の中に多量のスラー酒を容れておいた。

　この酒を飲みすぎた一匹の豺（前生の Devadatta）は城内に閉じこめられ，窮地におちいる。しかし，あるバラモン僧をだまして無事に城から逃げ出し，これをみた樹神（前生の菩薩）はバラモン僧の愚さを呵した。　（J.113：I, 425頁）

　②その頃，人々は海岸で乳酪，乳粥，魚，肉，スラー酒を供えて，ナーガに対するバリ供養（nāgabalikamma）しては立ち去っていった」。一羽の烏がこれを食べにきて海に落ち，死んだ。他の烏どもは徒にその死をなげき，海神に殺されたと叫んだ。海神（前生の菩薩）は彼らを追い払ってしまった。

（J.146：I, 498頁）

　しかし，仏教の立場から bali 供養は否定されている。

　③悪司祭にそそのかされて一王は諸国を攻めたが，（前生の菩薩たる）王の領

土は攻略できなかった。悪司祭は王に「千人の王の眼を抉り，腹を裂き，五種の甘い肉などでこのニグローダ樹に住む神にバリ供養（balikamma）をし，樹の周りに縁をとり，五指量の血を溜めよう。そうすれば勝利を得られる」とアドバイスした。王はヤクシャや鷲に眼をつぶされて報いを受けた（J. 353：III，159頁）。

④「人々は神（deva）を崇拝し羊や山羊を殺してバリ供養（balikamma）をした」。国王（前生の菩薩）は生き物を殺してはならぬといってこれを止めさせた。ヤッカ（deva）たちは供物（bali）を得られないので怒り，獰猛な一ヤッカを送って国王を殺そうとした。前生の菩薩たる国王は帝釈天に保護された（J. 347：III，145-46頁）。

⑤これは師（＝ブッダ）がジェータヴァナに住んでいた時，神々に対して祈願するバリ供養について語られたものである。その頃，人々は商売に出かけて行く時，生物を殺して神々にバリ供養をし，「目的を成就して無事に帰ってきたら，また貴方にバリ供養をいたしましょう，と祈願して出かけて行くのであった。そして目的を遂げて無事帰ってくると，〈神々の威力のおかげだ〉と考え，多くの生物を殺して願をほどくために（āyācanato muccitum）バリ供養をした」。

比丘たちはこの意義を問い，ブッダはジャータカを説いた。そしてある人が「ニグローダ樹の神にバリ供養を約束して出かけて行き，無事に帰ってくると，多くの生物を殺して，〈願をほどこう〉と木の根元に行ったところ，当の樹神（前生の菩薩）は木の叉に姿をあらわして，〈もしも（願を）解くなら，死後に（生天できるよう）解くべきである。何故なら，（生物を殺して）現在に解けば（殺生という悪業により）束縛されるであろうから。賢者はこのようには解かぬ。（かかる）解き方は愚かな人を束縛するものだ〉，と偈をとなえ，その人は殺生を止めて法を行じ，（死後）天の町へ行った」（J. 19：I，115頁，169頁）。

仏教徒の間に酒，肉などの供物を供えることへの反撥があったことは明らかだが，では，仏教徒の間ではバリ供養にあたる何らかの儀礼を全く行わなかったのであろうか。もし，バリ供養が不殺生戒とのかかわりのみで拒否されるというのであれば，それならば殺生を伴わないバリ供養は認められ得たものであ

ろうか。

　バリ供養の意義がオープンに認められていたことを示す例が，『大般涅槃経』
（Dn26経）の中に見出される。釈尊がマガダの二人の大臣にヴァッジ族の「不
退法を説き，ヴァッジ族は「自らの霊廟（cetiya）を敬い，尊び，崇め，（中略）
以前に与えられ，以前になされた法にかなった供物（dhammika-bali）を廃する
ことがない」と賞賛する（MPS. I，4）。すなわち，祖先崇拝の意義を認め，そ
れに伴うバリ供養が行われていたことを述べる。

　また AN5・41には，仏陀が給孤独長者に財を得る 5 つの方法を説いている。
その第 4 に五種の供養（pañca bali）をあげ，これを守れば聖弟子（ariyasāvaka）
は財宝を得るのだとすすめている。すなわち親族，客，祖霊，王，天への供養
（jāti-bali, atithi-b., pubbapeta-b., rāja-b., deva-b.）であって（AN. III, 45, 27 ff. ; AN II,
68, 9 ff.），これは先述したヒンドゥーの五大供犠（pañca mahāyajña）に対応する
ものである[5]。ここにはヒンドゥーの yajña に対して仏典では bali の語が用い
られている。yajña（供犠）が仏教で拒否されていることは先述した通りである。
五大供犠という時の yajña は必ずしも血，肉を伴う供犠ではないが，仏典では
それも斥けて，ここに bali の語を用いていることは，bali が仏教教団の中で一
応の儀礼としての位置をしめていたことを示すものであろう。

　しかし，それではジャータカに代表される当時の仏教徒の間に，血，肉を伴
なわぬ祈願儀礼をバリ供養としてオープンに認めていたかというと，必ずしも
そうではない。以下にそうした例を検討する。

　⑥前生の菩薩はベナレスの王だったが，その頃のベナレスの人々は「神を崇
拝していた。彼らは神に敬礼し，多くの羊，山羊，鳥，豚などを殺し，また
種々の華・香と肉と血でバリ供養をしていた」。王はこれを止めさせようと考
える。彼はまず出かけていって，「一本の大きな溶樹に大勢の人が集まり，そ
の木に住む神（devatā）に息子や娘，名声，財宝などなど何でも自分の望むも
のを祈っているのを見た」。そこで王は近づいて「その樹を…香・華で供養し
（pūj），水をかけ，樹の周りを右遶してこの神を祀る者となり，神を礼拝して
（rukkhaṃ…gandhapupphehi pūjetvā udakena abhisekaṃ katvā rukkhaṃ padakkhinaṃ katvā

156　　第Ⅱ篇　本論インド仏教の儀礼と文化

devatāmaṅgaliko hutvā devatāṃ namassitvā……）帰ってゆく。その後もそこに行っ
ては「供養をしていた」（pūjāṃ karoti）。そしてさらに王は臣下に向かって「お
前らは私が……溶樹を香などで供養（pūj）し，合掌して礼拝していたのを見
ただろう」と念を押す。

　その後，王は臣下にいう。私はあの樹に供養礼拝し，次のように願ったのだ。
「もし王位を得たら貴女にバリ供養をいたしましょう。（そして）私はこの女神
の威力によって王国を得た。いまや彼女にバリ供養をするから，お前たちは遅
滞なく，急ぎバリ供養（balikamma）の準備をせよ」と命じた。

　そして何を供えましょうか，と臣下が訊いた時，王はこう答えた。「私は神
に祈願して『私の領土内で生物を殺すなどの五の悪戒をなし，十種の不善業道
に従うものがいたら，彼らを殺し，その死んで腐敗した肉や血でバリ供養をい
たしましょう』と祈願したのだ」。

　王の意志は国中に布告され，かくてその領内の人々は五戒，十善業道を守る
ようになった（J.50：I，259-60頁）。

　この例において，現世利益の祈願儀礼そのものの行為について，仏典作家の
眼はきわめて好意的である。その意義は教団として，ないし仏教徒社会におい
て，公認されているといっていい。そしてここに balikamma でなく，プー
ジャー（pūjā）の語が用いられていることは重要な意味をもっている。

　pūjā はヴェーダ期以来，バラモン僧が司っていた供犠すなわち yajña（Pāli,
yañña）に代わって発展した新しい礼拝形式である。生贄を捧げず，水，花，香，
食物，灯火などを用いるもので，仏教，ジャイナ教などにおける礼拝は広く
プージャーと呼ばれている。その本質は尊崇と奉仕にあり，何らかの見返りの
恩恵を要求することは稀である〔Gonda1963, I, p. 334.〕。

　⑥の例では，人々が動物を殺して行う bali 供養は斥けられている。しかし，
王（前生の菩薩）が行う香・華などを用いての供養は許容されていて，しかも
ここでは balikamma が pūjā におきかえられている。つまり，血肉の供養か，
菜食の供養かの違いはあるが，プージャーの名の下にバリ供養と同じ機能の儀
礼を公認しているのである。

　⑦「人々は神を信じ……ある祭がきた時，自分の（信ずる）樹神にバリ供養
をした」。そして「それぞれの自分の神にさまざまな花環，香，塗香や硬軟の

食物をもって出かけて行った」。

　さて，ある貧しい男が駄菓子と一杯の水を持って自ら信じる一樹神（前生の菩薩）のところに来る。しかし，あまりに粗末な供物なので神は納受するまいと躊躇する。樹神は姿を示し，彼はそれを供えてバリ供養（balikamma）をした。樹神はこれをうけて，何のために私を拝するのか，と聞く。男は貧しい境遇から逃れたいからだと答えた。そこで樹神は，「お前は心配しなくていい，お前は恩を知る恵み深い者に供養（pūjā）したのだ」といい，この樹の下に蔵されていた宝の瓶を掘り起こさせた（J.109：I, 423-24頁）。

　⑧その頃，ベナレスの人々は神を信じ，「常にバリ供養（balikamma）などのことに熱心だった」。ある貧しいバラモンが，私も神を信じようと考え，「高くなった土地の上に立つ一本のパラーサ樹の根元を平らにし，草を抜き，周りに垣を結び，砂を撒いて掃き清め，五指量の香を供養し，花環，香，薫香を供え（pūj），灯火を点じて，『安らかにお休みなさいませ』と礼拝し，樹を右遶した」。これが毎日つづくので，樹神（前生の菩薩）はこれを喜び，財宝が欲しいから神を礼拝していると聞いて，私は恩を知るものだといって宝を掘り出させた（J.307：III, 23頁）。

　⑦および⑧の例では，人々は現世利益をバリ供養に拠って祈願しているのだが，同じことを仏教の側からみて善なる人間で行う時には香，花輪，灯火を具えてプージャーというのである。

　ジャータカにおける pūjā の用例を検討する時，それはやはり「尊崇」と「奉仕」を本質とするヒンドゥー一般の pūjā の原義と大差なく，見返りを要求する祈願儀礼としての要素はほとんどない。プージャーの行われる対象としては，仏，仏弟子，高位の神々，仙人，有徳の賢者，仏舎利，菩提座，塔とチェーティヤ，葬式に関するもの（e.g. sarīra-pūjā），親戚への供養（Jāti-pūjā），友達（mitta-pūjaka-gāthā, J., 538頁）に限られているといっていい。

　特殊な例として，一王の夢の中で，大火聚よりホタル火が梵天まで上がって全世界を輝かせた時，そのホタル火への pūjā という用例があり（J.546, VI, 330頁），また村人が死んだ聖牛に対して行った pūjā（J. 490, IV, 326頁）もある。しかしいずれの場合も「尊崇」である。

158　　第II篇　本論インド仏教の儀礼と文化

さらに，pūjā が樹神に対してなされたとする記述もある。すなわち一樹神（前生の菩薩）が愛欲に支配される人を非難し，それを聞いた他の樹神たちが喜んで，かの菩薩たる樹神を〈香，花などで敬い〉（gandhapupphādihi pūjayamānāsu, J.13：I，155頁），そして樹神は法を説いたという。これは pūjā の対象が樹神で，珍しい例であるが，コンテクストよりみて，この樹神は仏・菩薩と同等の地位を持つものである。決して祈願儀礼における礼拝儀礼ではない。

すなわち，pūjā は普通，現実的な利益を祈願する鬼霊崇拝と結びついていない。これは，pūjā が「尊崇」と「奉仕」を本質とし，祈願のためのものではないという原義と相応している。しかるに，pūjā が鬼霊崇拝と結びついている僅かな例が，上述のごとく，明らかにバリ供養と対比され，バリ供養と同じ機能を持つ儀礼として用いられている。これは決して偶然の結果ではなく，意図的なものであると思われる。

また，上記各例にみられるプージャーにおいて，人々が供えているのは香，花環，灯火などであり，いずれも "pūjā" においてごく普通に用いられる供え物である。決して，いわゆるバリ供養の際の生臭い飲食物を主体とする供物ではない。

すなわち，生物を殺す bali 供養は，pūjā 儀礼におきかえられているのである。決してバリ供養を pūjā という名前で呼んだ，という名目上のものではなく，実用的な pūjā が bali 供養に取って代っている。これは逆にいえば，pūjā の通常の機能が拡大され，祈願儀礼に転用されているということである。

pūjā という語義が拡大されている現代インドにおいて，それが祈願儀礼や呪術においても用いられていることは不思議ではない。しかし，古代インドの仏典において，pūjā が明らかに祈願儀礼に用いられる用例はそう多くはない。上述は当時の仏教徒が生物を殺すバリ供養を斥けると共に，祈願儀礼そのものは廃することができず，プージャーにその機能を転用せしめた事例とみてよいものである。

だから，pūjā が bali に取って代ったかのごとき例も 1 例のみではあるが見出される。

有徳の竜王（nāga，前生の菩薩）は自らの蛇身を大道におき，無条件の施物とする。人々はこの大威力ある竜を「香その他でプージャーし（gandhādihi pūjayimsu）（中略）プージャーをしてから息子を授かるように祈った」（pūjam katvā puttam patthenti）（J. 506頁，IV，456頁）。

　ここでは明らかに子供の授かることを祈ってプージャーがなされている。しかし反面に，この竜王は菩薩であるばかりでなく，きわめて徳の高い存在である。そして，かくナーガや樹神にプージャーがなされる時は，彼らは常に前生の菩薩であり，仏に代わり得るごとき立場にあるものとして性格づけられている。すなわち，bali は無制限に pūjā に取って代わられたわけではない。

　その他，生類一般に対する供養の例は以上につきるし，鬼霊一般に対する供養も，少なくとも文献上は，さして重要視されていない。バリ供養の主たる目的は特定の鬼霊に対して現実的な祈願をすることにある。それは助命 [(5),(7)]，子供を授かる [(11)，(22)㊀]，通行の安全 [(14)，(21)]，戦勝 [(16)]，治病 [(22)]，工事の安全（地鎮祭）[(18)]，財宝の獲得 [(22)㊀，(23)，(24)]，無病息災 [(4)] などであって，積極的に人間の側より働きかけ，願望の成就を目的としている。従来「積極的儀礼」と分類され，最近では聖なる存在と交歓して願い事の達成をはかるという意味で「交歓儀礼」とも呼ばれることもあるタイプの儀礼である。しかし同時に，樹神の慰撫 [(1)，(2)，(3)，(6)，(26)] を目的とする場合（隔離儀礼）もあり，また託宣を得るため（つながりの儀礼）にバリ供養をした形跡もある [(7)㊁]。さらに，願望が成就した際の願ほどき，お礼まいりとしてバリ供養の例も少なくない [(4)，(5)，(20)，(21)㊁，(22)㊁]。またその儀礼は例外なしに，戸外か，または樹神の主む特定の樹木の前で行われる（上記の数字は奈良 1975a，105-124頁の記述による）。

　かくみる時，ジャータカ文献に反映する限りのバリ供養の仏教文化中の位置づけは，次のようにまとめることができよう。まず，(1)ヒンドゥー世界で家庭祭祀とされているバリ供養は，ジャータカ中にほとんど反映していない。(2)しかし，生き物に食物を供える儀礼の記述は僅かながら発見される。これはおそらく仏教徒も何らかの形で行っていたものと考えられる。(3)しかし，より一般的に「バリ」とは決して家庭祭祀ではなく，特定の時に特定の鬼霊に特定の目的成就を祈願する儀礼であり，仏教徒がこれを行っていたことは疑いない。(4)血を伴うバリ儀礼は当然のこととして認められていない。(5)動物のいけにえを

160　　第Ⅱ篇　本論インド仏教の儀礼と文化

伴わぬバリ儀礼でも，一つには仏教の本義からする疑義をエリートは持っていた。同時に，おそらく当時一般における用法として，血を伴う供物を bali と呼んでいたものと思われ，こうしたことが合して，bali という言葉を用いることに幾分の躊躇がある。(6)したがって，bali 供養は pūjā 儀礼によっておきかえられた形跡がある。(7)これは pūjā 儀礼の機能を祈願儀礼へと拡大・転用したことを示している。

　註

1)　Sn360，Thg219，341，343頁。

　　『テーリーガーター』87-88頁，143頁，『ダンマパダ』188-89頁など。

2)　Vin. Ⅴ .120；121；MA47巻，54巻，『増一阿含経』12巻，『四分律』27巻，『十誦律』9 巻，『根本説一切有部芯荼尼毘奈耶』19巻など参照。

3)　スパイロ1971，258頁以下，Tambiah，195頁以下，do "Ideology of Merit and the Social Corelates of Buddhism in a Thai Village（in "Dialectic in Practical Religion"）" 1968，43頁。

4)　古山2014，69-86頁。

5)　この五種の bali とヒンドゥーの pañca mahā-yajña との比較については，D.Shastri1963，113頁参照。

第 3 章　呪術と祈願儀礼　*161*

第4章　功徳観念の展開

1　「作功徳から生天へ」思想の展開

　功徳（福徳，puṇya, puñña）を積む行為は，業・輪廻説の中心的観念であり，実践である。原始仏典においては，善・悪の行為は，功徳と悪徳（pāpa）という概念に取って代わられ，その多少の量によってしかるべき果報がもたらされるとされた。今日にいたるまで，功徳（と悪徳）の観念は世界の仏教徒の生活に影響をあたえているし，仏教徒の生活，信仰上のきわめて重要なテーマである。

　悟りは，仏教の本義であり，悟りを見失ったら仏教ではない。しかし，仏教徒の現実の生活規範は「功徳を積んで善き後生を求める」こと，すなわち公式的には「作功徳→生天」の図式を実践することにあった。生天は輪廻世界の中の善であるが，所詮は苦と迷いの世界である。それだけに悟りと生天，出世間と世間は乖離している。両者の間にそれなりの緊張関係を保ちつつ，功徳観念は伝承されてきた。そして，遂に功徳は悟りに廻向されるものとされ，出世間レヴェルに昇華されてくる。仏教文化のダイナミックな変動，発展の典型的な事例といってよいであろう。

　功徳観念の発展はつぎのように段階的に位置づけることができる。

1. 在家者と功徳

　中村元博士は，原始仏教初期における功徳を積み，生天を目指す観念を取り上げ，詳しく論じている（中村元1993b，972頁以下，とくに979頁）。善行を為したものが死後に「天」の世界で楽しむことは，ウパニシャッドの理想として説くところである。天の観念は当時の一般民衆の間に行われていたが，「初期の仏教教団はそれを教化方策として採用した。（中略）（宗教的な）絶対の境地を『天』という観念を借りて表明したものである」とされる。

第4章　功徳観念の展開　　*163*

しかし，これは近代の研究者の「教理学的」世界観に基づく理解であるように思う。仏教徒大衆が現実に「作功徳→生天」の観念を信じ実践を行っていた意味と意義を見失っている。

　先に述べてきたように，釈尊も弟子たちも，また在俗の信者たちも，生活基盤，文化基盤としての「ヒンドゥー世界」に生まれ，育ち，生きていた人たちである。端的にいうなら，「カースト・ジャーティ」社会に生きていた。この世界に住しながら，生き方の理念を釈尊の教えに求めていたのが仏教徒である。したがって，仏教徒たちは，この「ヒンドゥー世界」に定着していた業・輪廻説を知っていたし，受容していた。釈尊もこれを否定していないし，むしろ在俗信者たちの生活規範として強く推奨している。その意味で，業・輪廻説は仏教徒の間に「最初から」定着していたとみるべきものであろう。原始仏典にあれだけ広範に，確信をもって説かれた「作功徳→生天」論は，それ自体の「世間」レヴェルの慣行としての意義が知られ，実践されていたものである。悟りへの方便，とされる（本論第２章）のは二次的な発展であり，教理化の営みである。「作功徳→生天」の意味がそのまま受容され実践されていた現実こそ，重視さるべきであろう。釈尊にしても指導的僧たちにしても，これを当然のこととして認め，受容していたのである。

　ただし，それが悟りのレヴェルではなく，「世間」レヴェルの民俗であることは十分に意識されていた。しかし，悟りと直接関係がない習俗，民俗であるから，それはなすべきでないとか，便法として認める，という姿勢はない。それは近代の仏教教理学研究からの視点であることを知っておく必要があろう。

　「作功徳→生天」の図式に原始仏教の最初期から仏教文化として定着していたのである。

　１例のみをあげておく。

　　　すべての生けるものは死なねばならない。生命は死に至って終わる。
　　　人々は（生前になした）行為にしたがって（死後の世界に）赴くのであって，
　　　それぞれに善と悪との報いを受ける。悪行をした人は地獄に，善行の人は
　　　良い世界に生まれる。だからこそ，善（kalyāṇa）をなして（良き）来世の
　　　ために功徳を積むべきである。功徳（puñña）はあの世での人々の拠り所
　　　なのである。　　　　　　　　　　　　　　　　　　　（SM III・3・2・8）

2. 出家者と功徳

　しかし、「作功徳→生天」が悟りの「出世間」でないことは明らかである。だからこそ、釈尊は悟りをもとめて修行すべき比丘たちにこれを望むなと教えている（本書64頁）。しかし、原始仏典はまもなく出家者の生天を認めている。すべての出家修行者が悟りを開けたわけではない。悟れなかった出家者は死後にどこにいくのであろうか。在俗の信者さえ、他者に慈悲を及ぼし、戒を守って生きてきた人は天に行くことができる。ましてや出家者はすべて天にいかなければならないものであろう。出家者がいろいろな天界に再生した例は、原始仏典の少し遅い時期から頻繁に説かれている。

　出家比丘にとっては、「作功徳→生天」論は最初期には容認されていなかった段階があったものと思われる。

3. 功徳と悟りの相互補完性

　ここで「世間」と「出世間」、聖と俗との関係で論じておくべきことがある。それは何故に出家者に対する布施は功徳があるかという問題である。事柄としてはよく知られているように、布施は誰に布施してもそれなりの功徳があるが、しかし、「生活の苦しい下人、下僕に与えるよりも、沙門に与える方が優れている」（SM III・2・10・3ff）などといい、「サンガは、功徳を望んで供養を行う人々にとって最上のもの」（Sn569）という。さらに、同じ出家者でも修行が進み、境涯の高まった人ほど、功徳の多いことも随所に説かれている。これを逆に出家者からみれば、「無執着、諸煩悩を滅ぼし、自我を制し、出家し、安らぎを得、生死を超えている人にこそ、施物を捧げるべし」（Sn490-503）ともいって、布施を受け、功徳を積ませる立場として、修行の大切なことを自ら強調し、自戒している。すなわち、出家者は布施によって修行をすることができるし、だからこそ、その布施は功徳を生むことができる。修行が進むほど、功徳も多い。「出世間」レヴェル（聖）の修行と「世間」レヴェル（俗）の功徳が相互補完の関係にあることを確認しておく必要がある。今日の日本でも同じ現象がある〔佐々木宏幹2004〕。

　出家者と信者とは、この他に、布施（財施）と説法（法施）の相互補完の関係もあるが、原始仏典においては、むしろ布施と功徳の関係を説く記述が多い

第4章　功徳観念の展開　　165

し，これは当時の仏教徒の自然な考え方を反映しているものであろう。

4. 表層文化となる功徳

しかしながら，作功徳→生天の図式は最後まで在家生活者に限るものではなかった。それは次第に出家者にも適応さるべきものとなった。先述の如く，出家者すべてが悟りを開き輪廻を脱することができたわけではない。それならば彼らは何処に行くのかといえば，やはり天界以外にはないであろう。

ただし，出家者が良い後生を望むとは，教理的なタテマエからは言いにくい内容である。本来の修行の目的を自ら取り下げ，迷いの世界の理想を掲げることになるからである。それだけに，初期の仏典には修行者が，在家者の生天と同じ意味で，功徳を積んで死後に天に生じたことを明らかに説く例は多くない。ただし，原始仏教の遅い時代では，天の階層化が進み，おそらく四禅や四果といった修行の階梯にかかわる高い階層の天界に修行者が生まれる例は少なくない。

しかし，実際問題として，早くも前2世紀以降のサンチー，バールフットなどの仏塔崇拝において，出家者は積極的にその造営に参画し，功徳を積んでいる。周知の如く，遺骨崇拝は生天のためのものであり，比丘がかかわるべきでないことは『マハーパリニッバーナスッタンタ』（MPS 5・10以下）の有名な記述によっても知られる。そして，仏教の教理的立場，すなわち，タテマエとしての考え方からいっても，ストゥーパ崇拝が悟りを目指す修行であるとはいえないものであろう。

静谷正雄博士は，バールフットの仏塔の寄進者を精査し，寄進銘文のある限りでしらべても，在家者77名に対し，出家者は36名を数えていることを明らかにしている〔静谷1974，17-19頁〕。

出家者といえども，仏塔供養にかかわって功徳を積んでいたのである。さらに，ここの一銘文（静谷1965，265頁）は寄進が「父母のために」（mātāpituna aṭhāyā）とあってすでに功徳の廻施の観念が表明されている。そして碑銘によっても以降，父母，親族などへの供養が明示されている例が増えてくる。功徳の観念は出家者にも容認されていたのである〔奈良1990〕。

5. 功徳の仏教化

　仏教文化の大きな特色の一つとして，仏教の本義とされる悟り，「出世間」
レヴェルの価値を強調するあまり，「世間」レヴェルを「仏教」とは認めない
姿勢がある。しかし，教団の現実としては「世間」レヴェルの民俗信仰を受容
せざるをえないし，そうすると，それを何らかの形で「出世間」レヴェルに関
係づけようとする志向がはたらく。

　すなわち，「世間」レヴェルの信仰を「出世間」に「関連づけ」ることに
よって，エリートたちの考える「仏教」として受容する姿勢がある。仏教指導
者としても，民衆仏教徒の日常生活もやはり悟りのレヴェルにかかわるもので
あるとするのは当然のことであろう。それは俗的信仰の聖化，といってもよい
し，仏教化の一つの形といっていいであろう。

　ここにはいくつかのタイプがある。

　第1に，「世間」レヴェルの信仰を悟りに至る一つの「道程」としてうけが
う信仰の姿勢がある。例えば，ある仏典はウパーサカの有徳の行為を説き，最
後にいう。

　　　心が寂まり，賢い人として尊敬されている智慧ある人々に奉仕し，仏へ
　　　の信（saddhā）は根が生じて安立した賢者は，神々の住む（天）界に赴き，
　　　（そこからまた生まれ変わって）この世の（高貴な）家に生まれ，こうして，
　　　次第次第に涅槃にいたる（anupubbena nibbānam adhigacchanti）

（AN V・18・179・8 G.:Vol. iii, 211頁以下）

　この世の善行（＝功徳）は神々の住む天界や，あるいは人間の世界の恵まれ
た環境に生まれさせ，こうして何生かのあとに次第次第に涅槃を得るための準
備段階として受け止めている。ここでは生天する価値をそのまま認めないし，
作功徳の行為を悟りに至る道程とみる姿勢がある。ひたすらに悟りを願いつつ
も現世には悟れず，輪廻せざるを得ない。そうした我が身の現状をあくまでも
悟りを得るための道程と見る修行者の心情と覚悟をうかがうことができる。

　　　私は一輪の花を献じて，八億年の間にいろいろな世界をめぐり，さらに
　　　残った福（sesaka）によって，心の安らぎ，悟りに至った（nibbuto）。

（Thg 96）

という句も同様で，一輪の花を捧げた功徳が天界ばかりか，遂には悟りに至ら

第4章　功徳観念の展開　　*167*

せた，というものである。

　第2に，まさに同じく輪廻再生を悟りにいたる道程と位置づけながら，実存的な自己の在りようとしてではなく，衆生教化の「方便」として利用する姿勢である。「次第説法」（Anupubbikathā）はその典型とみてよいものであろう。

　次第説法は「施論，戒論，生天論」といわれるように，まず施・戒によって功徳を積み，死後に天界に生まれることが推奨される。こうして次第に因果の理を受け入れさせ，心が浄化されてから，仏教の本義である四諦八正道を説き，悟りに向かう法眼を得させるというものである。これは仏典，律典に定形句としてしばしばあらわれ（Vin. Mahāvagga, 181頁．cf. ibid. 15, 18, 19, 20, 66, 225頁，Cullavagga, 153頁），釈尊の在家者への説法として知られている。

　従来，この教えは，仏教指導者側が当時の俗信を積極的に取り上げ，悟りに向かわせる巧みな「方便」として解釈するのが学界一般の姿勢であった[1]。
　「次第説法」が生天思想を「悟りへの道程」として位置づけたことは，「出世間」を重視する教理の立場からは当然出るべくして出てくる理解である。
　しかし，文化の問題として実際に即してみるなら，施・戒・生天の図式は当時のヒンドゥー，仏教徒を問わずひろく受容され，社会生活の中に行われていた宗教観念であり慣行である。死後に天での快楽にみちた生活が保証されるというからこそ，布施し，正しい生活を心がけるのであって，死んだその後の何時来るかも知れない悟りを頼うがゆえに，施，戒を行ずると考えるのは一般的ではない。人間の心理からいってもうなずけないし，テーラヴァーダ仏教の実地調査によっても，功徳を積むことの理由として悟りをあげるのは，少数の教育ある比丘だけである〔Spiro1971, 92頁以下〕。したがって，次第説法は，方便には違いないが，現実に行われている「作功徳→生天」の観念と慣行をエリートが悟りのレヴェルに結び付けることによって仏教化したものである。現実論というよりも教理的に「正当化」したものであり，これはそれなりにダイナミックな文化変容の一動態としてみるべきものである。
　さらに第3に，「世間」レヴェルの信仰・儀礼を無前提で悟りを得るための行法として「直結」してしまうタイプの考え方がでてくる。例えば，善をなし，布施して功徳を積み，悟りの境に達したなどという。

168　　第Ⅱ篇　本論インド仏教の儀礼と文化

後代の例だが，脈絡を無視して現世利益的な観音信仰を無造作に悟りに結び
つけるなどの表現があるが，この問題についてはかつて論じたことがあるので，
別稿を参照頂ければ幸いである〔奈良1990，196-97頁〕。

6. 世間としての天から「世出間」レヴェルへの昇華

　SM に次のような記述がある。

　　　貪欲と憎悪を滅ぼし，世間での執着を克服し（中略）死魔の領域である泥
　　　沼を渡り終わり，（中略）迷いの生存の束縛を断った（中略）７人の修行僧
　　　が無煩天（aviha）に生まれた。　　　　　　　　　（SM I・5・10; II・3・4）

　７人の修行僧は貪・瞋を滅ぼし，執着を捨て，死魔を超え，迷いの生存の束
縛を断ったという。Sn のごとき最初期の仏典においては，当然涅槃に至った，
と説かれて然るべきであるが，ここでは無煩天に生まれたという。無煩天とは，
後代の分類によると色界十七天の一つであり，四禅天の第5に位置づけられて
いる。しかしここでの無煩天の性格は明らかではない。中村元博士は『雑阿含
経』に阿那含とあることを引用しつつ，この阿那含は後代の不還果ではなく，
無煩天に生まれたものはこの世に戻ってこないと考えられていたとする〔中村
1986，273-74頁〕。

　原始仏典のコスモロジーを研究している金漢益（釈悟震）博士によると，確
かに SM では三界の区別は見いだされず，後代の色界の諸天にあたるものとし
ては，大梵天，梵輔天，梵衆天の語が見え，ここの無煩天とは悟りに限りなく
近づいた天であろうという〔金1999〕。

　中村博士は別のところで〔中村1993b〕，Sn は在家者の生天のみを説くが他の
遅い聖典には出家者の生天も説くとする。「おそらく生天の教えは在俗者に対
して説かれたのであったが，やがて出家した修行僧についても説かれるように
なったのであろう」とし，その例として上の文をあげている。しかし，この例
は単に修行者の生天を説いた，というだけの簡単なものではないように思われ
る。これは天界の階層化に伴いつつ，元来が世間レヴェルの天が悟りへの階梯
として位置づけられ，四禅や四果とかかわりつつ，出世間レヴェルに昇華され
ていった展開と関わって検討さるべきものであると考えている。

　仏教文化発展の大きなテーマである。

2 功徳の「廻施」

(1) 功徳の廻施をめぐって

「功徳の廻向（回向）」とは仏教伝承において聞き慣れた言葉であり，仏教徒の生活に直接にかかわる重要な観念であり実践である。仏教には大別して2種の廻向が伝承されている。『岩波仏教辞典』には「自己の善行の結果である功徳を他に廻らし向ける」ことであり，原始仏典には「布施の功徳を父母兄弟に廻らし向ける」例がある。しかし，大乗仏教では「回向を受ける対象が拡大された。善行を単に自己の功徳としただけでは真の功徳とはならず，それを他の一切のものに振り向ける」というように発展した，という。

しかし，ここに述べられた2種の廻向は術語を示すなら前者は「廻施」（ādesanā）であり，後者は「廻向」（pariṇāmanā）で，原語も違い概念も機能も異なるものである。両者はともに自分の功徳を他に廻らすものであるから，漢訳仏典ではともに廻向（回向）と訳されたものであるが，両者の違いを明らかにし，かつ両者の関係を明らかにすることは仏教文化史にとってきわめて重要なテーマである。

後者すなわち「廻向」とは「善根功徳を（自・他の）悟りに廻向（pariṇāmanā）する」ことであり，特に大乗仏教で重視されているものである（本書では「廻向」と表記する）。

前者の「廻施」は ādesamā が原語（パーリ語）で，生者が宗教者に供養し，得られた功徳を神霊，鬼霊，精霊，祖先などに指名して送り届けてもらう儀礼である。

まず廻施から検討することにする。

ブッダ最後の旅を記した Mahāparinibbāna-suttanta（『マハーパリニッバーナ経』）の冒頭部分で，マガダの大臣2人がパータリ村（今日のパトナ市）を大きな町に造営しようとしているのを聞いて，釈尊は次のように教えている。

清く賢く生まれたものが，（自分の）居住するところで，戒律を守り梵

行を修する修行者達に供養（pūjā）し，（修行者は）その布施（dakkhiṇa）（の功徳）を（神霊たちに）さし向ける（ādise）（廻施する）。（こうして）供養され，崇敬されたもの（神霊）たちは，その（供養した）人を供養し，崇敬し，（愛語し，）加護を与えてくれる。 (MPS, 1.31)

実はこの一文は難解でいくつかの訳例が示されているが〔奈良2012，111頁以下〕，私は桜部建，高原信一博士の見解[2]が最も現実の儀礼に近いと思い，それにしたがって，上のように訳出した。

　　すなわち，町を作ろうとする信者が宗教者に供養し，得られた功徳を神霊などに行くようにと「指示」（ādesanā）してもらう。するとその供養を受けた神霊たちは，お返しに信者たちに加護を与える，というものである。すなわち，今日日本にまで伝承され，普通に行われている地鎮祭と全く同じ構造の儀礼である[3]。

「廻施」という儀礼の民俗としての普遍性を示すものといってよい。

そしてこの廻施は葬祭儀礼における本質的な観念であり構造として伝承された。

実をいうと，原始仏典には「葬祭儀礼」（葬儀，祖先崇拝を含む）の記述はきわめてすくない。「葬儀が行われた」ことや「祖先崇拝の大切さ」などは説かれているが，具体的にどういう儀礼が行われたかの記述はほとんどないといってよい。その理由は，葬祭がヒンドゥー的社会慣行（特にカースト・ヴァルナ制度の規範）にしたがって行われていたからであろう。インド宗教においては実存的な宗教信仰には独自の信者層が形成されることもあり，同時に，人々が所属する宗派とかカーストとかにかかわりなく信奉されるケースが少なくない。15世紀のカビール（1440-1518）の信者にはヒンドゥー教徒とイスラム教徒もいたし，14世紀のベンガルの宗教指導者チャイタニヤ（1486-1534）の信者にはすべてのカーストのものが加わっていた。現代インドにおけるスリランカ系の「大菩提会」（Mahabodhi Society）にもすくなからぬヒンドゥー教徒が信者になっている。

仏教徒の場合も同様で，各カースト・ヴァルナの人がそのまま信者になっていたし，それぞれの儀礼を行っていたことは疑いない。釈尊の教えは現世に「安心」を得て生きる道を説くものであり，特に葬祭儀礼を独自に説く必要も

なかったものであろう。

　しかし,（第2期）パーリ仏典である Peta-vatthu, Vimāna-vatthu などにはきわめてオープンに仏教徒が行っていた祖先崇拝儀礼が説かれている。この2テキストは「アソーカ王時代またはその後間もないころの成立」とされる[4]。基本的には上述の地鎮祭儀礼と同じで,出家者に布施をし（dakkhiṇa）,その功徳を神霊や鬼霊,祖先のところに行くようにと「指示」（ādesanā）してもらい,それによって死者はより安楽な境涯を得る,という構造の儀礼である。これは,業・輪廻説の面からいうなら,死者の「自業自得」の原則を破るものであり,「世間」「出世間」両レヴェルの間に緊張関係を生み出している。しかし,それなりに仏教徒一般の間に広く行われていたものに違いない。西暦以降のアヴァダーナ文献類にごく普通に記述されているし,さらに中国仏教や今日の日本仏教における祖先崇拝法要にまで影響を及ぼしているものと思われる。

(2) 餓鬼―死者（霊）・祖霊の世界―

1. 餓鬼の実態

　古代インドにおいて,死者は他世界に輪廻すると同時に,父祖の国に赴き,祖霊（pitṛ）となるとも考えられている。しかし,おおよそ前3世紀を中心とする数世紀ころ以降には,死者は死んですぐに祖霊となるのではなく,ある期間プレータ（preta）の状態にあると考えられている。すなわち死者霊であり,それが祖霊となるためには「祖霊祭」（śrāddha）が行われなければならない。

　preta, peta は pra-i「逝く,去る」という動詞から派生した言葉で,元来が,「去りし者」「逝ける者」,「死者」「亡者」を意味する言葉である。そしてそれは宗教的には「死者霊」の意味でも理解されていたことは疑いないものであろう。

　peta-kicca は「死者に対してなすべきこと」,すなわち葬式儀礼を意味する。また pūrva-preta, pubba-peta という言葉もあり,死者,祖先,死者霊を意味する。Dn I, 8, 66 MN II, 113 などには死霊が存在するや否やという死霊論（pubbapeta-kathā）がのべられ,かかる論議は比丘の修行にとって無用のものであると斥けられている。同じく MN II, 186 には両親や親族,客人,神,王に対

して果たすべき義務と並んで「祖霊に対してなすべき義務」(pubbapetānam
pubbapeta-karaṇīyam)，すなわち祖霊に対する儀礼を推奨している。さらに AN
III, 45には五バリ供養（pañca-bali）の一つとして pubbapeta-bali（祖霊に供物を
捧げる儀礼）をあげるが，これはヒンドゥーの五大供儀（pañca-yajña）のうちの
「祖霊供儀」（pitṛ-yajña）に相当するもので，すなわち祖霊に供物を捧げる家庭
祭祀である。このほか，「施主は布施をしてそ（の福徳）を死者霊（または祖霊）
に回向する」といい，またボサツの生まるべき家柄が具うべき64種の特徴の中
に「祖霊を供養する人々」（pūrva-preta-pūjaka）ともいう。Preta，peta とは死者
であると同時に，死霊，祖霊なのである。

　peta は死者霊ではあるが，同時に peta-loka は「餓鬼世界」であり，原始仏
典においても餓鬼世界は成立しているが，そこの住人である餓鬼の実態は必ず
しも明確ではない。

　餓鬼に関して種々の記述が出てくる文献として，まず，上述の『ペータ・
ヴァッツ』『ヴィマーナ・ヴァッツ』がある。さらに西暦以降の「梵語仏典」
には多彩な餓鬼物語が展開している。梵文『マハーヴァスツ』(Mahāvastu) に
は大目連尊者が地獄，畜生道を訪れたあと，一再ならず餓鬼（界）に遊歴し，
帰ってきてから四衆にそのありさまを報告している。また Av 第5章は餓鬼物
語を10篇あつめている。『ディヴィヤ・アヴァダーナ』第1章はコーティカル
ナ青年の餓鬼世界遍歴譚である[5]。

　餓鬼世界に住む餓鬼の形状は種々に描出されているが，一般のイメージとし
て，(1)裸で，(2)骸骨のようにやせ，(3)熱に苦しめられ，(4)口は針のように小さ
く，腹は山や大海のごとくにふくれ，常に飢渇に苦しめられていることをあげ
ることができよう。これらの全部，あるいは一部を述べる記述は少なくない。
こうした餓鬼の描写は日本の『餓鬼草紙』などにも伝承されている。餓鬼はさ
まざまな悪業，特に悋貪で布施せず，他人の布施をさえぎり，人の持ち物をね
たんで悪口をいったりした人々は死後，餓鬼世界におちる。それは五道または
六道輪廻の一環として，かなり具体性をもつ餓鬼世界である[6]。

2. 餓鬼救済

　しかし，餓鬼は生きている人間の側からの働きかけで餓鬼世界から脱するこ

とが出来る，とされる。これは輪廻の死後世界の中できわめて特徴的である。天界，人間界では自分で功徳を積むことができるが，畜生，餓鬼，地獄ではこれができない。しかし，餓鬼にだけは人間が功徳を送り届け，それによってよりよい状況となり，あるいは他世界に移れるという。

例えば，Av 第45話では次のようにいう。かつては商人であった500人の人は，布施せず，人の布施を邪魔した結果，死後に餓鬼道におちて苦しむこととなった。そこで大目連尊者に次のようにたのむ。

「私どもの身内が王舎城に住んでいます。その人たちに私どもの業の糸を説明して下さい。そして「ブッダをはじめとする比丘たちに布施をし，（その功徳を）私どもにさし向けせて下さい（asmākaṃ nāmnā dakṣiṇādeśanāṃ kārayitvā）。（そうすれば）私どもプレータの胎から解放されるでしょうから」。そこで大目連はいわれた通りにし，仏陀や比丘たちを食事に招かせ，餓鬼たちにもそこへくるように伝えた。そして布施会の当日には，「神通力によって仏世尊が弟子たちと一緒に食事をしているのが餓鬼たちにみえるようにした。そしてブッダは布施の功徳が餓鬼たちに行くように指示した。

「この布施から生じた功徳はかの餓鬼たちに行くように」（ito dānād hi yat puṇyaṃ tat pretān anugacchatu）。怖ろしい餓鬼世界より彼らは速やかに立ち上がるように」。

これを聞いて人々は貪欲をはなれて真理を体得し，餓鬼たちも仏陀に帰依し，死後に三十三天に生まれかわった（Av, 257-59頁）。

すなわち，生者はサンガに供養し，その布施から生じた功徳を餓鬼たちに行くように指示してもらうと，餓鬼は死後に天界に再生した。この「廻施」儀礼の構造と機能は，今日日本で行われている施餓鬼供養と全く同じである。そしてアヴァダーナ文献にごく普通に記述されているから，当時，祖先崇拝の一形式として広く行われていたものであろう。すなわちこの儀礼は教団として容認され，仏教徒の生活文化として定着していたのである。

これより古いパーリ語のテキストである『ペータ・ヴァッツ』は餓鬼に功徳を廻施する物語集であるが，構造は同じだがここには細部に特徴的な記述を含んでいる。文化史の視点から種々の問題を提起しているので，文例を引いて検討したい。

3.『ペータ・ヴァッツ』における餓鬼救済

　以下に幾つかの文例を挙げる。

事例①　宮殿（vimāna）に住む petī に衣類を与えようとしたが彼女は,

　　　（貴方がたの）手から私の手に与えられた施物は役に立ちません。ここに
　　　浄信ある正等覚者のお弟子さんがいます（ので）, この人に（衣類を）着せ,
　　　私にその功徳を廻し向けるようにしてください（dakkhiṇam ādisa）。そうす
　　　れば私は幸せになりすべての望みは成就するのです（取意）。

　そこで商人たちはいわれた通りにしたところ,

　　　途端にその果報があらわれた。食物, 衣服, 飲物がこの布施の果（として
　　　彼女にもたらされた）。ここには彼女は美しい清浄な衣服をまとい, カー
　　　シー（ベナレス）産の絹の上衣をつけて微笑しながら宮殿（vimāna）より
　　　出てきた。これが（あなた方の）布施の果なのです。（といいつつ…）

（Pv. I. 10）

事例②　舎利弗にある petī はたのむ。「何かを布施して私のためにその功徳を
廻向して下さい。尊師よ, 私をこの悪趣から解放して下さい」。慈悲深い舎利
弗はよろしいと彼女に約束し, 比丘たちに少量の食物と掌大の布と一鉢分の水
を与えて, 彼女にその功徳を廻向した。指示された通りにした途端にその果報
があらわれた。食物, 衣服, 飲物がこの布施の果報（以下前述①に同趣旨の文が
つづく）」。

（Pv. II. 1）

事例③　「女餓鬼となった舎利弗尊者の母は次のようにいう。〈息子よ, 私のた
めに布施をなさい。布施をしてその功徳を私に廻向しなさい。かくすれば私は
膿血をたべることから解放されるでしょうから〉。これを聞いた舎利弗は四の
小屋を作って四方僧伽に布施し, 小屋と飲物を母に布施したところ, 効果はす
ぐにあらわれて…」（以下前述①に同趣旨の文がつづく, Pv. II. 2）。

事例④　「嫉妬から悪業を重ねた女餓鬼のために〝八人の比丘に食事を供し,
衣類を着せ, 施物を与え, その福徳を（彼女に）廻向する〟と即座にその果は
あらわれた」（Pv. II. 3）。

事例⑤　「裸ですがたをあらわした女餓鬼に対して生前の夫は衣服を与えよう,
わが家に来いという。これに対して彼女はいう。〈あなたの手から私に（直接）
与えられたものは私の利益になりません。（中略）比丘を飲食物によって満足

させ，その功徳を私に廻向して下さい。（中略）それにより効果はただちにあらわれた」（Pv. Ⅱ. 4）。

事例⑥　「ベナレスの町のある居士は悋貪のために餓鬼となり，（生きている）親戚知人のところに行って食物を乞うた。彼らは，「布施の戒を行ぜず，あの世（のために）布施の果あることを信ぜぬ」。そこで彼は常々，父や父祖に食物を与えてくれた娘のところこゆくが，一王に食物を恵まれる。しかしその食物は施物（dakkhiṇa）の名に值せぬものだった。そこで彼は王の前に再び姿をあらわしてたのむ。「大王よ，仏や僧伽に飲食物，衣類を施与して下さい。その布施は私に利益をもたらし，長く喜びを与えてくれるのです」。かくて王はみずから僧伽に布施し，この出来事を仏に語り，餓鬼のためにその功徳を廻向したところ，かく供養（pūjit■）された（餓鬼）は素晴らしく光輝くものとなって，再び国王の前に来て布施の果報を説いた」（Pv. Ⅱ. 8）。

事例⑦　「一長老比丘の両親兄弟は餓鬼となった。彼らは長老に布施し，廻向してくれとたのむ。何故なら，〈貴方の与えてくれた施物によって我々は生きていくことが出来るのです〉。そこで長者は在家信者からの施物をあつめ，それをそっくり僧伽に与えた。そして長老はこの布施の功徳を両親や兄弟に廻施して，この功徳が身内のためのものとなれ，身内の者が幸福になれ（と願った）。途端に食物……が（餓鬼に）生じ，それによって兄弟たちは容色をとりもどし，力強く幸福になった」（Pv. Ⅱ. 2）。

　さて，上例においても，ṛeta, petī は五道の一つたる餓鬼世界の住民であると同時に，身内のものにとっての思い出のある死者であり，死者霊，祖先霊の意味合いが強い。そして彼らこ対する供養が基本的にはまず僧伽に対して布施をし，その功徳を餓鬼に廻施することによって成り立っている。すなわち，例①⑥⑦は僧伽に布施しているし，①⑤でも「餓鬼に直接与えられるものは利益にならぬ」といって，布施（dakkhiṇa）は僧伽に対してなさるべく，餓鬼にはそれによって得られた「功徳」が与えられることを明らかにしている。このことは先述来の餓鬼供養と同じである[7]。

　しかし顕著な新しい観念も見出される。その第1は，施物が僧伽にではなく餓鬼自体に与えられるケースがあることである。例③では四の小屋や飲み物が

176　　第Ⅱ篇　本論インド仏教の儀礼と文化

僧伽に布施されると同時に，餓鬼自体にも与えられている。⑤では女餓鬼に生前の夫が衣服を与えようと申しでている。

　そして第2に，僧伽に布施されたものであれ，あるいは餓鬼自体に与えられたものであれ，施物がそのまま餓鬼の受用物になっていることは注意すべきであろう。①では，僧伽に衣類，飲食物を布施すると即座に裸の餓鬼はベナレス産の上等の絹の衣服をまとってあらわれる。③④⑤⑥も同様である。最後の例⑦でも，僧伽に食物を布施した途端に餓鬼たちに食物が生じている。実は，ここには，さらに記述がつづいていて，餓鬼たちは，「尊者よ，我らは（かくして）食物を得たが，ご覧の通り裸である。だから着物をくれ」という。そこで尊者はボロ布から織機にかけて衣類を作り，それを四方僧伽に布施すると，途端に餓鬼たちは美しい着物をまとってあらわれてくる（Pv. Ⅲ. 2 14-17頁）。同様に木の葉の小屋（paṇṇa-kuṭi）を四方僧伽に寄付すると餓鬼たちは即座に宮殿（vimāna）に住むものとなる（同19-23頁）。さらに一鉢の水は花咲きかおり，鳥がさえずり，種々の樹木や果実の実る池をもたらし（同24-28頁），また一重の裏をつけた靴は彼らに車や乗り物を与えている（同29-30頁）。

　上の例で「木の葉の小屋」といい，またとくに例②では比丘たちに布施されたものは少量の食物と掌の大きさの布片である。いずれも実用的に価値のない品物である。こうしたことを考え，上記諸例の布施物（僧伽に対してであれ，あるいは餓鬼に対するものであれ）は，通常の意味での僧伽への布施物ではありえない。それは僧伽への布施を媒介とはしているけれども，実は，餓鬼に直接ささげられる供物とみるべきものではなかろうか。死者が欲するであろう品々を生きている人が一種のシンボルとしてそなえる供物である。だからこそ例⑦では「貴方の与えてくれた施物によって我々は生きてゆく（tava dinna dānena yāpessanti kurūino）といい，また I, 5, 7にも，

　「死して逝ける人は施与されたもので生きるゆえに，餓鬼に施物を準備せよ」といって布施が死者に対する供物であることを示している。

　これは端的にヒンドゥー儀礼において，祖霊祭の時に供えられるピンダ（米の粉で作った団子）がプレータの身体を構成するという観念を想起せしめるものである。仏教徒も死者に直接供物を与える崇拝儀礼を行っていたと，理解していいものであろう。

第4章　功徳観念の展開　　*177*

また『ラトナ・マーラー・アヴァダーナ』に，金持ちの一商人は（仏教徒に改宗する以前に），「私に子供はなく，功徳もつまぬまま死ぬことは必定である。プレータとなった私に誰がピンダを供えてくれるだろうか」（RMA4）と嘆いている。ここのプレータとはヒンドゥー的なもので，祖霊になるまでの中間身的なプレータである。

　仏教徒の間にこのヒンドゥー的なプレータが信じられていたことを示す証拠は，少なくとも文献上に多くは見出されぬようである。これは教理上では実体としての霊魂の存在を否定する仏教としては当然のことかも知れない。しかし『ラトナ・マーラー・アヴァダーナ』には，仏陀が「すべての神々や父祖の世界にいる人々（pitṛ-loka）」に水を供えて満足さすべきことを教えている（RMA60）。これはヒンドゥー教の祖霊祭と相通ずるものであって，ここでも仏教徒の間にヒンドゥー的な祖先崇拝儀礼が行われ，かつ推奨されていたことが示されている。ただし，ここにもプレータとの関係は特に記されていない。しかし，祖霊（pitṛ）とプレータ（preta）とが密接に関連しあっているものであることは先述した通りである。

　散発的な事例で，確たる結論は出しにくいが，こうした例はいずれも仏教徒の間に死者儀礼がそれなりに行われていたことを示すものであろう。仏教のプレータも，基本的には死者，そして死者霊として考えられていたし，ひいては，五道の一つたる餓鬼世界の住民としての餓鬼も同様である。だからこそ，餓鬼は，そして餓鬼のみが生きている者からの働きかけで救済されうるのである。

　以上のことは，さらに第3の問題として，僧伽への布施が直ちに効果をあらわすことと関連するものであろう。五道輪廻の世界に再生した人間なら，外部の生きた人間からの働きかけによって即座にその世界を離脱することはありえない。もしそうなら，あの怖ろしい地獄に転生した人々に対しても何らかの人間側の行為によって，即刻その苦の世界からはなれうるという観念が生じてもいいはずである。

　しかるにそういう記述のみえぬことは，五道輪廻の世界はカルマによっていやおうなしに生まるべきところであり，カルマがつきるまでそこにとどまらなければならない世界であることが，仏教徒の間に確信されていたことを物語っている。しかるに，『ペータ・ヴァッツ』の餓鬼は，僧伽に布施することに

よって直ちに安楽な生活が現成している。もっとも，餓鬼世界から離脱するというわけではなく，preta-maharddhika あるいは vimāna-peta という言葉に代表される安楽な世界である。漢訳仏典は「飛行餓鬼」とか「天宮餓鬼」と訳す。このことも，preta や peta が死者霊とみることによって解釈がつくものであろう。死者儀礼にあっては，供物をささげ，もってその効果の速やかならんことが予想されているものである。肉親が今亡くなった，すでにどこかに転生してしまったはずだ，ゆえにその次に生まれかわる時よい所に赴けるようにしよう，といった観念の上に死者儀礼は行われるものではない。死者に供えものをするのは，それによって死霊が直ちに安楽な死後の生活を送らんと願うものである。餓鬼への供物は速やかに効果を発することが期待されなくてはならない。通常の餓鬼に供物を供え，早速に効果があらわれて安楽になった（あるいはなって欲しい）という観念が「飛行餓鬼」とか「天宮餓鬼」というクラスを生み出したものと考えることは可能であろう。

　かくするならば，餓鬼に直接，供物をささげることも当然にありうることであり，事実 Pv. I. 1. には，施物は餓鬼にとって種子であり，施主にとっては（功徳を生ずる）畑であるという。そしてつづいて，「餓鬼は施物を享受し，施主は功徳を増大させる。この世で（かく）善業をなして，餓鬼に供養し，天に生ずる」という。

　事例が少ないので，当時の比丘が在家信者のためにどのような死者儀礼を行なっていたかという結論は出し得ない。しかし，文献の記述を分析する限り，当時の比丘が信者の葬祭儀礼にかかわっていたことを推定せしめるものであろう。すなわち，人々は死霊に対して供物をささげて祖霊になることを祈るという観念と儀礼がある。そしてその死者霊がプレータにほかならない。と同時に，サンガに布施して福徳をつみ，それを死者に廻施して生天をねがうと共に，自らの生天にも資するという観念・儀礼があり，この両者が重っているのである。

　さてこうしてみてくると，①②を通じてみて，仏典に出てくるプレータ（餓鬼）には五道の一つとしての餓鬼世界の住人としての意味と，死者霊としての意味が強い二つの性格があることが明らかとなった。両者は無論，密接に関連しているし，一般にはさして意識されていなかったであろう。しかし，私は仏教教団で考えられていたプレータは，やはり，本来的にはヒンドゥー的な死霊

第4章　功徳観念の展開　　*179*

としてのプレータだったのであり，それが五道輪廻の一環としての餓鬼世界へと発展して行ったものと考える。しかし，この問題にはまだ考察すべき点が多々のこっている。

4. 餓鬼は地獄の住人？

上に見てきたように，餓鬼はまず餓鬼の胎（preta-yoni）に再生し，餓鬼世界（preta-loka）に住むものである。同時に彼らは生きている親族の者の餓鬼供養によってこの世界から離脱することができるのであり，これは同じ五道の一つであっても餓鬼は他の世界とは異なる性格—死者霊的性格—をもつことを示している。

餓鬼世界に関して，興味ある記述がある。すなわち，餓鬼は地獄世界の住人だという記述が散見するのである。

例えば，上述『ペータ・ヴァッツ』（『餓鬼事経』），『ヴィマーナ・ヴァッツ』（『天宮事経』）に次のような記述がある。餓鬼はたしかに悪業をなして餓鬼世界（petaloka）に生まれたものであることはかわりないが，しかし

（何某）は悪趣におちてヤマ（Yama）の世界に住するものである。悪業をなしてこの世から餓鬼世界に赴いたものである。

(Pv. Ⅱ.1；Ⅰ.6；Ⅰ.7；Ⅲ.2；Ⅲ.6；Ⅳ.16など)

という。餓鬼はヤマの世界に住するものとされていることは注意しなくてはならない。何故なら，ヒンドゥー教の叙事詩，特に『マハーバーラタ』の神話に確立してくるヤマ，すなわち，父祖の主であり，プレータの王であり，「法の王」として死者を審判する地獄の王ヤマとの関連を明らかに示しているからである[8]。

もっとも死者がヤマと関連して説かれるのは『ペータ・ヴァッツ』の他のテキストにもみられるので，例えばMN130経には人は死ぬと地獄（niraya）の王たるヤマの審判を受けることをいい，『ラトナ・マーラー・アヴァダーナ』には，人は死ぬとヤマの住所（Yamālaya）に行って「法の王」（dharmarāja）たるヤマに善趣・悪趣にふり分けられ送られる（RMA.39）ことを記している。さらに，「（吝嗇な）女は死んで地獄（ナラカ naraka）に行き，今は女餓鬼である」。

180 第Ⅱ篇 本論インド仏教の儀礼と文化

（RMA.60）といい，さらに「ナラカの住人たる女餓鬼」（RMA.60），「かの女餓鬼は常にナラカに住む」（RMA.62）という。

　もし，餓鬼と地獄が相異なる２つの世界であるならば，餓鬼が地獄に住むなどということはありえぬことであろう。つまり，ここでも，プレータとは「死せるもの」なのであり，死者霊であり，死して地獄の王たるヤマ（閻魔）の領土に赴きしものなのである。ヤマの支配のもとに「餓鬼」として特徴づけられたものであり，それが次第に固有の性質を持つ世界として独立したとみていいものであろう。ヒンドゥー伝承に餓鬼世界がないのも，仏教の餓鬼が生者からの功徳を廻施してもらえることと重ね合わせるとき，仏教の餓鬼は死者儀礼と深く関わって成立したものである，として想定してよいものと考える。

3　功徳の「廻向」

(1) 善根功徳の廻向

　功徳の廻施は世間レヴェルの慣行である。しかし，功徳観念は大乗仏教において出世間レヴェルに昇華される傾向を示している。

　『総合仏教大辞典』には「回向または廻向　自分のなした善根をめぐらして自分や衆生の悟りにさしむけること」と定義している。あるいは「この菩薩摩訶薩は一切の諸善根を修習するとき，かの善根を持ってかくのごとく廻向し，この善根功徳の力をして一切の処に至らしむ」（『華厳経』第15，十廻向品）とも記述されている。そして，幾分具体的にいうなら，「その善業の果報（功徳）の内容を転換して，無上菩提にかえる」〔梶山雄一1983〕ことだともいうのだが，明確な説明とはいえない。

　ヒンドゥー教の伝承にも廻向（Tranceference of Merit）はあるが，かなり呪術的な面が強い〔原1997〕。しかし大乗仏教の「善根功徳の廻向」は悟りに直結している。

　後代の仏教教理書は廻向を種々に分類して説明している。例えば「三種廻向」とは，自らに積んだ善根功徳を自分の菩提のために廻向し（「菩提廻向」），

他の衆生のために廻向し（「衆生廻向」），そして真如実際に廻向する（「実際廻向」）などと説いている（『大乗義章』巻9）。

いったい，功徳を自分の悟りに廻向し，衆生のために廻向し，真如に廻向するとは，具体的に，どういうことなのだろうか。仏教の修行は最初から悟りを求めて行うものであろう。

教理的にいうなら四諦八正道の実践であれ，三学であれ，波羅蜜であれ，いずれも修行であると同時に作功徳の行為である。その功徳をあらためて「その内容なり，方向なりを自・他の悟りに転換する」というのである。

実践論として次のように理解してよいものではないであろうか。

大乗仏教の信仰は発菩提心，悟りを求める心を起こすことから出発するが，それは利他の願いをも含んでいる。信仰者として仏道を歩きはじめ，次第に宗教的理解は深まってくるものであろう。それに応じて他者を仏道へと誘う利他の心は強まるし，仏教者としての生き方は自ずと他者に影響を及ぼしている。悟りはたしかに自分の問題ではあるが，同時に他者と共に生きることのなかにはたらき出てくる。その生き方は利他の心に支えられているし，現実に他者に信仰に生きる影響を与えている。そうしたプロセスこそが「善根功徳を自・他の悟りに廻向する」ことと理解していいものであろう。

それは，仏を自らのうちに求め，仏とともに生きていくことの願いであり，祈りの生活にほかならない。

功徳は，廻施から廻向へと転換する傾向を示している。碑文によるかぎり，この傾向は顕著である。早い時代は廻施が多いが，4，5世紀以降は自・他の悟りへの祈りに変わっている。

① 「これによりて一切衆生が仏とならんことを」（Kanheri，5世紀）
② 「これにおいていかなる功徳あらんとも，そは一切衆生のためならんことを」（Sanchi，6世紀）
③ 「一切衆生の仏果獲得のために」（Mathura，6世紀・cf. Jaggayapeta，ほか）
④ 「この寄進においていかなる功徳あらんも，そは（わが父母，父の母，並びに）一切衆生の最高智獲得のためならんことを」
（Ajanta，Bodhgaya，Deoriya，Kuda，Mathura，Sarnath（4世紀前半）
⑤ 「父母・弟妹・妻子・友人たちの利益と無病長寿のため，（および）一切

衆生が悟りの広大な如意樹の果実を獲得せんことを願って」（Nalanda,
　4世紀前半）

　④⑤の例では，サンガに寄進した功徳がまず両親をはじめとする親族に廻施
するとともに，一切衆生が悟りの智慧をもてるようにという廻向にもなってい
る。伝統的な廻施と大乗的な廻向が混在しているが，その違いはおそらく布施
者には意識されていないものであろう。しかし，「世間」レヴェルの廻施から
「出世間」レヴェルの廻向への橋渡しとして重要な事例といってよい[9]。

(2) 廻施と廻向

　廻施と廻向は上述の如く宗教レヴェルが異なっているし，機能も同じではな
い。しかし，共に自らのなした善行の功徳を他者のために振り向けるのである
から，廻向（回向）と同じ訳語を使うことにはそれなりの意味があろう。そし
て仏教伝承は葬祭儀礼において廻施の観念は次第に廻向に吸収される傾向を示
している。

　これに関して，インドを離れるが，中国仏教以降の例を事例の一部として羅
列しておく。

　「若し父母，兄弟の死亡の日には，応に法師を請じ，『菩薩戒経』を講ぜしめ
て，福（＝功徳）もて亡者を資け，諸仏を見ることを得て，人・天上に生ぜし
むべし」（『梵網経』第20軽戒）。ここでも人間界，天界へ生まれよと亡者の良き
後生を祈る（「世間」レヴェル）と共に，諸仏を見る（「出世間」レヴェル）とい
う両レヴェルにまたがる廻向が示されている。

　私の所属する曹洞宗が今日通常に用いている法要の際の廻向文を紹介してお
く。読経の最後に，次のような廻向文が唱えられる。

　　　菩薩清涼の月は畢竟空に遊ぶ。衆生の心水浄ければ菩提の影中に現ず。
　　（中略）上来経呪を諷誦す。集むるところの功徳は何某（戒名：某家先亡累
　　代精霊・三界の万霊法界の含識など）に廻向す。冀うところは（中略）速や
　　かに仏果を生ぜんことを。　　　　　　　　　（「総廻向」『曹洞宗行持規範』）

　一読で明らかなように，読経，法要の功徳は故人に廻向し，速やかに仏果を
生じるようにという祈りである。祖先供養においてインド以来の廻施の思想を

レヴェルアップし，仏教本来の悟りへの祈りとしている。〈仏道を成ずる〉というレヴェルで故人の冥福を祈るものである。法要に参加している一般檀信徒の大部分はその意味を理解していないであろうが，教理的には当然のレヴェルアップである。良き後生を祈りたいという常識的な廻施（「世間」レヴェル）の仏教（「出世間」レヴェル）化の例であり，ここにも教理的「あるべき」観念と現実の「ある」現象との乖離がある。仏教文化変容のダイナミズムであり，仏教の文化はその中で活力を得，伝承されてきたのである。

　それだけに廻施の意味を否定する思想もある。典型的な例として，中国浄土教の曇鸞は次のようにいう。

　　　二種の功徳あり。一には有漏心より生じ，法性に順ぜず。いわゆる凡夫
　　人天の諸善，人天の果報は若しは因，若しは果，皆是れ顚倒にして皆是れ
　　虚偽なり。是の故に不実の功徳と名づく。二は菩薩の智慧清浄業より起こ
　　りて仏事を荘厳し，法性に依りて清浄相に入る。是の法は顚倒ならず，虚
　　偽ならず，名づけて真実の功徳となす。　　　　　（曇鸞『往生論註』巻上）

輪廻の一環である天界や人間界に生まれるために功徳を積むことや，功徳を廻施する死者儀礼などは有漏心，つまり煩悩の所産であり，全くの虚偽であり，仏の智慧と慈悲に関わらないという。悟りの立場から，廻施や死後の生天などは非仏教なものとして，単に軽視されるだけではなく，行ってはならぬものと斥けられている。純粋な往生，悟りの視点からの発言である。

　そうした廻向の核心が所謂「普廻向」で，大乗仏教の最基本の祈りであろう。

　　願以此功徳　普及於一切　我等与衆生　皆共成仏道

　　　　　　　　　　　　　　　　　　　　　　　　　（『法華経』化城喩品）

　廻施の儀礼がレヴェルアップして廻向の祈りに転化している例は，テーラヴァーダ仏教にもあることを提示しておきたい。例えば，比丘は布施などの功徳を積む行為をした人々に説法し，最後に「一切衆生の涅槃を獲得せんことを」と唱える。葬式においても，幡にこの句が書かれ，故人の徳が讃えられた後に，この句が唱えられる。ただし，この報告をした英国オックスフォード大学のR.F. ゴンブリッチ教授は，テーラヴァーダ仏教で説く悟りは現世では得られないのだから，「一切衆生の涅槃」というのは生まれかわり死にかわった

未来での涅槃であろう，という〔Gombrich1971，217-18頁〕。しかし，筆者の友人であるスリランカの比丘は，現世における涅槃への祈りであると主張している。

　この表現は，おそらく，大乗仏教から借用したものと思われるが，確証はない。しかし，少なくともスリランカで受容されている事実は，廻向が仏教思想としてより普遍的な意味を持っていることを示すものとみてよいであろう。

　以上，功徳を例として，仏教には宗教的機能を異にする「世間」レヴェル「出世間」レヴェルがあること，そして両者の関わり方の一端と，その意味をみてきた。仏教の文化的伝承の間に，両レヴェルの差は時に意識され，時に意識されずに，自由に受納され，社会に機能してきた。エリート指導者たちの「悟り一点主義」は明らかだが，これは反面からいえば，仏教が伝承される現実の歴史のなかで，両者が常に重層化し，並列化し，融合し，つまり相互変容を繰り返してきたことへの反発とみてよいものであろう。宗教的機能を異にするがゆえに，両者の間には常にテンションが存在していたし，今日でも存在している。未来においても同様であろう。しかし，こうした文化的テンションを抱えているのが現実に生きる教団の永遠の実態なのである。「世間」レヴェルの観念と儀礼だけでは「仏教」ではない。同時に「出世間」レヴェルのいわば純粋培養された教理と信仰，行法だけでは，教団は存続しえない。仏教化，民俗信仰化，純化，世俗化などのテンションを包括して見つめるところに，仏教文化の分析を可能とし，未来社会に対しての仏教のあるべき姿を模索するチャンネルが扉を開くものと，私は考えている[10]。

　註
1)　例えば，「生天思想が仏教の立場を通して採用せられた意義を見失わない点で，我々はこの生天思想に十分な意義づけをなし，以って仏教思想に浸潤し影響を及ぼしていった経過を知るべきである」〔早島鏡正1964，697頁以下〕。「業報説は仏教への入門的予備の学説…（次第説法は）インド一般の常識説としての因果業報説を具体的に述べ，因果業報説を真理として受け入れるようになった時に，はじめて仏教独自の教えに導く…誘導手段」〔水野弘元1971，130-33頁〕。
2)　櫻部建1974，高原信一1980。

なお，廻施のこの用法は，例えば『教行信証』行巻の「発願廻向といふは……衆生の行を回施したまふの心なり」とか，同，信巻の「浄信を以って諸有海に回施したまえり」などの回施の用法とは無関係である。念のために申し添える。

3) 奈良康明『ブッダ最後の旅』112頁祝詞参照のこと。

4) 『仏典解題辞典』第2版，春秋社，1977。

5) 奈良康明「死後の世界—アヴァダーナ文学を中心として—」（『講座仏教』理想社，1975）89頁以下に詳しく論じた。

6) 同上奈良「死後の世界」82頁。

7) この「施与」行為には理論的に一つの疑問が生じる。施者においても，救済される餓鬼においても自業自得という鉄則に反するからである。この問題は意識され，PvA においても議論されている。藤本は次のように紹介している。

餓鬼への布施はあくまでも①「施主自身の福徳や果報のために行うもの」であり，そのうえで「指定（藤本は施与を指定と訳す）する餓鬼」のためにもなるものである。②餓鬼を指定する場合，餓鬼を指定した布施が施主自身をも栄えさせるので，「自業自得」の法則を逸脱しているとはい・えない。施主の功徳すべてが餓鬼に行き，布施の行為が施主の「自得」にならない，ということではない。③布施は「田」（施物の受け手），「耕作」（布施の行為），「種」（布施物）が揃うことが必要であり，したがって，布施の「指定」と餓鬼の「随喜」（anumodana）することがすべて揃って餓鬼たちは「布施の果報」（dānaphala）を享受できる〔藤本2006，82-83頁〕。随喜とは餓鬼が「他者（施主）の善業を共に喜ぶこと」であり，自業であるということであろう。

しかし，これは典型的なエリート比丘たちの教理的解釈であると私は理解したい。説明が整いすぎている。餓鬼供養する信者たち一般は「布施行が完成しているか」などは意識していないし，餓鬼の「随喜」は当然そうであろうと期待し，確信しているからこその施与であって，施与の行為の条件などではない。エリートの理論的理解の一つであろうし，こうした姿勢はまたそれなりに仏教文化の一つの働きに違いない。

8) 古くは天界に住み人間の始祖とされたヤマ（Yama）が次第に「最初の死者」となり，死界の王となり，冥府の王と変わってゆくことについては岩本1965），定方〔須弥山と極楽〕を参照されたい。ただし，「地獄の王ヤマの領土に住む餓鬼」の矛盾についてはまだ明らかではない。なお，死者（プレータ）の王としての閻魔王はその後長くヒンドゥー文献にも説かれる考えである。一例として8世紀の『ダシャ・クマーラ・チャリタ』（田中於菟弥・指田清剿『十王子物語』，平凡社「東洋文庫」63，1976）前編・二に次のようにいう。マータンガ青年はバラモンを守って自らの生命をおとす。「そこで死者（preta）の都に行きます」と Camana 大王（＝閻魔）は謁見の間のまん中で宝石をちりばめた王座についており・……この男は死ぬ約束になってない……（地獄の）苦しみを見たのち……生き返る」。

9) 碑文にみられる大乗思想としての「回向」の文化史的意味については，実例と共に，

以下の拙論に論じた。「インド社会と大乗仏教」（『講座・大乗仏教』10，春秋社，1985）
52-55頁。なお碑文の実例は静谷正雄「初期大乗仏教の成立過程」百華苑，1974，22-24
頁に負うている。

10) 廻施，廻向に関しては次の研究がある。

森山清徹「般若経における『廻向』の問題」（『印度学仏教学研究』24-2，1976，670-
71頁）

櫻部建「功徳を廻施するという考え方」（仏教学セミナー，20，1974，93-100頁）

高原信一「廻施について」（『福岡大学人文論叢』11-4，1980，1087-1106頁）

引田弘道「preta 救済手段としての功徳の移譲について」（『印度学仏教学研究』32-2，
146-47頁）

柏原信行「随喜」（『印度学仏教学研究』34-2，62-67頁）

外薗幸一「廻施と呪願（Dakṣiṇā）」（『伊原照蓮博士古希記念論文集』，1991，伊原照
蓮博士古希記念会）193頁以下など。

第5章　仏教の密教化に関する一視座

本章は旧稿である「古代インド仏教の宗教的表層と基層（一 – 三）―アヴァダーナ・シャタカを例として―」（国訳一切経印度撰述部月報，「三蔵 tripiṭaka」32，33，34号）の後半部分を改訂，提示したものである。

1　仏典に反映している宗教世界

仏典は，無論エリート比丘たちの手によるものである。したがってそこには彼らの主張したい事柄の選択がある。例えば，原始仏典のあの明澄な世界はこの事実を明らかに示している。三宝帰依，縁起説と無常，無我の教え，四諦八正道の実践，そして「作功徳→生天」や正しい人間関係など，平明で倫理的な信仰世界が繰り返し説かれている。祈願，祈禱，呪術，祖先崇拝，葬祭，通過儀礼等等は，たしかに言葉は時に出てくるが，ほとんど説かれるところがない。しかし，当時の「仏教徒」の現実の生活においては，ヒンドゥー世界の伝承のなかに，さまざまな世間レヴェルの民俗的観念や儀礼が行われていた。しかし仏典，そしてエリート比丘たちはそれらを無視しているし，したがって仏教徒の（生活）「文化」として定着していたとはいえない。

しかし時代の進展，教団の発展と共に，世間レヴェルの事柄は次第に僧俗をふくむ「仏教徒」の文化として定着し，仏典に反映してくる。比丘たちも教団の現実に行われている生活様式を受容し，容認している。当然のこととして仏典に記述されるようになるし，原始仏典自体のなかにこの傾向は明らかであるし，業・輪廻説の発展や祈願儀礼，功徳観念の展開など，本書においてすでに種々に論じてきたところである。

「ジャータカ」という説話文学においても同様である。ブッダの前生としてのボサツや，業・輪廻の観念が基調意にあるし，その他祈願儀礼（前述）や

種々の民俗的営みがオープンに営まれていることを示してる。

　同様のことがアヴァダーナ文献においてもいえよう。ここには，アヴァダーナ文献の作成された時代，西暦初頭からの数百年において，仏教教団に定着していた信仰形態が反映されている。教理的思想的な出世間レヴェルと同時に，世間レヴェルの諸観念は，当時，これが仏教である，仏教徒として行っていいものと理解されていた信仰形態だったことを知ることができる。上に挙げた小論は，この意味において，Av に現れる教理，思想，民俗的生活文化を示す術語の主要なものをあつめ，世間，出世間レヴェルで分類したものである。具体的にどのように理解され，信奉され，実践されているかの詳細は知り得ないにしても，肯定的に記されている事柄は当時の教団において受容され，いわば公認されていたものであることは疑いないであろう。

1．まず出世間レヴェルにある信仰形態は次の通りである。項目だけを挙げる。それぞれの用法，脈絡，及び出典は旧稿〔奈良1971〕を参照していただければ幸である。

　僧院生活（「善来比丘」，定住生活，布薩：比丘尼僧団への言及）
　禅定（dhyāna）（火葬場で入滅定（nirodha-samāpatti）　三法印　三十七道品　六波羅蜜　五学処　三十七道品　十力　四無所畏　三不共法　念処　授記（辟支仏）　辟支仏（菩薩の語は多用されていない）
　阿羅漢　四沙門果　三十七道品　誓願思想　過去仏（過去，七仏等）：仏旗：三十二相・八十種好　仏陀の神通力・奇蹟（六師外道と神通力争い）

2．一方，世間レヴェルの実践について次のような項目についての記述がある。幾分の脈絡とともに，列挙する。

　業・輪廻　自業自得　業は不滅
　布施行の強調（作功徳）と三十三天への転生
　塔崇拝　過去仏塔・舎利塔・髪爪搭・塔祭り（stūpa-maha）：供物，歌舞音楽

などの供養，塔に宝石や装飾品を懸ける。仏画。仏陀のドラマ（bauddhaṃ nāṭakam）

供　物　「様々な香，花環，香油，天傘，幢，幡により供養（pūjā）」。

供　養（プージャー・pūjā）　①定型句「仏・世尊は（……の人々により）敬礼され，重んじられ，尊重され，尊敬されて。　②「様々な香，花環，香油，天傘，幢，幡により供養（pūjā）のなされる」。③「尊敬」「世尊が町にはいられたら，花，香，花環，香油で pūjā がなさるべき」。④「世尊と僧伽に食事を供し」…その善根によって成仏の誓願をおこす。

インスタント・カルマ　旱魃になやむ国王は仏陀と僧たちのために城中に浴池を作り，香水でみたして洗浴させる途端に降雨あり，人々は釈尊を信仰し，沢山の香塔（gandha-stūpa）を作った）。

人身御供（非仏教徒・yakṣabali）批判

信者としての樹神崇拝　「アショーカ樹に住む女神はカーシュヤパ（過去）仏の般涅槃をきいて泣き出す」「外道の出家者をあわれみ，方便を用いて仏に会わせて改宗させアラカン果を得しめた」。

天竜八部衆　基本的には七種（天，竜，夜叉，阿修羅，迦楼羅，緊那羅，摩睺羅伽）。稀に乾闥婆が挿入されて八種。それぞれについての説明あり。

ヤマ（yama）と羅刹（rākṣasa）　血まみれの怖るべき相好を持つものとして示される。後者の女性形（rākṣasī）とピシャーチャ鬼の女性系（piśācī）も並列されている。

偉大なる神々　外護者としての śakra（帝釈天）工巧神 Viśvakarman（毘首羯磨），Vaiśravaṇa（毘沙門）。梵天（両親が正しく崇拝される家庭はブラフマン（梵天）と共にあり，両親はブラフマンそのもの），アグニ（Agni）神も同じ形で受容されている。

プレータ（preta・餓鬼）世界　Av. 41〜50話はすべてプレータ物語。吝嗇の行により死後に生ずべき世界形状描写具体的なイメージをもつ死後世界廻施　飛行餓鬼（preta-maharddhika）死者霊としての用法なし

地獄　八大（＝八熱）地獄と八寒地獄。

霊魂・再生　輪廻転生の主体は記述されないが，他世界への転生は当然…瞬時の転生（バラモンの子は夭折して三十三天に生れ変るが，父親が息子（すな

わち彼自身）の亡骸をかき抱いて悲嘆にくれているのをみて下界に降りて慰める）。吝な一比丘は自分の衣鉢に執着し，「死して，自らの房室で餓鬼に生れかわり」，彼の葬式を終えて精舎に帰ってきた仲間の比丘をおどろかせる。金塊銀塊に執着するある金持ちは「死んでから，見るも恐ろしい大黒蛇となって，その（塊の）上に生れかわる）

祈願（āyācanā）・**願ほどき**　祈願（āyācanā・非仏教徒）と帰依（śaraṇa・仏教徒）の現世利益　願ほどき　妊娠するための三条件

呪術的行為　「真実語」（satya-vacana, -kriyā）「真実語」の出世間的誓願化（146頁参照）

治病　業病（karmaja）に mantra を唱えるが無益・出家するも不治（ただし，漢訳は向仏世尊，懺悔罪咎，瘡尋除差）　難病の長者子は仏陀に会い，「喜びにみち（prahlādita）」，香山より薬草をとってこさせて治る。村に大悪疫（mahājana-maraka）がおこるも，乞われて仏陀がやってくると「町中に慈悲の心があふれ，ために「疫鬼」は去った。さらに，吝な金持ちが死んで蛇となり，生前の財産を守って人を殺す。仏陀は光を発し，その光にあたって蛇は「喜びにみち」（prahlādita），蛇は見仏，聞法して調伏された呪術的観念と行為の出世間化

通過儀礼　命名式（jātimaha；命名，＜星宿の名をとる）　沙門，バラモン，相師（naimittika）を招待し葬式（轝を青，黄，赤，白の布でかざって火葬場（śītavana）に行く）　比丘の葬式（「葬式（śarīrābhinirhāra）をなし……舎利に舎利崇拝をなして」（漢訳・欲収戸骸。及以衣鉢。闍維羯磨））　仏滅時の北枕

　本テキストに反映している仏教徒の日常生活は原始仏典，あるいはジャータカ文献世界とは明らかに異なっている。こうした民俗的観念が釈尊以来の仏教徒の生活になかったとはいえないが，しかし，少なくともエリートの比丘たちはそれを特に「仏教」文化とは認めていない。しかし，そうした生活文化はアヴァダーナ・シャタカにおいては，オープンに認められ，比丘たちも当然のことと理解し，文献に記している。教団として容認され，「仏教文化」として定着しているのである。

2 仏教の密教化への一視座

　以上の Av. に反映する仏教徒の宗教状況を総括すれば次のようになろう。

１. 出世間（自己凝視）のレヴェルに属するものとして出家生活，僧院内の諸儀礼，さまざまな段階の悟りやそれに至る修行法，業の観念，三宝印，四諦，あるいは在家信者の施と戒，浄信等々があり，定着している。

２. 世間レヴェルの生天思想，奇蹟，神通力の信仰，仏画，ヒンドゥー的神々や鬼霊，餓鬼世界や地獄，通過儀礼なども Av. では当然のこととして受容されている。

３. しかしその中には公然とというよりも，出世間レヴェルに結びつく何らかの正当化（justification）の試みられているものがある。塔崇拝，プージャー，願かけ，呪術，治病などをその例としてあげることができる。

４. また世間レヴェルの内容が昇華され，完全に自己凝視のレヴェルにまで高められることもあり，沙門四果を支える天の思想はその一例であろう。

５. 人身御供のように完全に基層にのこっているものも多くあるにちがいない。

　以上の総括は，出世間（自己凝視）レヴェルの思想的，教理的発展という面で，また世間（自我充足）レヴェルの教団レヴェルにおける容認の度合いと姿勢という面において，Av. の仏教徒の生活文化，ということは教団の現実，が仏教の原点からどれだけひろく拡大し，展開しているかというへだたりを示すものにほかならない。これは本テキストのみにかかわらず，仏教文化発展と定着の際に普遍的に見られる現象に違いない。端的にいうなら，教団発展の際のダイナミズムとみていいものであろう。出世間，世間レヴェルの諸観念が複雑に習合し，緊張関係をもちながら，仏教思想全体を広め，深めてきているのである。

　同時にこの現象は，インド仏教においては，密教への接近の度合いを示すものである。これは何も Av. が密教の前駆的作品であるという意味ではない。インド仏教全体を通じて，仏教が存続してきた文化的「土壌」には自我充足の呪術・宗教的要素がみちみちている。原始仏教であれ，部派仏教であれ，初・中期大乗であれ，そして密教であれ，この土壌の上に存続していたことは疑うべ

くもない。そして一方の極に「自己凝視」の釈尊の仏教を原点としておき，他方の極に呪術・宗教的要素を十二分に摂取し昇華させた密教をおく時，インド仏教の流れは，土壌としてある「自我充足」の諸要素が，宗教的レヴェルを高めながら，教団に定着してゆく歴史としてとらえることが可能であろう。Av.にみた諸様相はこの流れの中の一座標を示すものなのである。

　上述のことを，インド仏教の一般論として，段階的に整理すれば次のようにみることができよう。
1．釈尊自身は，基本的には，自己凝視の観念や儀礼を本質とした教を唱道した。この立場からは，自我充足の諸観念や儀礼はあるいは拒否され，あるいは無視された。
2．しかし教団の発展と共に（おそらく釈尊在世当時からでさえ），マス・レヴェルでは自我充足の観念・儀礼は事実として行われており，それらは時と共に次第に教団に一般的に容認されるものとなってくる。表層に浮かび上がってくる，といってもよいであろう。その際，エリートたちはそれらが世間レヴェルであることは十分意識していた
3．したがって，自我充足のレヴェルが表層に定着する際には，（イ）そのまま受容されることもあったが，（ロ）何らかの正当化がこころみられて自己凝視のレヴェルに関係づけられたり，（ハ）またある時は内容が自己凝視のレヴェルにまで昇華された場合もある。こうした自己凝視と自我充足両レヴェルの間のたえざる「関係づけ」の意志―ある意味では緊張関係（tension）―が教団史のダイナミズムを示すものであろう。逆にいえば，緊張関係あるがゆえに教団は存続しえたということができよう。
4．大乗仏教には最初期より自我充足のレヴェルが大幅に定着していた。前期（ロ）の昇華もしばしば行われ，vidyā（明呪）をもって大般若波羅蜜多なりとする[1]などというのはその一例とみていい。
5．いわゆる雑密経典のかかれた時代においては呪術・宗教的要素はますます表層化し，さまざまな定着の仕方を示す。しかし世間レヴェルの観念を行うについては違和感が持ち続けられた。例えば，呪術を行いつつも，なおかつ昔はかかることをしなかったが現在の五濁の衆生をすくう便法として雑法の術を説

くのであり，これにより仏道を得ることができるのだ[2]と仏陀にいわせている。まことに忸怩たる風情があるが，これは裏を返せば，自己凝視が釈尊の本意であったことを知っているのである。

6．そして純密に至って自我充足の要素は大幅に表面化し，教理的に体系づけられた。自我充足のままに定着したものもあるが，質的に改善され，昇華され，「世間的認識が客観的認識にまで燃焼された」[3]要素もきわめて多く，この部分が純密としての密教文化の中核を内容づけることとなった。

　密教における呪術的要素の位置づけについてはさまざまに論じられている[4]。今その詳論に立ちいる必要はないが，一つの結論として，密教が大乗仏教からの直系の一発展形態であることを疑うことはできぬであろう。しかしながら，これは直ちに密教が「宗教的，儀礼的，神話的な性格を仏教の本質としてもつ大乗仏教の必然的な帰結」〔松長有慶1969，9頁以下〕ということではない。密教は「釈尊以来の仏教の本流をつぐ」〔佐伯真光1968，45頁〕ものとも思われない。密教において自己凝視のレヴェルにまで高められ，昇華された呪術・宗教的な観念や儀礼は，決して釈尊の教えそのもの，すなわち「仏教の本質」とはいいきれない。「仏教文化」の本質である。

　以上に，自己凝視，自我充足，表層，基層という四つの概念を用いて論じてきたことを図式に示せば次の通りになろう。

第5章　仏教の密教化に関する一視座　　*195*

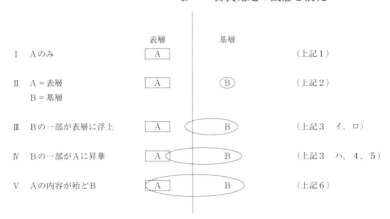

註
1) vidyā は本来呪法であり，釈尊により拒否されている．しかし仏陀の悟りの智慧を vidyā（明）とする伝承もあり，これは大乗仏教の pañca-vidyā（五明処）につらなってくる．vidyā のこうした二種の意味については，宮坂宥勝1964（249頁以下）を参照．
2) 仏説灌頂七万二千神王護比丘呪経，巻5（T.21.511.c）．なお，雑密経典中の呪法的要素については，大山仁快1961（28頁以下），長沢実導1965（383頁以下）など参照．
3) 金岡秀友1969a（12頁）．
4) 松長有慶1961（134頁以下）．

お わ り に

　タテマエと本音はどこにでもある。日本の仏教では，実存的な信仰，例えば悟りとか往生とかその他実存性の高い教えが本義とされている。しかし，一般の日本人の考えている仏教の姿は，葬式，法要，通過儀礼や盆暮れの行事である。これも仏教の儀礼であることは僧侶も認めており，文献にも記されている。しかし，両者は，四諦八正道や縁起といったものと，通過儀礼は別のものである。

　こうした現状をとくに気にしないできたが，学生時代からインド学を学んできて，次第に高次の宗教性と民俗性の乖離が気になった。

　筆者がインドはカルカッタ大学（現在コルカタ大学）に留学したのは1956年のことである。以降３年数ヶ月にわたって滞在していたが，日本で学んでいった「インド」がなかなかみつからないことにカルチャーショックを受けた経験がある。見るもの，聞くものが新しく，習っていったことと食い違う。最初のうちは，「これは例外だろう」と脇にのけていたが，例外ばかりがうず高く積まれて，自分の知っているインドはなかなか出てこない。文献で学んだ思想や哲学，生活様式などと，現実の生活の間にギャップがあることは無論承知していたが，そのギャップが大きすぎた。そのうちに，例外として脇にのけたものの方にこそ本当のインドの姿があるのではないかと思えた。そこでそうした「例外」を引っ張り出して目の前に並べてみたものの，どう整理してよいかわからなかった。

　丁度そのころ，文化人類学を専攻しているアメリカ人の若手研究者と知り合い，話し合っていて，私の理解できなかった事柄がかなりの程度に文化研究の理論的大枠に整理されることに興味を覚えた。

　例外として分けてきた方に本質的なものがあるのではないかと思うようになったのである。

　私はインド仏教研究の間に，教理と民俗の関係に関心を持って眺め，資料を

集めてきた。端的にいうならば，教理は出世間レヴェルの宗教，民俗は世間レヴェルと宗教といえよう。

　仏教伝承というものは，この教理と民俗の相互のチャレンジである。その結果が仏教伝承の実態を示している。これはインド仏教のみならず，その後の仏教伝承の基本的な構造であると思う。

　本書は資料的にもまとまっておらず，十分なものとはいえないが，インド仏教文化の発展と構造を解き明かそうとしたものである。日本仏教文化の歴史と現状を鑑み，将来に対して何らかの視点を与えるものとなることを希望している。

　2015年（平成25）大正大学綜合佛教研究所で10回にわたる特別講義の機会をいただき，その講義をまとめたものが本書である。最後に，本書を完成するにあたり，大正大学の大塚伸三学長，綜合佛教研究所の野口圭也所長，藤田祐俊，吉澤秀知，倉西憲一の3人の歴代主任，細かい作業を手伝ってくれた佐々木一憲君に感謝する。

参考文献

B.R. アンベードカル著　山際素男訳　2004　『ブッダとそのダンマ』，光文社
石川栄吉他編　1987　『文化人類学事典』，弘文堂
浄土宗総合研究所・伊藤唯真・藤井正雄編　1997　『葬祭仏教―その歴史と現代的課題―』，
　　　　ノンブル社
井原徹山　1943　『印度教』，大東出版社
岩本　裕　1965　『地獄と極楽』，三一書房
岩本　裕　1982　『インド史』，山喜房仏書林
岩本　裕　1988　『仏教の虚像と実像』（岩本裕著作集１），同朋舎出版
岩本　裕　1989　『仏教の内相と外相』（岩本裕著作集２），同朋舎出版
宇井伯寿　1965　『印度哲学研究』第３巻，岩波書店
榎本文雄　1989　「初期仏教における業の消滅」『日本仏教学会年報』54
大山仁快　1961　「雑部密教事相の一考察―事物的な呪法を中心として―」『密教文化』52
岡部和雄　1985　「『無常経』と『臨終方訣』」平川彰博士古稀記念論集『仏教思想の諸問題』，
　　　　春秋社
片山一良　2005　『長部（ディーガニカーヤ）パーティカ篇〈１〉（パーリ仏典）』，大蔵出版
梶山雄一　1983　『「さとり」と「廻向」―大乗仏教の成立―』，講談社現代新書
梶山雄一他編　1986　『ブッダの詩Ⅰ』原始仏典７，講談社
柏原信行　1986　「隨喜」『印度学仏教学研究』34-2
金岡秀友　1969a　『密教の哲学』，平楽寺書店
金岡秀友　1969b　『伝統の系譜』，教育新潮社
金倉円照　1934　『印度教の思想』，岩波書店
蒲生正男・祖父江孝男編　1969　『文化人類学』，有斐閣
木村泰賢　1922　『原始仏教思想論』，丙午出版社
金漢益（釈悟震）　1999　「生天と涅槃の関係―仏教文化史の視点から―」『東洋文化研究所
　　　　紀要』137
コーサンビー著　山崎利男訳　1966　『インド古代史』，岩波書店
五来　重　2010　『仏教と民俗　仏教民俗学入門』，角川ソフィア文庫
佐伯真光　1968　「『根本仏教』神話の非神話化と密教」『六大新報』１月１日付特輯号
櫻部　建　1974　「功徳を廻施するという考え方」『仏教学セミナー』20
佐々木宏幹　1993　『仏と霊の人類学―仏教文化の深層構造―』，春秋社
佐々木宏幹　2002　『〈ほとけ〉と力―日本仏教文化の実像―』，吉川弘文館
佐々木宏幹　2003　「死者と来世」曹洞宗総合研究センター編『葬祭―現代的意義と課題―』
佐々木宏幹　2004　『仏力―生活仏教のダイナミズム―』，春秋社
佐々木閑　1987　「Uposatha と Pātimokkhuddesa」『仏教史学研究』30-1

定方　晟　1973　『須弥山と極楽—ム教の宇宙観—』，講談社

定方　晟　1980　『仏教にみる世界観』，第三文明社

静谷正雄　1965　『グプタ時代仏教碑銘目録』，平安学園教育研究会

静谷正雄　1974　『初期大乗仏教の成立過程』，百華苑

曹洞宗総合研究センター編　2003　『葬祭—現代的意義と課題—』，曹洞宗総合研究センター

高崎直道　1987　「悉有仏性・内なるホトケを求めて」『季刊仏教』１，法蔵館

高崎直道　2008　「講演　仏教学の継承と発展」『仏教學』50，仏教思想学会

高崎直道ほか編　1987　『仏教・インド思想辞典』，春秋社

高原信一　1980　「廻施について」『福岡大学人文論叢』11- 4

田上太秀　1990　『菩提心の研究』，東京書籍

立川武蔵　2014　『ヒンドゥー教の歴史』，山川出版社

辻直四郎　1953　『ヴェーダとウパニシャッド』，創元社

角田泰隆　2015　『道元禅師の思想的研究』，春秋社

長沢実導　1965　「初期のインド密教教義学」『密教学密教史論文集』，高野山大学

中村　元　1958　『ブッダのことば—スッタニパータ—』，岩波文庫

中村　元　1968　『インド思想史』第２版，岩波全書

中村　元　1986　『ブッタ　神々との対話—サンユッタ・ニカーヤ１—』，岩波文庫

中村　元　1992　『ゴータマ・ブッタ１』（中村元選集決定版），春秋社

中村　元　1993a　『原始仏教の社会思想』（中村元選集決定版），春秋社

中村　元　1993b　『原始仏教の思想I』（中村元選集決定版），春秋社

中村　元　1994a　『原始仏教から大乗仏教へ』（中村元選集決定版），春秋社

中村　元　1994b　『空の論理』（中村元選集決定版），春秋社

中村　元　1995　『原始仏教の生活倫理』（中村元選集決定版），春秋社

中村　元　2009　『宗教における思索と実践』，株式会社サンガ

中村元・早島鏡正訳　1964　『ミリンダ王の問い２』４，平凡社

並川孝儀　2005　「原始仏教に見られる輪廻思想—ゴータマ・ブッダの輪廻観—」『ゴータマ・ブッダ考』，大蔵出版

奈良康明　1967　「ヒンドゥー教」『インド思想』（講座東洋思想 I），東京大学出版会

奈良康明　1971　「古代インド仏教の宗教的表層と基層—アヴァダーナ・シャタカを例として—」『三蔵』32-34，大東出版社

奈良康明　1973a　「真実語について—仏教呪術の一側面—」『日本仏教学会年報』38

奈良康明　1973b　「古代インドム教における治病行為の意味—「世間」「出世間」両レベルの関係を中心に—」『インド思想と仏教』（中村元博士還暦記念論集），春秋社

奈良康明　1973c　「パリッタ（Paritta）呪の構造と機能」『宗教研究』46-2

奈良康明　1975a　「古代インドム教における「仏法」と「世法」の関係について—ジャータカにおける祈願儀礼（bali-kamma）の構造と機能」『平川彰博士還暦記念論集　仏教における法の研究』，春秋社

奈良康明　1975b　「死後の世界—アヴァダーナ文学を中心として—」『講座仏教思想 7』，理想社

奈良康明　1979　『仏教史Ⅰ』，山川出版社

奈良康明　1981　「餓鬼（preta）観変遷の一過程とその意味」『勝又俊教博士古希記念論集　大乗仏教から密教へ』，春秋社

奈良康明　1983　『ラーマクリシュナ』，講談社

奈良康明　1985　「インド社会と大乗仏教」『講座・大乗仏教』10，春秋社

奈良康明　1989a　「『スッタニパータ』における業論（上）—文化史の立場から—」『藤田宏達博士還暦記念論集　インド哲学と仏教』，平楽寺書店，

奈良康明　1989b　「『スッタニパータ』における業論—文化史の立場から（下）—」，『印度哲学仏教学』4

奈良康明　1990　「「出世間」と「世間」—インド仏教文化の構造理解のために—」『水野弘元博士米寿記念論集　パーリ文化学の世界』，春秋社

奈良康明　1994　「原始仏教における功徳観念の発展と変容—文化史研究の立場から—」，『日本仏教学会年報』59

奈良康明　2012　『ブッダ最後の旅をたどる』，大法輪閣

奈良康明　2015a　「仏教・禅と祈り」『東方』31，中村元東方研究所

奈良康明　2015b　「釈尊「六年苦行」をめぐって—自我からの自由—」『愛知学院大学禅学研究所紀要』44

奈良康明・山崎龍明　2009　『なぜいま「仏教」なのか—現代仏教のゆくえ—』，春秋社

西岡秀爾　2007　「道元の輪廻観—『正法眼蔵』「道心」巻を中心に—」『禅学研究』85

袴谷憲昭　2002　『仏経教団史論』，大蔵出版

早島鏡正　1964　『初期仏教と社会生活』，岩波書店

早島鏡正　1981　「業の相続者，法の相続者」『古田紹欽博士古稀記念論集　仏教の歴史的展開に見る諸形態』，創文社

原　　実　1997　「回向思想の背景」『印度哲学仏教学』12

引田弘道　1984　「preta 救済手段としての功徳の移譲について」『印度学仏教学研究』32-2

彦坂　周訳注　2003a　『シラッパディハーラム—アンクレット物語—』，きこ書房

彦坂　周訳注　2003b　『マニメーハライ—不思議な鉢をもった少女の出家物語—』，きこ書房

平岡　聡　1992　「『ディヴィヤ・アヴァダーナ』にみられる業の消滅」『仏教研究』21

福原亮厳　1982　『業論』，永田文昌堂

藤田宏達　1979　「原始仏教における業思想」雲井昭善編『業思想研究』，平楽寺書店

藤本　晃　2006　『廻向思想の研究—餓鬼救済物語を中心として』，国際仏教徒教会

舟橋一哉　1969　『原始仏教思想の研究—縁起の構造とその実践—』（改定版），法蔵館

舟橋一哉　1972　「初期仏教の業思想について—相応部の一経典の解釈をめぐって—」『仏教学セミナー』16

舟橋一哉　1974　「仏教における業論展開の一側面—原始仏教からアビダルマ仏教へ—」『仏教学セミナー』20

外薗幸一　1991　「廻施と呪願（Dakṣiṇā）」『伊原照蓮博士古希記念論文集』，伊原照蓮博士古希記念会

前田惠學　2006　『現代スリランカの上座仏教』（前田惠學集別巻2），山喜房仏書林

松長有慶　1961　「タントラ仏教に対する批判と擁護の立場」『密教文化』53・54

松長有慶　1969　『密教の歴史』，平楽寺書店

水野弘元　1971　『仏教の基礎知識』，春秋社

水野弘元　1977　『仏典解題事典』第2版，春秋社

水野弘元　1985　「仏教における死後の世界」『世界の諸宗教における死後の世界』，宗教心理出版

宮坂宥勝　1964　「vidyā の語義」『干潟博士古稀記念論文集』，干潟博士古稀記念会

宮坂宥勝　2002　『ブッダの教え—スッタニパータ—』，法蔵館

宮元啓一　2002　『インド哲学七つの難問』，講談社選書メチエ

村上真完・及川真介　2009　『仏と聖典の伝承—仏のことば註 パラマッタ・ジョーティカー—』，春秋社

望月海慧　1976　「ブッダは輪廻思想を認めたのか」『日本仏教学会年報』66

森山清徹　2001　「般若経における『廻向』の問題」『印度学仏教学研究』24−2

山折哲雄　1991　「霊魂観の外延と内包」『季刊仏教』16

山口益・舟橋一哉　1955　『倶舎論の原典解明』，法蔵館

山崎元一　1997　『古代インドの文明と社会』（世界の歴史3），中央公論社

吉田禎吾　1970　『呪術—その現代に生きる機能—』，講談社

渡辺照宏　1967　『お経の話』，岩波新書

渡辺照宏　1982　『仏教聖典一』（渡辺照宏著作集5），筑摩書房

和辻哲郎　1927　『原始仏教の実践哲学』，岩波書店

欧文

Ames, M. M. 1964, "Magical Animism and Buddhism: A Structural Analysis of the Sinhalese Religious System", *Religion in South Asia*, ed. by E. B. Harper, Seattle

Basham, A.I. 1954, *The Wonder that was India*, New York

Dube, S. C. 1955, *Indian Village*, Routledge and K. Paul, London

Fürer-Haimendorf, C.von 1967, *Morals and Merit*, ; a srudy of values and social controls in South Asian societies. London

Gombrich, R.F. 1971, *Precept and Practice, Traditional Buddhism in the Rural Highlands of Ceylon*, Oxford

Gonda, J. 1963, *Die Religionen Indiens*, Stuttgart, 2vols.

Goswami, K.G. 1937, "Philosophy of the pañca yajñas", *Calcutta Review*, No. 65

Keith, A.B. 1925, *The Religion and Philosophy of the Veda and Upaniṣads*, Harvard Univ. Press

Marriott, M. 1955, "Little Communities in an Indigenous Civilization", *Village India*, ed. by Marriott, M. Cambridge

Nash, Manning 1965, *The Golden Road to Modernity, Village Life Contemporary Burma*, John Wiley & Sons Inc, New York

Obeyesekere, Gananatha 1968. "Theodicy, Sin and Salvation in a Sociology of Buddhism", *Dialectic in Practical Religion*, E.R.Reachi,ed. Cambridge

Rangachari, D.B.K. 1931, "The Sri Vaishnava Brahmans", *Bulletin of the Madras Government Museum*", New Series-General Section, vol. II, pt. 2, pp. 92-93.

Shastri, D. 1963, *Origin and Development of the Rituals of Ancestor Worship in India*, Calcutta

Spiro, Melford 1967, *Burmese Supernaturalism,Englewood* Cliffs,N.J.
Spiro, Melford 1971, *Buddhism and Socioty : A Great Tradition and its Vicissitudes*, London

Srinivas, M.N. 1952, *Religion and Soc ety among Coorgs of South India*, Oxford

Takahara, Kanga 1954, Ratnamālāvadāna. A Garland of Precious Gems or a Collection of Edifying Tales, told in a metrical form, belonging to the Mahāyāna.

Tambiah, S.J. 1975, *Buddhism and the Spirit Cults in North-East Thailand*, Cambridge University Press

Walker, B. 1968, *The Hindu World*, ; an encyclopedic survey of Hinduism. Washington

Whitehead, H. 1921, *The Village Gods of South India*, Oxford Univ. Press

Williams, M. 1891, *Brāhmanism and Hinduism-Religion Thought and Life in India*, 4th. ed., London

204

索　引

あ 行

アートマン	72
アーリア人	38
アヴァダーナ	68
アヴァダーナ文献	190
悪業	79, 80, 81, 83, 118, 123
悪業滅尽	71
悪趣（durgati, duggati, 悪い世界）	66
悪徳（pāpa）	163
阿含経典	112
アタルヴァ・ヴェーダ	72, 138
阿弥陀仏	118
阿弥陀仏信仰	85
阿頼耶識	90
アングリマーラ	71
遺骨崇拝	166
一般的な業論	66, 69, 131
岩本裕	47, 49
因果応報	64, 67
因果論	122
インスタント・カルマ（instant-karma）	64, 71, 80, 83, 88, 191
インド誌	59
インド仏教	12
ヴァジュラスーチー（Vajrasūcī, 金剛針論）	52
ヴァッジ族	40
ヴァルナ制度	39, 42
宇井伯寿	114, 127
ウー・ヌー	17
有時	116
優婆夷（upāsikā）	46
優婆塞（upāsaka）	46
ウパニシャッド	37, 39, 69
有漏業	130
廻向（pariṇāmanā）	33, 170, 181, 183, 184
恵心僧都	100
廻施（ādesanā）	33, 64, 170, 171, 181, 183, 184
廻施儀礼	174
縁起	3, 111, 112, 113

縁起思想	127
縁起説	20, 114
縁起の業論	69, 128, 130
オーベイセーケラ（G.Obeysekere）	76

か 行

カースト	37, 42, 46
カースト・ヴァルナ制度	38, 42, 46
カーリー女神崇拝	153
戒（sīla, sila）	70, 125
戒論	168
カウンター・カルマ	64, 88
餓鬼（preta, peta）	66, 172-181, 191
過去七仏	151
加持儀礼	149
梶山雄一	73
カッサパ（摩訶伽葉）	44
カッチャーヤナ（迦旃延）	44
カトリシズム	33
カルマン（kamma, karman）	37, 53, 129
ガンダルヴァ	72
観音信仰	169
願ほどき	192
帰依三宝	142
祈願（āyācanā）	192
祈願儀礼	152
祈禱	148
木村泰賢	127
行	9
教団	10
教理	18
教理の民俗化	127
キリスト教	30
金漢益	84, 169
苦	127
空	144
空観思想	146
供犠（yajña, yañña）	113
倶舎論	93
功徳（puṇya, puñña）	30, 66, 163-168, 170-172,

索引　*205*

	174, 181, 183
功徳・悪徳	79
供物	191
供養（pūjā）	152, 191
解脱	57, 64
原始仏典	12
源信	100
乾闥婆（ガンダルバ，ダンダッパ，Gandharva, Gandhabba）	92
業（kamma，カルマン）	37, 53, 54, 66, 76, 86, 129, 132
業果	64
業果の必然性	54, 67, 69, 70
業の消滅	71
業の増長	123
業力	53, 64, 66
業・輪廻	16, 63, 119, 190
業・輪廻観	115
業・輪廻思想	18, 32
業・輪廻説	65-80, 86, 89, 95, 111, 113, 114, 123, 124, 128, 163
業・輪廻論	121
コーサラ国	40
ゴータマ・ブッダ	77
五戒	151
五火二道説	72
黒業	78
黒白業	79
護呪	149
五大供犠	152, 153
五来重	13
五輪塔崇拝	6
ゴンダ，J	73
ゴンブリッチ，R.F.	184

さ　行

サーリプッタ（Sāri-putta，舎利弗）	43
在家信者	29
在俗信者	7, 10
作功徳	33
作功徳→生天	64, 125
作功徳→生天論	95
佐々木宏幹	6
坐禅	3
悟り	9, 11, 12, 16, 18, 64, 70, 71, 74, 75, 122,

	125, 138, 163, 168, 181, 182
悟り一点主義	11, 114, 185
悟りレヴェル	15
差別撤廃の運動	131
差別と業論	5
僧伽	176-178
三学	182
懺悔滅罪	71
三種廻向	181
三世両重の因果	127
三毒	150
三法印	3
三宝帰依	142, 144
四依	19
自我	19
自覚的業論	66, 83, 85, 121, 123, 128, 131, 132
事火外道	139
自我的自己	23-27
時間論	115
識	91
色界	85
自己	23-27
四向四果	127
自業自得	64, 67, 69
地獄（naraka）	66, 191
地獄観	101
死後世界	101
死者	172, 176
死者儀礼	178, 179
死者霊	97, 106, 172, 176, 179
四住期	38
自洲法洲	22
四姓	38
四生	93
四姓制度	39, 43
四姓と四住期の法（varṇa-āśrama, dharma）	44
四姓と地方の法（varṇa-deśa-dharma）	45
四姓の平等	52
四姓の法	44
静谷正雄	166
死生観	107
次第説法（Anupubbikathā）	12, 95, 124, 168
四諦八正道	3, 182
地鎮祭儀礼	172
四天王	151

至道無難	26	真実なる誓	148
ジャータカ・マーラー	148	真実の誓（satyādhiṣṭhāna）	148
ジャーティ（jāti）	42, 46	身心一如説	120
シャーマニズム	37	人身御供	191
ジャイナ教	38	親鸞	65, 133
釈悟震（金漢益）	84, 169	随喜	123
釈尊　18, 19, 27, 48, 73, 78, 114, 137, 139, 164		スヴァルナヴァルナ・アヴァダーナ	149
釈提桓因（帝釈天）	82	スパイロ（M.Spiro）	16, 79
捨置記	107	スブーティ（須菩提）	44
シャンガム文学	68	スマーガダ・アヴァダーナ（Sumāgadāvadāna）	
シャンカラ	59		46
宗教哲学	9	誓願	147
宗教複合	17	世間	33
宗教レヴェル	15	世間レヴェル	32, 63
十二因縁	127	世俗諦	90
十二縁起	127	セレウコス・ニカトール	59
十二縁起説	20	施論	168
宿業	65	善業	118
宿命論	67, 121	善業・悪業	79
呪術	137, 141, 145	善根功徳	181
呪術化	144	禅宗	5
呪術儀礼	146	葬祭	3, 99, 100, 102
呪術的アニミズム（magical animism）	17	葬祭儀礼	64, 171, 179, 183
呪術的行為	192	葬式	4
出家修行者	10	創唱宗教	65
出家僧侶	7	雑密経典	145
出世間	33	俗信	13
出世間レヴェル	30, 63	即身成仏義	6
樹神崇拝	191	祖先崇拝	12
呪力	30	祖先崇拝儀礼	172, 178
純粋密教	139	祖先霊	176
長阿含経	111	祖霊（pitṛ）	98, 172, 173, 178
勝義諦	90	祖霊供儀	173
上座仏教	16	**た　行**	
上座仏教圏	147		
生天	30, 125, 163	帝釈天	150
生天思想	12, 33, 168	大乗仏教	94
生天論	168	高崎直道	8, 114
浄土	118	托鉢	132
浄土往生	101	玉城康四郎	21
浄土真宗	5	ダンマ（dhamma）	20
正法眼蔵	26	治病	192
初転法輪	124, 139	チャンドラグプタ王	59
死霊	173, 179	中陰	93
真実語（sacca-kiriyā; satya-vacana）	145, 146	中有（antarā-bhava）	93

索引　*207*

超自然崇拝	16
追善供養	104
通過儀礼（Passinng Rites）	11, 12, 192
角田泰隆	117, 120
ディヴィヤ・アヴァダーナ	81
デーヴァダッタ（提婆達多）	141
テーラヴァーダ仏教	16
テーラガーター	47
テーリーガーター	47
天（svarga, sagga, 天界）	66
天界	125
天竜八部衆	191
道元	26, 65, 115-123, 133
塔崇拝	190
同和運動	131
トーテミズム	150
ドラヴィダ人	38

な 行

ナーラーヤナ・グル	59
中村元	27, 86, 139, 163
ナッ（ト）	16
ナッ（ト）崇拝（Nat 崇拝）	16
並川孝儀	76
西岡秀爾	123
二霊魂説	92
涅槃	9, 58, 122
念仏	3

は 行

袴谷憲昭	83
パセーナディ王	48
八千頌般若経	148
バラモン	67
バラモン教（Brahmanism）	41
バリ供養（bali-haraṇa）	152-155
般若経典	144
般若波羅蜜	144
比叡山	101
比丘（bhikkhu）	46
比丘尼（bhikkhunī）	46
非黒非白業	79
白業	78
平等思想	51
平岡聡	81

賓頭盧尊者（Piṇḍola-Bhāradvāja）	140
ヒンドゥー教（Hinduism）	30, 37, 41
ヒンドゥー世界	37, 57, 67, 75, 99, 139, 164
ビンビサーラ王	40, 48
プージャー（pūjā）	38, 191
普廻向	184
福徳	163
布薩儀礼	71
布施	165, 174
布施行	190
不殺生戒	155
仏教	3, 8, 63
仏教・インド思想辞典	8
仏教学	8
仏教教団	13, 15, 33, 46, 48, 58
仏教教理化	78
仏教業・輪廻論	87, 88
仏教呪術	144
仏教文化	15, 185
仏教文化化	78
仏教民俗	87
仏国土	118
仏塔崇拝	166
舟橋一哉	74, 129
ブラーフマナ	39
プレータ（preta）	178, 191
プロテスタント	33
文化	14
プンナ・マンターニ・プッタ（富楼那）	44
分別	23
ペータ・ヴァッツ	174
法（dhamma, ダンマ）	4, 20
報恩感謝	104
防護呪	16, 145, 146, 147, 149
方便説	124
ホーマ（護摩）儀礼	38
法華経	148
菩提	118
本有	93
梵我一如	57
梵我一如説	72, 73
梵行	130
梵天勧請	27
煩悩	75

ま　行

マートン（Merton, Thomas）	26
マガダ国	40
マヌ法典	38, 67
マハーバーラタ	56
マハーパリニッバーナスッタンタ	
（Mahāparinibbāna-suttanta）	3
マンダラ	31
マントラ（真言）	31
水野弘元	74
密教	31
宮元啓一	6
ミリンダパンハー	96, 149
民俗化	144
民俗信仰	4, 12, 13, 18, 31, 63, 167
民俗的の業・輪廻説	88
民俗的の霊魂観	96
民俗の仏教化	96
民俗レヴェル	15
無我	87, 113
無我説	63, 75, 89, 106, 111, 112, 114, 121
無記	107
無色界	85
無難仮名法語	26
無明	75
無漏業	130
ムンダー人	38
メガステネース	59
望月海慧	74
モッガリプッタ（Moggali-putta, 目連）	43

や　行

ヤマ（yama）	191
唯識派	90

ら　行

ラージプート族	44
ラーマクリシュナ	140
羅刹（rākṣasa）	191
ラトナ・マーラー・アヴァダーナ	178
リグ・ヴェーダ	39, 72
律（vinaya）	70
霊鷲山	151
リンガーヤタ派	37
臨終	85
臨終正念	84, 85
輪廻	32, 63, 69, 70, 71, 72, 74, 76, 77, 89,
	115, 117, 120, 122, 124, 125, 132
輪廻観	77
輪廻説	114
霊魂	91, 96, 97, 98, 100, 106, 111, 112, 115,
	120, 191
六道（輪廻）	66
六年難行苦行	19
鹿野苑	139
六欲天	126
六派哲学	37

わ　行

渡辺照宏	12, 140
和辻哲郎	91, 111, 127

あ と が き

　奈良先生から「ガミさんよ！研究会をやろうよ」と言われたときのことを今も印象深く覚えている。もちろん，私は即座に賛意を示した。早速に在京の駒沢・立正・大正の３大学に籍を置く同世代の研究者に声をかけ，東洋文化史研究会が誕生したのである。

　ちょうどそのころ，ロンドン大学教授のジョーン・ブラフ教授が来日し，東京大学で講演されることがあった。その折に，増上寺の三康文化研究所顧問・中村元先生の提案で，研究所での講演会を企画した。関東一円の大学から辻直四郎先生をはじめ，多くの方々の参加を得たが，その準備に尽力され，かつ通訳も買って出てくれたのが奈良先生であった。講演会は盛会裏に終えられた。当時は大学紛争のあおりを受けて，大学では満足に授業さえできなかった頃のことで，研究所での講演や研究は本当に大事なものであったといえよう。

　一線で活躍されていた，佐々木宏幹，塚本啓祥，小西正捷，鎌田茂雄，辛島昇，荒松雄，塩入良道，杉山二郎，岩本裕の先生方が，東洋文化史研究会を盛り上げて下さった。その中心となったのが奈良先生であったのである。いろいろな方々との研究だけにとどまらない楽しい交流は，私にとっては懐かしい思い出となっている。

　晩年の奈良先生は，耳をわるくされたり，階段の登り降りに不自由されたりのご苦労もおありだったようで，心配していた。その頃からか，当然出席なさるだろうと思っていた会合に，突然欠席されることが再三あったことを思い出す。

　私はソウルにある仏教系の大学，東國大学校に蔵書を寄贈し，「石上文庫」を設立していただいた際，その進呈式に大学校から招待された。昨年11月のことであった。かつて韓国で碩座教授として呼んでくれた当時の総長や教授も出てきて，歓迎を受けた。考えてみれば，このときの教授たちは，奈良先生が仏教系大学の会議を北海道の苫小牧短期大学で開催した折に，自分たちも参加させてほしいと，遠路苫小牧へ直行便で来られ，数日私どもと行動をともにした人たちであった。不思議な因縁であった。

式典を終え，帰国したのは12月2日であった。奈良先生の誕生日ではないか。これで先生も無事に私と同じ米寿を迎えたではないかと思っていた。

　しかし，まさか入院しているとは知るよしもなかった。その上，旬日も経ずして，その月の10日，遷化なさったとは，思いもよらぬことであった。亡くなられたとの連絡に，ただただ驚くのみであった。早速，ご自坊の法清寺を訪れ，ご冥福をお祈りした。

　大本山永平寺西堂　吉峯寺十二世
　　　　　　　　　　　　　　　　　大雲康明大和尚霊位　一周忌　合掌
　法　清　寺　二　十　八　世

　平成25年，大正大学に仏教学術振興会の事務所が移された。その移転にもっとも力を入れていたのは，ほかならない奈良先生であった。大正大学はそれを可とし，先生に綜合佛教研究所特別講師を呈上し，ご専門のインド文化史を特別に講義していただいた。その成果が本書である。本書の刊行計画が進む中，私も知る人たちと会食をした折に，先生は私との若かりし頃の話をしたと，伝え聞いた。その人柄は，私もよく知るところである。ともに座談をした人たちは，奈良先生に敬意をもって接してくれたことだろうことを私は疑わない

　先生は，同じ方向の人であれば，誰でも乗せてくれる。菩薩が決して驕り高ぶることなく誰でも乗せていくように，先生もまた非常に慈悲深くありながら，庶民的な方であった。このような考えなので，論文の浄書もいそいそとしてくれたことであろう。立派にできたが，完成までには時間を要したのである。

　奈良先生を心から尊敬してこられたことを，私は大事にしたい。嬉しい限りで，本書ができあがったことをお伝えしたいのである。

　平成30年11月

　　　　　　　　　　　　　　　　　　　　　　　　石　上　善　應

著者略歴と主要著書

氏名　　奈良　康明（なら　やすあき）　　千葉県出身
法名　　大雲　康明（だいうん　こうみょう）
　　　生年月日　昭和4年（1929）12月2日
　　　没年月日　平成29年（2017）12月10日　88歳

学歴・職歴
　昭和28年4月　東京大学文学部印度哲学梵文学科卒業
　昭和31年3月　同上　大学院，人文，印度哲学科修士課程修了
　昭和31—35年　カルカッタ大学大学院比較言語学科博士課程　留学
　昭和35年4月　駒沢大学仏教学部非常勤講師。
　　　　　　　以降，講師，助教授を経て教授
　平成12年3月　同上　定年退職・同大学名誉教授
　平成12年8月　曹洞宗総合研究センター所長（平成17年3月まで）
　その他：昭和44年以降，次の各大学の非常勤講師を勤める
　　　　　東京大学，東京外国語大学，京都大学，北海道大学，日本女子大学
　　　　　国際キリスト教大学，信州大学，青山学院大学（大学院）
　　　　　昭和43年9月—昭和44年8月　サンスクリット・カレッジ（カルカッタ）客員教授
　　　　　昭和57年4月—昭和58年3月　ヴィシュバ・バーラティ大学
　　　　　（通称タゴール大学，シャーンティニケータン，インド）客員教授
　平成25年4月—平成26年3月　大正大学綜合佛教研究所特別講師

宗門経歴：昭和41年4月—平成19年7月　　久翠山法清寺　住職
　　　　　平成24年5月6日—平成29年12月10日　本山　永平寺西堂
　　　　　平成24年5月6日—平成29年12月10日　吉峰寺　住職

学位　昭和48年2月　東京大学より文学博士号授与
役職　駒沢大学教務部長（昭和50年10月—53年7月）

213

同　　　副学長・常務理事（昭和58年4月―61年3月）

　　　同　　　学長・常務理事（平成6年8月―10年3月）

　　　同　　　総長（平成17年4月―平成18年3月）

　　　同　　　野球部部長（昭和54年4月―平成7年3月）

　　財団法人東方研究会常務理事（平成6年―平成29年）

　　財団法人仏教学術振興会理事長（平成12年4月―平成26年3月）

委員　昭和48年―52年　文化庁の「世界の宗教事情調査委員会」委員

　　　昭和61年―63年―平成2年　東京都霊園問題調査会；東京都新霊園等構

　　　想委員会委員ほか

学会　日本印度学仏教学会理事；日本宗教学会理事，監事など

　　　日印文化交流ネットワーク代表幹事（平成29年）

賞罰　昭和55年11月　東方学術賞を東方研究会より受賞

　　　平成5年11月　曹洞宗より曹洞宗特別奨励賞受賞

　　　平成20年5月12日：勲三等瑞宝中綬賞受賞

　　　平成21年3月12日：仏教伝道文化賞受賞

その他の社会的活動：

　平成13年2月―18年2月（財）全日本学生野球協会副会長

　平成16年2月―18年2月（財）日本大学野球連盟会長

　NHK「宗教の時間」「こころの時代」出演（毎月1回）

　　昭和46年4月，11月；47年2月，12月；48年2月，7月；49年4月―50年

　　3月　50年4―51年3月；51年4―52年3月；53年4月―54年3月；54年

　　4月―55年3月；56年4月；57年2月；59年12月；60年12月；62年9月；

　　63年4―平成1年3月；平成3年1月；平成3年4月―4年3月；平成5

　　年4月―6年3月。

　NHK市民大学講師（昭和62年1月―3月　毎週1回，計12回）など

主たる著作

　『婆羅門の像』（1966，人物往来社）

　『インドの仏蹟とヒンドゥー寺院』（共著，1968，講談社，世界の文化史蹟5）

『梵語仏典読本』（1970，中山書房）

『インドの顔』（共著，1975，河出書房新社）

『釈尊の人と思想』上・下（共著，1975，日本放送出版協会）

『経典にきく』上・下（編著，1977，日本放送出版協会）

『仏典のことば』（共著，1978，日本放送出版協会）

『日本仏教基礎講座―禅宗―』（編著，1979，雄山閣）

『仏教史Ⅰ―インド・東南アジア』（1979，山川出版社）

『ブッダの世界』（共著，1980，学習研究社）

『ラーマクリシュナ』（1983，講談社）

『日本人の仏教』（全10巻，責任編集，1983，東京書籍）

『仏弟子と信徒の物語―アヴァダーナ―』（1988，筑摩書房）

『釈尊との対話』（1989，日本放送出版協会）

『仏教名言辞典』（編著，1989，東京書籍）

『ブッダから道元へ』（監修，共著，1992，東京書籍）

『原始仏典を読む』上・下（1993，日本放送出版協会）

『仏教と人間―主体的アプローチ―』（1993，東京書籍）

『生きていく』（1995，NTT出版）

『真ん中が中道か』（1995，佼成出版）

『観音経講義』（1997，東京書籍）

『般若心経講義』（1998，東京書籍）

『道元の二十一世紀』（編著，2001，東京書籍）

『道元の世界』（編著，2001，日本放送出版協会）

『ブッダ―知れば知るほど―』（編著，2001，実業之日本社）

『禅の世界』（編著，2007，東京書籍）

『なぜいま「仏教」なのか―現代仏教の行方―』（共著，2009，春秋社）

『ブッダの詩～知恵と慈悲のかたち』（2011，NHK出版）

『自己をわすれる―生き方としての仏教―』（2011，東京書籍）

『ブッダ最後の旅をたどる』（2012，大法輪閣）

海外学会：

"Status Questionis: Taking Stock of Present Buddhist Christian dialogue ~ Buddhist Perspective", (in the "Buddhist-Christian Colloquium", Kaohsiung, Taiwan,1995.7.31/8.4.

"Dogennzenji's Notion of Impermanence as the Buddha-nature.", (in the "Buddhist-Christian Colloquium", Bangalore,1998.7.8-13

"Towards the Interreligious Dialogue", (in the "World Philosophers Meet", 1996.11.24-30, Pune, Organaized by Maeer's Maharashtra Institute of Technology)

Participated as discussant to "the Seminar on the civilizational Dialogue:Hinduism and the World",organized by the Sasakawa Peace Foundation.,2002.7.12, Tokyo

"How to associate with Inddia", (in the seminar on "Civilizational Dialogue:Hinduism and the World（Ⅱ）,2002.11.22,Tokyo, Organaized by the Sasakawa Peace foundation.)

"Mahatma Gandhi watched by Japanese Buddhists; for the Dialogue between Hinduism and Buddhism" (in the Seminar on "Civilizational Dialogue 4: Hinduism and the World（Ⅲ）", 2003.5.,Tokyo, Organized by the Sasakawa Peace Foundation.

"Japanese Buddhism with its relationship to Hinduism-A Perspective to the Dialogue between Buddhists and Hindus", (in the "Asian Civilizational Dialogue",2004.3.9-10,New Delhi)

"Prof Hajime Nakamura's Contribution to the Buddhist Studies", (in the "Indo-Japan Seminar on Prof.Hajime Nakamura",2004.3.11-13., New Delhi.

"The Influence of Buddhism in Japan", (in the "Civilizational Dialogue between India and Japan",2006.3.28-29.,Kashiwa-city,Chiba Prefecture, Organaized by the Sasakawa Peace Foundation)

〈文化〉としてのインド仏教史

2018 年 12 月 10 日初版発行

著　　者　奈良康明
発 行 者　大塚伸夫
発 行 所　大正大学出版会
　　　　　　住所　東京都豊島区西巣鴨 3-20-1
　　　　　　電話　03-3918-7311（代）

制作・編集　株式会社ティー・マップ
　　　　　　（大正大学事業法人）
印刷・製本　藤原印刷株式会社
装　　幀　小野寺ノオ

©Shuichi Nara 2018.Printed in Japan
ISBN978-4-909099-27-3